运动与体重管理

丁小燕◎主编

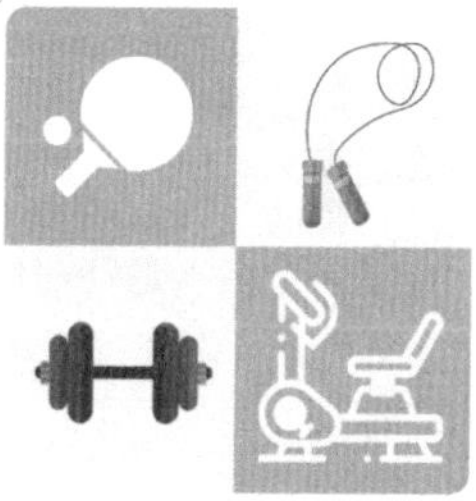

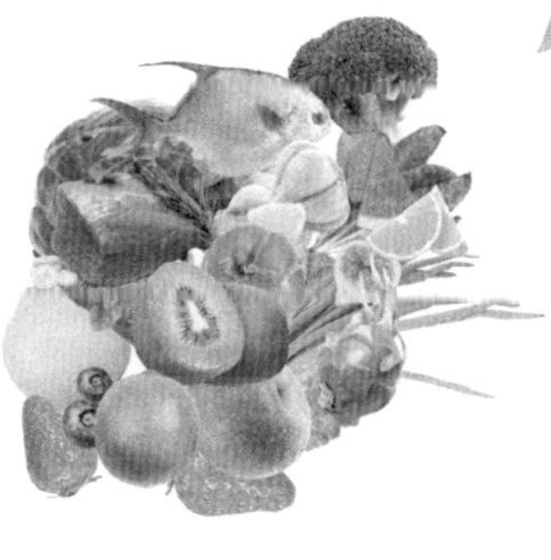

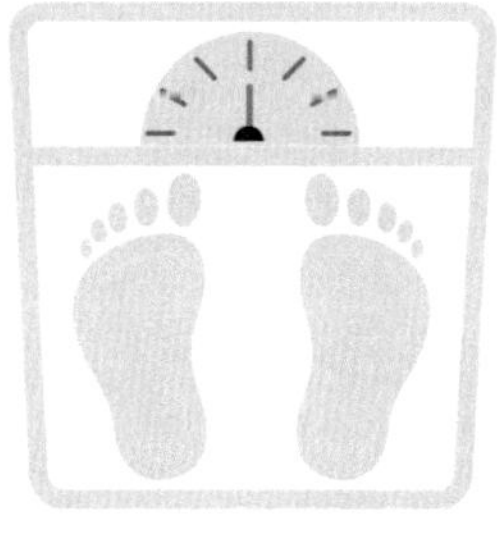

河海大学出版社
HOHAI UNIVERSITY PRESS
·南京·

图书在版编目(CIP)数据

运动与体重管理 / 丁小燕主编. -- 南京 ：河海大学出版社，2022.12(2024.1 重印)
ISBN 978-7-5630-7865-3

Ⅰ. ①运… Ⅱ. ①丁… Ⅲ. ①健身运动—基本知识 Ⅳ. ①G883

中国版本图书馆 CIP 数据核字(2022)第 242696 号

书　　名	运动与体重管理 YUNDONG YU TIZHONG GUANLI
书　　号	ISBN 978-7-5630-7865-3
责任编辑	陈丽茹
特约校对	李春英
装帧设计	徐娟娟
出版发行	河海大学出版社
地　　址	南京市西康路 1 号(邮编:210098)
网　　址	http://www.hhup.com
电　　话	(025)83737852(总编室)　(025)83722833(营销部)
经　　销	江苏省新华发行集团有限公司
排　　版	南京布克文化发展有限公司
印　　刷	苏州市古得堡数码印刷有限公司
开　　本	718 毫米×1000 毫米　1/16
印　　张	13.25
字　　数	263 千字
版　　次	2022 年 12 月第 1 版
印　　次	2024 年 1 月第 2 次印刷
定　　价	39.00 元

编委会成员

前言

随着我国人民生活水平的提高、营养健康的改善，体重问题越来越成为国家和个人重点关注的话题。《“健康中国 2030”规划纲要》、《国务院关于实施健康中国行动的意见》(国发〔2019〕13 号)、《国民营养计划(2017－2030 年)》将发展健康产业上升为国家战略，明确提出中国慢性病综合防控战略，加强对肥胖症等常见慢性病防治，加强体重管理与健康管理，推进全民健康生活方式，宣传科学运动理念，对成人超重和肥胖者进行饮食和运动干预。

《中国居民营养与慢性病状况报告(2020 年)》发布的数据显示，中国成年居民的超重肥胖率超过了 50%，6～17 岁儿童青少年的超重肥胖率接近 20%，6 岁以下儿童的超重肥胖率达到 10%，超重和肥胖已经成为当前影响国民健康的重要因素。许多研究表明，体重对健康有直接影响，体重不论是过低还是过高，都是不健康的表现，都会对健康造成不同程度的影响。超重和肥胖会明显增加心脑血管疾病、肿瘤、糖尿病、骨关节病、脂肪肝、胆石症、痛风、阻塞性睡眠呼吸暂停综合征和内分泌紊乱等疾病的发生率。据世界卫生组织统计，肥胖症是继心脑血管疾病和癌症之后对人类健康和生命造成严重威胁的第三大因素。因此，公众要对体重的管理予以足够重视。

运动是促进健康的基本要素之一，日益受到人们关注，也成为运动科学的热点。肥胖症虽然是威胁人类健康的主要因素，但它可防可控。科学运动减脂的研究新成果不断出现，在竞技运动及大众健身中的应用价值日益凸显。如何在体重管理的过程中进行科学合理、安全有效的运动是体重管理者亟待解决的问题。

本书以科学性、实践性、应用性和创新性为宗旨，凝练运动与健康知识精华，同时结合体育学科的特点，将运动技能与运动处方知识有机融合，具有以下特点：

(1)实践性。本书选择的运动案例(包括力量、耐力、柔韧、高强度间歇性训练)源自一线课堂教学，并且经过教学团队的打磨、推敲与反复实践，无论是运动处方、运动案例分析还是运动技能指导均是基层实践的成果，故具有实践性。

(2)应用性。本书指导读者学习有关运动与体重管理的健康知识，并在此基础上进行运动的实践练习，同时掌握科学健身方法，养成自我管理体重的能力，达到增强体适能(心肺、速度、力量、柔韧、协调等)目的，因此，该成果具有应用性。

(3)可借鉴性。本书撰稿人均为高校公共体育课与保健课教师，长期从事体育教学、运动训练和运动康复保健的教学与科研。研究成果既有实践再现，又有理论指引，对科学运动、体重管理等具有指导性和借鉴性。研究思路与实践案例，均源自教学一线高校体育教师，容易使一线体育教师产生共鸣，便于广大体育教师借鉴应用，同时还可作为教练员、健康教育者的参考资料。

本书系三江学院运动与体重管理通识核心课程教学团队围绕“健康第一”理念，开展教育教学研究的阶段成果，亦是三江学院通识核心课程建设项目“运动与体重管理”之成果。本书是一本非常实用的运动与体重管理教材，主要介绍在减脂、增肌、健康维护过程中，不同的运动项目所产生的不同运动效果，内容涉及体重管理概论、营养学基础、运动与健康、体重管理运动指导技能、运动处方、运动与体重管理案例分析、体重自我管理等。本书适合的读者对象为运动与健康教育工作者、研究者、在校大学生以及需要体重管理人士。

在编写本书的过程中，南京体育学院张蕴琨教授在百忙之中给予全程的悉心指导，三江学院教务处处长刘正涛教授、体育部主任薛雨平教授提供了大力支持与帮助，还有许多专家和同行提供了宝贵的建议，在此表示衷心感谢。同时，江苏省学生体质健康监测与干预行动研究中心也给予本书资助，使本书得以顺利撰写。此外，三江学院学生杨欣茹、陆鑫杰提供了标准动作示范照片，在此一并表示感谢。书中的缺点与不足希望广大读者予以批评指正，我们将在今后不断加以改进和充实提高。

编者

2022 年 12 月

目录

第一章　体重管理概述

随着国家经济的高质量发展和居民生活水平的不断提高，体重问题越来越成为个人和国家重点关注的问题。2017 年 4 月，国家卫生和计划生育委员会（现为国家卫生健康委员会）发布《全民健康生活方式行动方案（2017—2025 年）》，并把深入开展“三减三健”（“三减”即减盐、减油、减糖；“三健”即健康口腔、健康体重、健康骨骼）专项行动作为实现全民健康生活方式行动目标的重要抓手。该方案把健康口腔、健康体重和健康骨骼作为健康生活方式行动的核心内容，也充分说明了体重健康已经成为全民生活方式的重要管理目标。《“健康中国 2030”规划纲要》和《国民营养计划（2017—2030 年）》将发展健康产业上升为国家战略，明确提出实施中国慢性病综合防控战略，加强肥胖症等常见慢性病防治，加强体重管理和健康管理。

教育部发布的《2014 年中国学生体质与健康调研报告》统计结果显示，我国大学生身体素质呈下滑趋势，大学生营养不良与超重和肥胖的双重负担并存，亟须得到改善。许多研究表明，体重对健康有直接影响。体重过低会影响未成年人体格和智力发育，影响成年人体力，还与免疫力低下、女性月经不调或闭经、骨质疏松、贫血、抑郁等病症有关，最终影响生活质量及预期寿命。超重和肥胖者更易发生高血压、高血脂和糖代谢异常，肥胖是影响冠心病发病和死亡的一个独立危险因素。防治肥胖症的目的不仅在于控制体重本身，更重要的是肥胖与许多慢性病相关，控制肥胖症是减少慢性病发病率和病死率的一个关键因素。控制体重简单说就是维持身体新陈代谢的平衡，让身体各个器官均衡协调工作。控制体重的两个主要环节是减少热量摄取及增加热量消耗，强调以行为、饮食、运动为主的综合调理，采取健康的生活方式、改变饮食和运动习惯，自觉地长期坚持是调理肥胖症首选的重要措施。

体重管理是一种健康生活方式，是在满足人正常营养需求及代谢水平基础上，把健康的膳食与运动融入生活中。所谓体重管理，就是通过平衡的饮食和规律的运动来控制身体能量的平衡，进而养成良好的生活习惯，加上互相支持的作用，最终达到并保持理想体重的活动过程，通过管理体重这个显性健康因素来管理健康。目前，公众由于对于健康知识的缺乏，超重和肥胖日益成为影响其生命健康的重要公共卫生问题之一，它将引起一系列健康、社会和心理问题。因此，肥胖、低体重都应该引起公众与社会足够的重视。

第一节　体重及常见的评价方法

一、体重概述

体重是指身体所有器官重量的总和，反映的是体内蛋白质、矿物质、水分、脂肪与碳水化合物的总和。在水分恒定不变的情况下，体重可反映身体营养水平，尤其反映与蛋白质和脂肪有关的能量水平。体重由脂肪体重和去脂体重构成，是客观评价人体营养和健康状况的重要指标。健康体重指维持机体各项生理功能正常进行，充分发挥身体功能的体重，其体重构成的各组分比例恰当。体重过高或过低，或体重构成的组分比例失衡（如体脂过高，去脂体重过低）都是不健康的表现。

因为健康和生理功能的需要，男性必需体脂率最少应在 3%～8%，而女性必需体脂率最少应在 12%～14%；健康体脂率范围男性在 15%～20%，女性在 25%～30%。一般成年男性的肌肉量约占全身体重的 30%～40%，女性由于身体构造原因，肌肉比例会比男性少一些。因此，即使两个人体重一致，由于体内肌肉、骨骼以及脂肪的占比不同，从外表上看，身材上也会有很大差异。个体的体重是判断能量收支平衡的最好指标，如果摄入量多于消耗量，多余的能量就会在体内以脂肪的形式储存起来，造成超重和肥胖，如果能量摄入量小于消耗量，就会消耗体内的脂肪来维持供能，造成体重过轻。

在成年之前，人们个体的体重增加，主要来源于各种细胞数量的增长，包括肌肉细胞、骨骼细胞以及脂肪细胞。而细胞数量在增长到一定数量之后，就会停止增加，转向细胞个体体积重量的增长。正常情况下，在成年之后，我们的骨骼发育基本已经定型，骨骼的整体重量趋向稳定，而肌肉细胞以及脂肪细胞的数量，也趋向稳定不变。这个时期的体重变化，主要来源于肌肉细胞以及脂肪细胞的重量和体积变化。肌肉细胞会通过增长或增粗来实现肌肉整体的发展，而脂肪细胞则是通过细胞内脂肪含量的数量来改变重量以及体积。

无论体重过轻还是过重，都不利于个人的生长发育。体重过轻一般反映能量摄入相对不足，易导致营养不良等。体重过重反映能量摄入相对过多或活动不足，易导致超重和肥胖，而肥胖易增加 2 型糖尿病、冠心病及结肠癌等疾病的发生风险。因此，一个人应该养成良好的生活习惯，形成体重管理的良好意识和行为，建立健康的体重指数。

二、体重评价方法

（一）身高标准体重法

目前我国国民体质监测评价系统中使用的是身高标准体重评判法。它通过对 2000 年全国国民体质监测成年人不同身高条件下的体重均值进行统计分析，用百分位数法将不同性别、不同年龄段的体重分为偏瘦、较瘦、正常、超重和肥胖 5 个等级。具体计算方法如下：

男性：[身高(cm)－80]×70%＝标准体重；

女性：[身高(cm)－70]×60%＝标准体重；

正常体重：标准体重正负 10%；

超重或较瘦体重：标准体重正负 10%～20%；

肥胖或偏瘦体重：标准体重正负 20%以上。

体重的测量应当在清晨、空腹、排尿后、排便后的状态下进行，此时各种因素对体重的影响比较小，测量的体重数值最准确。

（二）BMI 评价法

BMI 也称体质指数（即身体质量指数，又称体重指数，英文为 Body Mass Index，简称 BMI），是用体重(kg)除以身高(m)平方得出的数值，是目前国际上常用的衡量人体胖瘦程度以及是否健康的指标，BMI 适合所有 18～65 岁的人士使用，儿童、发育中的青少年、孕妇、乳母、老人及肌肉发达者除外。

BMI 计算公式是：BMI＝体重(kg)/身高$(m)^2$。世界卫生组织公布的 BMI 评价标准为：18.5 kg/m^2 以下为偏瘦，18.5～24.9 kg/m^2 之间为正常，25.0～29.9 kg/m^2 之间为超重，30 kg/m^2 以上为肥胖。目前我国成人 BMI 评价的标准为：18.5 kg/m^2 以下为偏瘦，18.5～23.9 kg/m^2 为正常，24.0～27.9 kg/m^2 为超重，28 kg/m^2 以上为肥胖。

需要注意的是，BMI 评价的优点是综合考虑了身高和体重两个因素，与肥胖相关性高，可操作性强，适用范围广，不受性别影响，但对肌肉发达而非脂肪过多所致的体重增加并不适用，尤其是一些需要发达肌肉项目的运动员，比如举重、健美等，虽然其 BMI 评价可能超标，但是因为其身体肌肉比例相当高，成为体重的主要构成原因，所以其并没有肥胖的情况。相反，老年人因为其肌肉含量较少，虽然其 BMI 评价正常，但仍有可能有较高比例的身体脂肪。另外 BMI 评价相等的情况下，女性体脂率一般也比男性高。

（三）体脂率法

体脂率是指身体成分中脂肪组织所占的比率。该法通过测量人体成分来判断胖瘦程度，测量脂肪率比只测量体重更能反映身体的脂肪水平（肥胖程度）。

体脂率的测定通过测量不同部位的皮褶厚度来推算全身的脂肪含量，可以反映人体皮下脂肪的分布情况。由于使用的皮褶厚度计不同，测量误差较大，一般要求在同一部位测定 3 次，取平均值。皮褶厚度测量误差受肌肉量和年龄影响，因此不能单一作为评价肥胖症预后的指标，但用于大规模人群调查时是较为理想的评价指标。另外，目前测量体脂率的方法还有生物电阻抗法，它是利用生物组织与器官的电特性及其变化提取与人体生理、病理状况相关的生物医学信息的一种无损伤监测技术，是借助置于体表的电极系统向检测对象送入一微小的交流测量电流或电压，监测相应的电阻抗及其变化情况，获取脂肪信息，这对于正确减脂是一种非常方便且有效的监测方法。

成年男子的正常体脂率约在 10%～20%之间，女性正常体脂率约在 17%～30%之间，此为成年男、女标准值。女性超过 50 岁，男性超过 55 岁，每增加 5 岁，体脂率标准值可上调 2%～3%。轻度肥胖的体脂率：男性为 20%～24.9%，女性为 30%～34.9%；中度肥胖的体脂率：男性为 25%～29.9%，女性为35%～39.9%；重度肥胖的体脂率：男性为 30%以上，女性为 40%以上。

以上关于体重评价的 3 种标准，身高标准体重法和 BMI 评价法较为接近，皆根据体重与身高之间的相对关系，只不过后者通过将身高平方而降低了单纯身高的权重，而体脂率法中的体密度也考虑到了身体体积的因素，只不过它是经过皮脂厚度推算出来的，因而更突出了脂肪含量的作用。

（四）腰围和腰臀比

1. 腰围

腰围与腹内脂肪含量相关，是反映腹部脂肪分布的重要指标。腰围作为中心型肥胖的诊断指标已得到广泛认可和应用。世界卫生组织判断正常成人腰围的标准为：男性小于 94 cm，女性小于 80 cm；亚洲判断正常成人腰围的标准为：男性小于 90 cm，女性小于 80 cm；我国判断正常成人腰围的标准为：男性小于 85 cm，女性小于 80 cm。世界卫生组织也推荐腰围用于评价中心型肥胖的首选指标，且基于腰围与肥胖的相关疾病关系提出：男性腰围大于等于 94 cm，女性腰围大于等于 80 cm 时，发生与肥胖有关并发症的风险显著增加；男性腰围大于等于102 cm，女性腰围大于等于 88 cm 时，会大大增加与肥胖有关并发症的危险。我国成人中心型肥胖判定标准为：中心型肥胖前期是男性腰围大于等于 85 cm、小于等于 90 cm，女性腰围大于等于 80 cm、小于 85 cm；中心型肥胖标准为男性腰围大于等于 90 cm，女性腰围大于等于 85 cm。

2. 腰臀比

腰臀比是腰围和臀围的比例，腰围和臀围的测量工具采用玻璃纤维软尺。测量腰围时，被测者取站立位，两眼平视前方，呼吸自然均匀，腹部放松，两臂自然下垂，双足并拢(两腿均匀负重)。测量时将软尺放在脐上 0.5～1.0 cm 处(精确的位置为右侧腋中线与胯骨上缘第 12 根肋骨连线的中点)，水平绕腰 1 圈，这个位置通常也是腰围最细部位；但是对于肥胖的人来说，测量时要围绕腰部最粗的部位，围绕身体 1 周进行测量。皮尺要紧贴皮肤而不要产生压迫感，在平静呼气末期读数，测量腰围读数精确到 0.1 cm。测量臀围时，被测者两腿并拢直立(两腿均匀负重)，两眼平视前方，两臂自然下垂，腹部放松，穿贴身内衣裤，将软尺贴皮肤，经过臀部最高点，围绕身体 1 周(测量精确的位置是耻骨联合和背后臀大肌最凸部位)。

正常的男性腰臀比在 0.9 以下，正常的女性腰臀比在 0.85 以下，超过其数值健康问题的风险将会极大提高。

第二节　体重的影响因素

一、体重变化的影响因素

(一) 能量平衡

人体的一切生命活动都离不开能量，比如生长发育、心脏跳动和神经传导等。对于管理体重而言，能量的控制更是重中之重，它直接决定了能否达到健康体重目标。人体的能量平衡机制可帮助我们更好地安排饮食和制定训练计划。能量的单位常以 kcal[①] 表示。

能量物质：人体中的能量物质包括碳水化合物、脂肪和蛋白质，它们每 1 g 在体内分解产生的热量分别为 4 kcal、9 kcal 和 4 kcal。

能量平衡就是人体摄入和消耗的能量相当，此时体重恒定；若能量摄入大于消耗，则体重和体脂就会增加；若能量摄入小于消耗，则反之。

能量消耗途径：能量摄入就是我们平时在食物中获取的碳水化合物、脂肪和蛋白质；能量消耗包括了安静代谢消耗、运动生热效应、食物生热效应和生长发育所需的能量。

运动的生热效应：它代表健身所需要的能量消耗，影响其效果的因素很多，比如：①肌肉越发达，消耗能量越多；②体重越重，消耗越多；③持续时间越长，强

① 1 kcal 为 4.18 kJ。

度越大，消耗越多等。

食物的生热效应：它指人体进餐后的数小时内，由于食物运转、消化、吸收和储存而产生的能量消耗。

生长发育：处于生长发育阶段的青少年能量消耗比成年人要高，而且要保证能量摄入大于消耗，才能保持其正常发育。

能量平衡：如果摄入的能量过多，多余的能量会在体内转换为脂肪储存起来，从而导致肥胖。大量脂肪堆积在肝脏，影响其正常生理功能；使胸腔容积变小，妨碍呼吸通畅；压迫心脏，影响血液回流；强度较高的健身训练其承受能力较差，会产生头晕、心悸和内脏疼痛等反应，往往会引起体内的脂类代谢紊乱，还更容易引发与各种肥胖相关的疾病。能量摄入不足，会使体内的脂肪和糖原被分解消耗，导致体重减轻，影响身体健康。蛋白质也参与人体的分解消耗，用于供能；能量摄入过少会导致肌肉减小，力量变弱，影响蛋白质的吸收和利用，引起营养不良，导致一系列的疾病病变，比如免疫力降低、精神萎靡和贫血等。

（二）人体能量的消耗

人体每日消耗的能量由以下几个部分计算所得：一是基础代谢，就是维持机体生命活动最基本的能量消耗。比如呼吸、心跳、胃肠蠕动等能量的消耗，计算基础代谢率的影响因素有体表面积、年龄、性别、肌肉含量等，可以由公式或代谢车测定所得；二是体力活动，由消耗系数、活动时间计算所得；三是食物消化的能量消耗，一般占基础代谢的10%左右。把以上几项能量消耗相加就是每日能量的消耗。

基础代谢指人体维持生命所有器官所需要的最低能量需要，是指一个人在静止不动的状态下，身体维持生命所需的最低热量需要消耗的能量，主要用于呼吸、心跳、血液循环、氧气运送、腺体分泌、肾脏过滤排泄作用、维持体温、肌肉紧张度、细胞的功能等所需的热量。如果一个人的基本代谢是1 200 kcal，说明在1天中没有进行其他的任何活动，都会被消耗掉1 200 kcal能量。

基础代谢率是指单位时间、单位人体表面积的能量消耗。基础代谢率涉及身高、体重、年龄、耗氧量、体表面积等因素，因为体重越重，导致体表面积越大，所需的耗氧量也越高，因此基础代谢率也越多。

男性基础代谢计算公式：

$$基础代谢=66.5+13.8\times 体重+5\times 身高-6.8\times 年龄$$

女性基础代谢计算公式：

$$基础代谢=665.1+9.6\times 体重+1.8\times 身高-4.7\times 年龄$$

其中，基础代谢单位为kcal；体重单位为kg；年龄单位为岁。

基础代谢的测量还可以通过特定的仪器进行，但是需要被检查者在极度平静的情况下，排除肌肉收缩、环境变化、食物代谢以及精神心理活动等一切影响。

（三）基础代谢

1. 蛋白质对于基础代谢的影响

蛋白质的主要成分是氨基酸，与脂肪和碳水化合物相比，氨基酸很难在人体内消化分解，身体主要器官需要用更多的能量和时间来消化吸收它，在消化吸收的过程中，身体体温升高，提升了基础代谢水平。摄取足量的蛋白质能够提高机体的基础代谢水平，会使人体每日多燃烧 150～200 kcal 的热量。

优质蛋白质食物有鸡蛋、奶类和奶制品、大豆类和豆制品、鸡肉、鱼肉等（做菜尽量特别要注意采用以蒸煮为主低脂肪的烹饪方式，这样不仅健康且减少能量吸收）。

2. 有氧运动可以持续提升基础代谢

在慢跑过程中，身体的各项基础代谢机能会随着呼吸节奏加快而变快。每次运动之后，氧气到达全身各部位，人体基础代谢会持续升高 24 h。不管运动强度、运动量如何，只要运动，身体新陈代谢机能就会增加，继而基础代谢机能也随之增加。

运动不是大汗淋漓，关键是运动可以提高基础代谢还可以促进消化。无论人们选择慢跑、游泳还是骑车，超过 30 min 后，糖原被大量消耗，脂肪供能的作用渐渐提高，机体开始消耗脂肪，机体在 48 h 内即使不运动也能保持高基础代谢水平。

3. 早餐启动 1 天正常代谢

早餐是 1 天中最重要的一餐。人在睡眠时，呼吸变缓，心跳变慢，身体代谢率很低。早上起来后，身体机能渐渐恢复，这时需及时补充能量，基础代谢率才会提高。每天早晨人感到饥饿是身体从睡眠模式恢复至日间代谢的信号，如果没有这个信号，身体代谢将会恢复得很缓慢。

早餐能够帮助燃烧脂肪，弥补肌肉在前一晚丢失的蛋白质。所以，早餐要吃得丰盛，食物选择要多样化，特别要注意全谷物、深色蔬菜、牛奶的摄取是否满足《中国居民膳食指南 2022》的要求。

4. 适量增加肌肉训练

肌肉主要由肌肉组织构成。肌细胞的形状细长，呈纤维状，故肌细胞通常称为肌纤维。人体全身的肌肉共有 639 块。

肌肉和脂肪消耗热量的能力不同：安静的时候，同样重量的肌肉所消耗的热量是脂肪的 3 倍。1 kg 的脂肪 1 天只能消耗 4 kcal 的热量，但1 kg的肌肉却能消耗 12～15 kcal 热量。而在进行各种活动或者运动后，肌肉消耗的热量也会更多。肌肉就像汽车发动机一样，空转的时候即使身体不动，也在消耗能量；活动的时候，就能把能量变为动力，推动我们人体做各种动作。所以同样的体重，肌肉含量越多的人，消耗的热量也越多，在同样的饮食情况下，就越不容易胖，这也就是所谓的“易瘦体质”。

每减少 1 kg 肌肉，每天至少会少燃烧 12～15 kcal 热量，10 年至少就会长出 5 kg 的纯粹脂肪。增加肌肉的质量能够起到事半功倍的减肥效果。另外，同等重量的脂肪和肌肉，脂肪的体积要远远比肌肉大得多。所以体重相同的情况下，肌肉含量高的人看起来比较苗条。

增加肌肉方法有以下几种：

(1) 负荷训练。无论人们是在减脂还是在增肌，训练重量的选择都尽可能接近其 8 次的训练极限。因为在减脂期，由于能量摄入降低，必然带来一定程度的肌肉流失，那么这时力量水平和肌肉量将会逐渐减少，如果顺应着降低训练重量，那么肌肉流失将会更加严重。而在增肌期需要最大限度地使得肌肉增长，就需要更大的重量去破坏深层肌肉纤维，因此人们要在训练动作没有夸张变形的情况下，使用自身的 6～8 次训练极限重量，并且由于肌肉纤维的不断修复，重量的选择每个月需要递增，而不能总是停留在原来水平。

(2) 饮食。肌肉、脂肪的增长，必须要有能量的盈余才能够完成，而我们需要以最大限度地将能量转化为肌肉，而不是脂肪，就需要在大重量训练的同时，精准做好日常饮食。精准的意思是，能够正确了解自身对热量的敏感程度，比如用 1 周的时间去测试自身的代谢水平，当了解了自身 1 天的热量消耗值后，再来调整每日摄入能量。假设 60 kg 的健身增肌人士，每日总代谢在 2 200 kcal 左右，那么就需要摄入大约 2 500 kcal 的能量，多余的 300 kcal 能量会给破损的肌肉组织供能，进而合成肌肉，如果能量盈余过多，则容易转变成为脂肪而被储存。这 2 200 kcal 能量分配到碳水、蛋白质、脂肪的比例应该在 4∶4∶2。

(3) 睡眠。肌肉合成并不是时刻都在进行，而是在休息时候进行全面修复，因此睡眠质量越高的人，肌肉合成质量和效率也就越高。

5. 常做深呼吸，增强肺活量

呼吸的目的是把新鲜的氧气吸进肺部，经由气体交换后，再把不需要的废物及二氧化碳排出体外，达成净化血液、促进代谢与循环的功效。

大多数的呼吸都是下意识的反射动作，每次吸气送进肺部的容量有限，呼吸的频率较快，在这种情况下，吸进肺部的氧气还没有充分地发挥作用就被呼出，加上短促的呼气，又使废弃的二氧化碳没有被彻底排出，继续残留在肺里。

如果人们经常做一些深呼吸，氧气在肺部的作用时间长，氧气的供给量大，体内的废弃物排出量高，自然就加快了基础代谢率。

（四）脂肪的形成与消耗

1. 脂肪的形成

我们每天吃进去的食物，所含的能量并不是都能被消耗完，它除了满足身体当天活动所需能量以外，多余的能量主要是以糖、脂肪、蛋白质形式被胰岛素转化成脂肪酸，再与甘油合成甘油三酯，进入脂肪组织并储存于脂肪细胞内。甘油三酯就是脂肪的主要成分。

在一般情况下，脂肪会储存在腰部、大腿、上臂、臀部、背部、腹部的内脏表面。所以当人胖的时候，先胖起来的就是这些地方。

肥胖不仅是吃油吃出来的，碳水化合物也会导致肥胖。1 g 碳水化合物产生 4 kcal 热量，1 g 脂肪产生 9 kcal 热量，虽然脂肪的热量比碳水化合物多了 1 倍多，但是一般在摄入量上碳水化合物会比油多很多，不吃油的人照样会很胖，因为肚子里没有油，排空就特别快，所以总觉得饿，反而吃得更多。明白了脂肪从哪里来，适量减少高油高糖的食物摄入，会更有利减肥。

2. 脂肪的消耗

正常人体所需要的大部分能量来源于葡萄糖的氧化分解，葡萄糖主要来源于每日所摄入的富含碳水化合物的食物和体内储存的糖原。一般体内储存的糖原可以提供中等强度运动 30～40 min 能量消耗，之后的活动就需要分解脂肪来供能了。人体在进行有氧运动时，当糖原消耗完以后，体内储存的脂肪先在脂肪酶的作用下分解为甘油和脂肪酸，甘油在肝脏中进行一系列的生物化学反应之后，进入糖的氧化分解途径为机体提供能量，脂肪酸则在心脏、肝脏、骨骼肌等组织细胞内进行氧化分解为机体供能。

但 30 min 不是一个绝对的数字，随着人体有氧运动能力的增强，脂肪动员的效率也会提高。马拉松运动员可能开始跑步一会就开始脂肪供能，坚持长跑的人也许 20 min 以内开始脂肪供能。没有锻炼习惯刚开始运动的人可能需要半个小时以上的时间才开始脂肪供能。事实就是人的身体主要是把脂肪作为能量储备，一般会为人体主动减少脂肪消耗，这也是减肥难的原因，因为人的身体会主动为其节省脂肪作为以后可能出现的食物短缺时候的储存能源，这是生物本能。但随着人体有氧运动的增加，身体也会越来越习惯于让其消耗脂肪。

二、肥胖的影响因素

（一）肥胖的分类

肥胖是由于机体脂肪细胞数目增多或体积增加，引起机体脂肪占体重的百分比异常增加，并在某些局部过多沉积脂肪，造成体重过度增加，导致人体病理生理改变，是一种慢性代谢性疾病。

肥胖可以分为单纯性肥胖和继发性肥胖两大类。单纯性肥胖又称原发性肥胖，它无明确病因，可能与遗传、饮食和运动习惯等因素有关，占肥胖症总人数的95%以上；继发性肥胖是指由于其他疾病所导致的肥胖，如垂体性肥胖、甲状腺功能低下性肥胖、库欣综合征、性腺功能低下等原因导致的肥胖，还包括因服用某些药物引起的医源性肥胖等。

依照脂肪在身体分布的部位不同，肥胖可分为中心型肥胖和外周型肥胖两种。中心型肥胖又称为腹型肥胖、内脏型肥胖、苹果型肥胖，这种类型肥胖脂肪主要沉积在腹部的皮下、腹腔内，男性肥胖多为此类型；外周型肥胖又称为非中心型肥胖、臀型肥胖、梨型肥胖，其脂肪主要沉积在臀部以及大腿部位，女性肥胖多为此类型。

依照脂肪组织的解剖特点，肥胖可分为多细胞性肥胖和大细胞性肥胖。多细胞性肥胖一般始于婴幼儿时期，脂肪细胞数量较正常人增加2～4倍；大细胞性肥胖是脂肪细胞数量正常，但细胞体积增大。大多数肥胖都属于大细胞性肥胖。

（二）肥胖的影响因素

1. 遗传因素

研究结果表明，肥胖属于多基因遗传疾病。肥胖受多种因素影响，大量家族聚集性以及双生子实验皆证明遗传因素是肥胖症的最主要原因之一。遗传因素可以占肥胖症影响因素的40%～70%。遗传因素对肥胖症的影响是多方面的，主要表现在以下几点：

（1）遗传因素不仅影响肥胖的程度，还影响脂肪分布的类型。遗传因素影响皮下脂肪厚度及内脏脂肪组织，特别是对内脏脂肪的影响尤为显著。

（2）过度喂养后的反应性，即过度喂养后体重增加的敏感性是由遗传决定的。

（3）遗传还可影响个体的基础代谢率、食物的热效应和运动的热效应，即能量的支出受遗传因素的影响，个体间能量支出的差别可达40%以上。

（4）人们摄入蛋白质、糖类及脂肪的比例可能受遗传的影响。

（5）习惯性的体力活动水平也受遗传因素的影响。

随着近几年全基因组关联研究的应用及发展，越来越多与肥胖相关基因位点被识别，目前已识别超过200个与肥胖相关的基因位点。

2. 膳食因素

（1）主食摄入种类单一且过量。主食摄入过量是目前普遍存在的问题。主食的正确摄入是合理饮食的第一步，因为主食中主要含有碳水化合物，而碳水化合物作为三大产能营养素之一，不仅是构成身体组织的重要生命物质，还是神经系统和心肌的主要能源。适量的碳水化合物摄入有利于维持血糖稳定，提供生命活动所需的能量，尤其血糖是大脑供能的直接能量来源。碳水化合物在体内分解为葡萄糖，供需平衡是最健康的，过量摄入时，葡萄糖极易在消化过程中转化为脂肪囤积体内引起肥胖。

（2）高脂饮食。脂肪能量密度高而且味美，容易导致能量摄入超标。

（3）不良的饮食习惯。进食太快，吃甜食频率过多、边看电视边进食，以及睡前进食等，这些不良的饮食行为均可加速肥胖的发生。

（4）营养因素。有助于消耗脂肪的营养素，如蛋白质、维生素 B、泛酸等摄入不足，肝脏便无法产生酶，以抑制胰岛素的分泌，于是血液里拥有过多的胰岛素，导致低血糖症。而血糖偏低的人会经常感觉饥饿，他们会不停地吃而逐渐发胖。

3. 运动过少

体力活动所消耗能量约占总能量 15%～30%，而且机体能量消耗的不同主要由于体力活动的差别。如果能量摄入并未减少，甚至增多，而运动缺乏，或体力活动减少，结果会使体内脂肪逐渐积聚导致肥胖。反之，肥胖又限制了体力活动，使身体热能消耗减少，由此形成不良循环，体重不断增加。体力活动一般分为职业活动、社会活动、家务活动和休闲活动，其中以职业活动消耗的能量差别最大。因此，静坐生活方式人群，如脑力劳动者往往是肥胖的高发人群。此外，随着年龄增加，体力活动逐渐减少也是中老年人肥胖患病率较高的原因之一。体力活动除可直接消耗能量外，还可影响进食量。据报道，正常体重者逐渐增加体力活动时，其食物摄入量也增加；而肥胖者改变体力活动水平时，对食物摄入量的影响较小。因此肥胖者加强体力活动更易使能量负平衡。

三、体重过轻的影响因素

（一）遗传因素

一般情况下，体重过轻与遗传因素相关，一些情绪容易亢奋的人，由于内分泌的影响就可以加速热量的消耗。如果发现自己的体重过轻，身体过瘦，首先要查一下是不是疾病的潜在影响，如甲状腺、糖尿病、肾上腺、消化系统疾病等都容易造成体重过轻。

（二）挑食和偏食

在饮食方面，体瘦人群有不少都存在挑食和偏食现象，应改掉这些不良习惯，增加膳食的摄入量，膳食应丰富多样。多吃碳水化合物，其中面食最管用。此外，高蛋白食品、蔬菜和水果一样都不能少，平日里可以吃那些健康的零食，如花生、葡萄干等，水果配酸奶也是不错的选择。在摄入足够蛋白质的情况下，宜多进食一些含脂肪、碳水化合物(即淀粉、糖类等)较丰富的食物,这样,多余的能量就可以转化为脂肪储存于皮下,使瘦弱者体态健壮起来。胃肠功能较弱的体瘦人群,可选择鸡、鸭、鱼、羊的肝脏来食用,除此,鱼类也易消化和吸收。

(三) 睡眠不足

人的睡眠若比较充足,胃口就比较好,而且也有利于对食物的消化和吸收。长期睡眠不足会造成身体机能紊乱、营养不良且直接导致身体消瘦。

(四) 注意个人心理健康

工作中的紧张和压力,生活中一些小事想不开,超出人体负荷的"疯狂"学习或工作等,都会使人愈加消瘦。相反,愉快的心理状态,和谐的人际关系则有助于保持健康体重。

第三节　体重管理的范畴

体重管理指通过合理的膳食搭配、科学有效的运动处方及培养良好的生活习性等手段对人们生活方式的各个方面进行全方位的管理,从而达到有效控制体重(包括减肥和增重)的一种科学的方法,其目的是通过平衡的饮食和规律的运动来控制身体能量的平衡,进而养成良好的生活习惯,加上互相支持的氛围,最终达到并保持理想体重。体重管理可以分为膳食干预、运动干预、生活方式干预三大范畴。大量的研究证明,在体重管理的作用下,无论增重或是减肥方面都取得了良好的效果。

一、膳食干预与体重管理

体重管理是一种健康的生活方式,是在满足人正常营养需求及代谢水平基础上,把健康的膳食与运动融入生活中。目前体重管理的最大不利因素是国民对营养的不重视,不明确且不相信疾病大多是吃出来的。合理的饮食是体重管理的第一步,是人们能直接行动的重要部分,具有立竿见影的效果。

(一) 主食要粗细搭配、控制热量

主食要粗细搭配,合理控制1天摄入的总能量,每天摄入的能量为1 000～1 500 kcal;运动每天消耗300～500 kcal能量;每天的基础代谢需要能量为1 100～1 200 kcal。

所谓细粮即精米白面,用其烹饪制作的米饭、馒头、面条等是所有中国人餐桌上的主食。粗粮便是除了精米白面以外的谷物类、杂豆类和块茎类食物。米中碳水化合物含量较高,而面粉中蛋白质、B族维生素含量相对较高;粮谷类食物是膳食中碳水化合物主要来源,而豆类则可提供蛋白质、脂类,还可与粮谷类食物的蛋白质、营养物质实现互补。

（二）副食要荤素搭配

副食是膳食营养中更加重要的一部分，因为副食的摄入要提供给人体绝大多数的营养物质。荤食主要提供蛋白质、脂类，素食主要提供碳水化合物、维生素、膳食纤维等。除素食主义者外，以素为主或以荤为主都难以满足机体全面的营养需要。人体要保证每天肉蛋奶的摄入，肉蛋奶类是优质蛋白质的主要来源，其中蛋类含有人体所需的完全蛋白、脂肪、卵磷脂及矿物质和多种维生素，吸收率高，且营养物质大都集中在蛋黄内；乳及乳制品含有几乎所有种类的脂溶性和水溶性维生素。在肉的选择上尽量做到 1 周内畜肉、禽肉、鱼虾皆有，并可用大豆及其制品代替小部分肉类。要保证多色蔬菜水果的摄入，因为植物中大部分物质的合成反应在叶子中进行，所以绿叶蔬菜颜色越深其综合的营养价值越高。深绿色、红色、橘红色、紫红色蔬菜富含胡萝卜素尤其是 β-胡萝卜素，是维生素 A 的主要来源，如西红柿、胡萝卜、南瓜、红辣椒、黄辣椒、紫甘蓝等，食物越多样，营养越丰富。因此，在副食饮食中要注意以下事项：

1. 以低升糖指数食物为主饮食

低升糖指数食物餐后血糖不会剧烈升高，反而加速释放胰高血糖素，可以利用脂肪，减少三酰甘油，降低低密度脂蛋白胆固醇，升高高密度脂蛋白胆固醇，是促进脂肪分解的激素。高升糖指数食物加速释放胰岛素。胰岛素是增肥激素，体内胰岛素太多就很容易发胖。

2. 高蛋白饮食

蛋白质是细胞代谢的基础，增加蛋白质摄入，可以增肌、抗饿、修复细胞，有利于减轻体重以及改善血脂情况，有利于控制减重后体重的反弹。蛋白质摄入以优质蛋白为主，如鱼、虾、奶制品和豆制品等食物的蛋白。

3. 适量脂肪摄入

适量摄取脂肪不会让身体长胖，相反科学摄取脂肪还能有效减肥。脂肪能够控制食欲，减少饥饿感和暴饮暴食。摄取脂肪酸构成比很重要。单不饱和脂肪酸和多不饱和脂肪酸均能加速身体脂肪的燃烧，降低血脂，减少身体脂肪的堆积，并促进身体产生能量。

摄入各类脂肪的最佳比例为：饱和脂肪酸∶单不饱和脂肪酸∶多不饱和脂肪酸＝1∶1∶1。

每天需要 3 种食用油：亚麻籽油或紫苏油每天 8 mL，茶籽油或橄榄油每天 10～12 mL，其他油每天 6～8 mL。

（三）平衡膳食，合理烹饪

食物的摄入要注意多样化，每日摄入食物种类不低于 12 种，每周摄入食物种类不低于 25 种。烹调时要注意少量多样，食用时要注意少食多餐，既不浪费食物，也不增加身体负担，做到健康饮食。

1. 食物多样，合理烹饪

健康饮食，合理烹饪很重要。从食物的选择、食物量的把握到烹饪方式的选择、调味料的用量等，是决定是否做好合理饮食的第一步。饮食食物选择要种类多样、荤素均衡、结构合理、用量适宜。烹制方法宜少油煎、少油炸，多用蒸煮、多凉拌。食物煎炸后热量增加几倍，食用煎炸食物太多，能量摄入很容易超标。另外，烹调时尽量做到先洗后切，随洗随切，随炒随吃，急火快炒，不吃剩菜。

2. 少食多餐，细嚼慢咽

少食多餐能够避免饱食。经常饮食过饱，体内的酶系统无法分解如此多的食物，不仅会使消化系统长期负荷过度，导致内脏器官过早衰老和免疫功能下降，而且过剩的热量还会引起体内脂肪沉积，引发肥胖、高血压等“富贵病”。另外，饱食后胃肠道循环血容量增加，变成大脑血液供应相对不足，使脑细胞正常生理代谢受到影响。少食多餐就是做到三餐定时，确保每餐不过量，在饥饿时适量加餐，加餐食物可选择水果、奶类和蛋类。细嚼慢咽能够增加唾液的分泌量，有助于对食物的消化和营养成分的吸收。

二、运动干预与体重管理

运动是最有效的减肥方法之一。运动是指由于骨骼肌收缩引起机体能量消耗增加的所有活动。体重管理中的运动干预，主要指通过主动改变生活方式，在日常生活中有计划、有规律地安排运动，并达到一定的运动量和运动强度，保证一定的能量消耗，从而帮助实现体重管理和促进健康的目标。运动干预内容包括体重管理目标和运动计划的制定、运动前风险评估和运动计划的实施、运动监控和科学管理，以及运动健康效果评价等多个环节，这些环节共同构成运动干预的有效流程，其中任何一个环节薄弱或缺失，都会影响运动干预在人群中防治肥胖的效果。

目前在世界范围内，运动不足现象普遍存在。全世界有 1/4 成年人和 3/4 青少年缺乏身体活动。2013 年，我国 18 岁以上成人经常锻炼率（每周参加中、高强度体育锻炼 3 次及以上，且每次至少持续 10 min 的比例）为 15%，仅为新加坡的 1/2，美国的 1/3。

（一）运动的分类

1. 按照能量代谢分类

运动的本质是肌肉收缩做功，运动强度不同，稳定维持在这一强度的运动时间不同，决定了肌肉活动的能量来自无氧代谢、有氧代谢或有氧与无氧混合代谢。运动因此可分为有氧代谢运动和无氧代谢运动，简称有氧运动和无氧运动。

(1) 有氧运动是指躯干、四肢等大肌肉群参与为主的、有节律较长时间、能够维持在一个稳定状态、以有氧代谢为主要供能途径的运动形式，也叫耐力运动。如以每小时 4 km 的中等速度步行、每小时 12 km 的速度骑自行车都属于有氧运动。

(2) 无氧运动是指无氧代谢为主要供能途径的运动形式，一般为肌肉的强力收缩活动，因此，不能维持一个稳定的状态。100 m 短跑等几乎全部为无氧代谢供能。无氧运动也可发生在例如 5 000 m 长距离跑步等有氧运动末期，也是抬重物、俯卧撑、抗阻力肌肉力量训练的主要运动形式。

2. 按照运动方式分类

(1) 柔韧性活动(伸展性活动)。它是指促进提高关节柔韧性和灵活性的活动，如各种伸展性活动、瑜伽、太极拳等。

(2) 强壮肌肉活动。它是指保持和增强肌肉力量、体力和耐力的活动，如负重、举哑铃、俯卧撑等的活动。

(3) 平衡性活动。它是指利于保持姿势的活动，如单腿站立、倒着走、平板练习等都属于平衡练习。强壮肌肉的核心练习和下肢练习也都可有助于提高平衡能力。

(4) 健骨运动。它是指作用于骨骼并产生骨骼肌性和压力性负荷的活动，这类活动可以改善骨结构或骨密度，从而增加对于骨折的抵抗力，例如蹦、跳、舞等活动属于健骨运动，同时也属于肌肉力量运动。

(二) 运动对脂肪的影响

体重分为瘦体重和脂肪体重。瘦体重主要包括肌肉、器官、骨骼、皮肤、体液及其他非脂肪组织。减肥主要是减去多余的脂肪而保留瘦体重。影响体重的基本要素是热能摄入量与消耗量。当成人热能摄入量等于消耗量时，则体重基本保持不变，即能量平衡。当热能摄入量大于消耗量时则热量过剩而体重增加，即热能正平衡。如果热能摄入量小于消耗量时，则热量摄入不足而导致体重减轻，即热能负平衡。因此，减肥的目的就是要减去体内多余的脂肪，通过改变摄入热能平衡来实现，即调节代谢功能、增加脂肪消耗。

当人体进行长时间的耐力运动时，体内的碳水化合物所供应的能量不能满足机体的需要，通过增加氧气的供给，体内的脂肪和蛋白质会经过糖异生的氧化分解，产生能量供人体使用。耐力运动中以有氧运动对人体内脂肪代谢的影响最为明显，可以直接影响脂肪组织中脂肪细胞的体积。因为有氧运动可以通过增加能量的消耗减少体内脂肪的存储，抑制脂肪细胞的积累，减小脂肪细胞的体积，降低人体的摄食能量，减少脂肪沉积。

运动消耗机体能量物质有助于减控体重。在人体运动时机体中的糖、脂肪和蛋白质均参与供能,但主要通过分解糖和脂肪供能。在运动中人体的心率和呼吸加快,摄氧量水平随运动强度增大而增加,血液循环加快,去甲肾上腺素和胰高血糖素等激素水平升高,促进糖和脂肪分解,为肌肉工作提供能量。人体中的糖主要以肝糖原和肌糖原形式储存,是肌肉工作时主要的能源物质。脂肪主要储存在脂肪组织和肌肉组织,是人体内最大的能量储存库,运动时机体需要动员和转移脂肪酸到工作肌肉中分解供能。糖和脂肪供能的比例依不同运动强度而变化,在低到中等强度运动时糖原和脂肪是主要消耗的能源物质;当运动强度增加时,糖供能增加而脂肪供能比例下降;当运动强度进一步增大时,肌肉就会通过糖酵解生成乳酸等无氧方式来保持供能。因此,在大多数健身运动中糖原提供最多的能量,脂肪则是低强度运动和运动后身体恢复过程中重要的供能物质。

长期坚持运动,使脂肪组织更新率加快,运动时脂肪充分分解,脂肪分解速率往往远大于工作肌肉利用率;当运动停止后,几乎 90%分解的脂肪酸都被再次酯化为三酰甘油:长期运动可使肌肉脂肪氧化利用率提高。因此,低、中等强度运动是消耗脂肪最好的途径,长期坚持有助于减少肥胖的发生。

(三) 运动对肌肉的影响

有氧运动主要提高脂肪氧化供能比例,增加脂肪消耗量,降低体脂率,提高心血管系统和呼吸系统机能能力。抗阻运动主要可提高肌肉力量和增加肌肉体积。根据负荷和发展力量性质,抗阻运动可分为绝对力量训练、速度力量训练和力量耐力训练。超重和肥胖者在进行有氧热身运动后,接下来主要通过速度力量训练和力量耐力训练提高肌肉体积和肌肉力量。力量训练后可提高人体代谢率以扩大和巩固有氧运动的效果。抗阻运动的形式多为循环抗阻力量训练,即一系列中等负荷、持续、缓慢、大肌群、多次重复的抗阻力量训练,常用的方法有利用身体质量(如俯卧撑)、哑铃或杠铃、运动器械以及弹力带,其中弹力带具有易于携带、不受场地及天气的影响,特别适合一般人群应用。

(四) 运动有益于心理健康

运动除了能够有效防治肥胖,还可以促进心理健康。良好的运动习惯有助于身心健康,长期运动不仅能减控体重,还可以提升愉悦和幸福感,减少心理疾病的发病率,获得良好的人际关系和社会适应,改善心理健康状况。

适宜运动联合合理膳食是控制体重的最好方法,二者相辅相成,共同作为健康体重管理的一部分,达到保持理想体重、事半功倍的效果,并且有减少体重反弹的可能性。

三、生活方式干预与体重管理

生活方式是人们受社会文化、经济状况、风俗和家庭影响而形成的生活意识和生活习惯。世界卫生组织研究发现，生活方式对人们健康的影响最大，占到60%。不良的生活方式损害身心健康，而良好的生活方式则有益健康。

全球至少有2/3的人死于与不良生活方式有关的疾病，并且这一比例还在不断增加。"冰冻三尺，非一日之寒"，对现代人构成重大威胁的慢性疾病常植根于青少年，发展于中年，发病于中老年，往往是多年不良生活方式累积造成的。在影响健康的诸多因素中，生活方式是我们普通人唯一能掌控的因素，通过改变生活方式，可以让自己生活得更美好。

良好的生活方式包括生活规律、饮食节制、戒烟限酒、适量运动、不熬夜、不过度劳累、积极乐观和睡眠充足等。美国疾病控制中心研究发现，不吸烟、合理膳食、经常锻炼的男性公民寿命可以延长19年。

（一）酒精与体重管理

酗酒引起肥胖的机制分析表明，酗酒能使肝细胞发生变性和坏死，导致酒精性脂肪肝、肝炎、肝硬化和肝癌。

1. 酒精引起肥胖的原因

（1）酒精阻碍脂肪燃烧。酒精含有大量的能量，1 g酒精可以提供7 kcal能量；蒸馏酒的能量密度每100 mL通常在230～400 kcal，是蒸米饭的2～3倍。酒精一般优先被身体代谢，不会转化成脂肪。但是，酒精代谢为身体提供能量，就节省了体内其他能源物质（如糖类和脂肪）的消耗。比如，如果晚餐不喝酒，那么到后半夜时生命活动就会靠消耗脂肪来维持；如果晚餐喝了酒，那么到后半夜时，这些生命活动就靠消耗酒精来维持，其结果就是把脂肪"节省"下来了。也就是说，酒精虽然不会直接转化成体内脂肪，但的确可以间接增加体内脂肪。因此，如果喝酒太多的话，人体容易发胖。

（2）酒精往往增进食欲。喝酒和大吃往往是结合在一起的。酒精也是食欲的促进剂。同样一餐饭，如果有酒精饮料佐餐，往往会令人食欲大开，导致能量摄入过多引起肥胖，而白水和碳酸饮料的开胃效果就远没有这么好。

（3）酒精促进酶活性增加。在体内代谢过程中酒精可以促使NADH酶增加，此物质会促进脂肪合成。

（4）酗酒伤肝。酗酒会影响肝脏脂肪代谢功能导致肥胖。

（5）酒精会影响内分泌。1次大量饮酒可能会导致身体里1天可的松分泌量增加，而睾酮分泌减少，直接的结果是身体会消耗肌肉，而不是合成肌肉。如果运动后大量喝酒肌肉分解将会更加厉害，所以不要在运动后饮酒。

2. 酗酒肥胖者体重管理的方法

(1) 戒酒。提倡健康饮食，饮酒过多引起肥胖的，最好的管理方法就是戒酒。如果肥胖并发心脑血管病、慢性肝病等慢性疾病，则一定要戒酒，戒酒后体重管理容易见到效果，身体状况也会逐渐稳定好转。

(2) 控制饮酒量。如果戒酒困难，则应该节制饮酒，减少饮酒量。《中国居民膳食指南(2022)》推荐：以酒精量计算，成年男性和女性 1 天最大饮酒的酒精量不宜超过 15 g。15 g 酒精换算为不同种类的酒为啤酒 450 mL，葡萄酒 150 mL，38%白酒 50 mL 以及 52%白酒 30 mL。

(3) 增加身体热量消耗。体育运动、体力活动可增加能量消耗，对减脂十分有益。建议每天应进行 30 min 以上的适当体力活动，当天饮酒和进食量过多时，需要增加锻炼时间。

(4) 补充营养。充足的营养可减少身体伤害，饮酒者营养调理应加强护肝、保护血管并补充失去的营养素。重要的营养素包括 B 族维生素，维生素 C、蛋白质、维生素 E、钙、镁、深海鱼油和果蔬纤维片。

(二) 吸烟及戒烟与体重管理

1. 吸烟的危害

我国是烟草生产和消费大国，每年消耗的烟草占世界总销量的 1/3 以上，吸烟者高达 3 亿多人。据中国预防医学科学院估算，我国还有约 4 亿人受到被动吸烟危害，因而我国约有 7 亿人直接或间接地受到烟草的危害。英国一项历时 40 年的研究证明，中年吸烟者死亡率为不吸烟者的 3 倍，世界卫生组织资料表明，目前全球每年死于与吸烟有关的各种疾病达 300 万人，估计到 2025 年将升高到 1 000 万人，而我国将超过 200 万人。如今烟草已经成为全球的“第二大杀手”，吸烟已成为严重危害我国人民健康的紧迫问题。

香烟烟雾中，92%为气体，如一氧化碳、氢氰酸及氨等，8%为颗粒物，这些颗粒物统称焦油。焦油内含尼古丁、多环芳香羟、苯并芘及 β-萘胺等，它们已被证实其致癌物质有 40 多种。吸烟对人体危害是一个缓慢过程，需经较长时间方能显示，尼古丁又有成瘾作用，使吸烟者难以戒断。吸烟可以导致 40 多种疾病，包括癌症、呼吸道、心脑血管和消化道疾病等，常见的有支气管炎、肺癌、肺气肿、口腔癌、食管癌、喉癌、胃癌、高血脂等，几乎所有的人体组织、器官或系统均可受到吸烟的危害，吸烟最容易伤及的器官是肺。吸烟是造成人们过早死亡、病残的最主要病因之一。

2. 戒烟引起肥胖的可能机制

一些戒烟者体重明显增加，甚至引起肥胖。这种情况属于所谓的“戒烟综合征”。戒烟综合征的学名叫尼古丁戒断综合征，当抽烟人士突然开始戒烟时，会出现戒烟综合征。戒烟综合征的主要表现一般有头晕乏力、狂躁不安、体重增加等不适情况。

美国耶鲁大学医学院等机构的科学家已经发现了尼古丁抑制食欲的机制。由于烟草中的烟碱、尼古丁等物质会抑制人体大脑的饥饿中枢，使人不容易产生饥饿感，从而导致身体消瘦。而一旦终止了这些物质的摄入，人就自然而然地产生饥饿感，变得食欲大增，从而引发肥胖。研究还发现，吸烟与进食相似，可以使大脑释放“快乐物质”多巴胺，使人感到满足和愉悦，而戒烟后消失的愉悦感则可通过食物来弥补。因此，戒烟后情绪低落时过量进食、失眠等都会引起体重增加。

（三）睡眠与体重管理

不管自愿与否，熬夜的生活已经成为现代人的家常便饭。随着电脑和网络的普及，“夜猫子”也越来越多。但人类不是夜行动物，熬夜违反生理规律，损害健康是必然的。

1. 熬夜的危害

（1）熬夜引起神经衰弱。长期熬夜的人，因为生物钟错乱，容易出现失眠健忘、多梦等症状，想睡的时候睡不着或者睡眠质量不高。长期熬夜存在患抑郁症的隐患。

（2）熬夜导致人体内分泌紊乱，容易引起肥胖。

（3）熬夜导致人们亚健康甚至生病，熬夜也会使人体的正常造血和修复系统受到影响且影响免疫系统的功能；熬夜还很容易伤肝，需要值夜班的人群，肝功能异常的比例比一般人群高。此外，“熬夜族”的肾上腺素等激素分泌量也比常人高，使新陈代谢的压力大增，成人患慢性病的概率也增加了。

2. 熬夜引起肥胖的可能机制

（1）外在机制。一方面，熬夜的人在困倦时一般会选择喝1杯咖啡或不断进食来提神，饥饿时选择吃夜宵，容易导致暴饮暴食；另一方面，熬夜的人进食时间极不规律，三餐时间不固定，会更多地去食用一些快餐或者外卖食品，或者更多地去吃一些膨化食品或者零食，这样就容易导致能量摄入过多，引起体内脂肪堆积，身体肥胖。

（2）内在机制。一方面，睡眠不足会使人的基础体温下降，从而降低人身体的新陈代谢率，从而使身体能量的消耗减少，进而导致肥胖；另一方面，熬夜容易导致人体内分泌紊乱，激素分泌紊乱的人睡眠质量和规律性与肥胖、糖尿病和高血压病有显著相关性。熬夜会影响体内生长激素及瘦素的分泌和平衡，会使体内的瘦素水平降低。瘦素本来是抑制饥饿的，它的水平下降，就会使人感觉饥饿，这就是为什么很多人越到半夜越感觉饥饿的一种原因。另外，熬夜的时候血糖的浓度会上升，导致体内胰岛素分泌增多，血糖浓度逐渐降低，人就容易感到饥饿。

第四节　体重控制与健康

一、肥胖的危害

肥胖已成为现代文明病，与艾滋病、吸毒、酗酒并列为世界四大医学社会问题。医学界已把肥胖所经常伴有的高血压、高血脂、糖尿病、冠心病、脑卒中称为死亡“五重奏”，世界卫生组织已确认肥胖是一种疾病。肥胖不仅仅是体重增大、体态臃肿，它还可以引发各种慢性并发症，甚至缩短人们的寿命。

（一）带来心理障碍

患者常因自身形体不美而容易出现自卑、焦虑甚至抑郁等一系列心理障碍，因自卑心理而不愿意参加各种社会活动，致使生活质量明显下降。

（二）影响参加各种活动

过度肥胖会加重身体各器官的负荷，导致日常活动缓慢、慵懒。肥胖者常感乏力、气短、活动困难、关节疼痛，有时还会出现下肢浮肿等。有的肥胖者体重超重时会失去生活自理能力。缺乏运动锻炼的人易导致肥胖，而越肥胖越不愿去运动，形成恶性循环。

（三）智力可能下降

肥胖不仅会引发诸如心脏病、高血压等疾病，而且还会影响智力。肥胖可影响脑血流，而脑血流的降低将会直接损伤大脑生理机能，使大脑皮质出现稀疏区，如果稀疏区出现在颞叶皮质，则会使人记忆力下降，语言理解能力迟钝，思维不清晰。

（四）肥胖症的危害

肥胖症的最大危害是各种与肥胖症有关的并发症，主要包括以下几种：

1. 睡眠呼吸暂停综合征

该综合征与肥胖症的气喘有关，发病隐匿，有时可能危及生命，是由于过度肥胖和腹型脂肪分布等导致呼吸道机械性堵塞。睡眠呼吸暂停综合征患者症状严重时，由于较易发生低氧性心律失常，患者可导致死亡。

2. 高血压

原发性高血压病是全球范围内的重大问题，能导致全身各主要脏器的严重损害，引起脑血管意外、冠心病、心力衰竭、肾功能不全等并发症。全世界约有4亿～5亿高血压患者，我国高血压病患病人数已超过1亿人，并以每年500万人的速度增加。体重超重、膳食高盐、中度以上饮酒是高血压病发病的三大危险因素。体重超重和肥胖作为原发性高血压病发病的重要危险因素之一，日益引起关注。肥胖者 11～15 年后约 60%发展为高血压，在大多数西方国家肥胖者约占高血压患者的 65%～75%，肥胖导致高血压的比例估计为 30%～65%。大量包括流行病学调查在内的研究结果证实肥胖与高血压之间存在强相关性。

3. 糖尿病

肥胖患者有半数发展为糖尿病，这是因为机体脂肪的过量贮存加强了脂肪降解，脂肪降解的结果是产生大量的游离脂肪酸，游离脂肪酸的增加严重阻碍了肝脏摄取胰岛素，导致肝脏糖利用和糖原异生障碍。

肥胖与 2 型糖尿病之间在流行病学上有非常密切关系，肥胖是糖尿病产生的重要危险因素。美国糖尿病协会报告，轻度肥胖者患糖尿病的危险性比正常人上升 2 倍，中度肥胖者危险性比正常人上升 5 倍，而重度肥胖者危险性比正常人上升 10 倍。美国第 2 次全国健康与营养调查发现，超重者与正常体重者比较（2 组年龄相似），其患糖尿病的危险性上升 29 倍，肥胖对较年轻人群（20～45 岁）危害更大，超重者患糖尿病的危险性是正常体重者的 38 倍。

4. 血脂异常

肥胖患者常有脂质代谢和脂蛋白水平异常，尤其是中心型肥胖患者。肥胖对脂蛋白水平有明显影响。研究表明，甘油三酯浓度与腰臀比呈正相关，高密度脂蛋白胆固醇则与腰臀比呈负相关；体重增加时甘油三酯和低密度脂蛋白胆固醇水平升高，而高密度脂蛋白胆固醇水平降低；体重减轻时甘油三酯和低密度脂蛋白胆固醇水平降低，而高密度脂蛋白胆固醇水平升高，尤其是女性中心型肥胖患者，体重减轻可使异常脂蛋白明显改善，且比外周型肥胖患者更为显著。

5. 冠心病

左心室肥大、高血压、脂代谢及糖代谢紊乱这些与冠心病发病有关的因素在肥胖者中均有较高发生率。肥胖作为冠心病的重要危险因素已为大量流行病学调查所证实。冠心病及充血性心衰，在健康人群最胖者中的发生率比最瘦者中的发生率高 2～24 倍，肥胖者更易提前罹患冠心病。他们的体重指数及其他肥胖指标如腰围及腹部皮褶厚度均与冠心病发生率呈不同程度显著相关关系。有冠脉病变者，腹内内脏脂肪面积和腹内皮下脂肪面积比值均显著大于肥胖程度类似的无冠状动脉病变者。

6. 动脉硬化与脑卒中

动脉硬化及脑卒中危险性随体重、体重指数增大而增加已为流行病学调查所证实，其中，超过理想体重 30%的 70 岁以上女性，脑卒中率为最瘦组人群的 4 倍。

7. 某些癌症

肥胖也是引发某些癌症的危险因素。流行病学调查研究资料表明，肥胖的男性较易罹患大肠、直肠和前列腺癌；肥胖的女性则易患子宫内膜、胆囊、子宫颈、卵巢及乳腺癌。

二、体重过轻的危害

体重过轻的人容易疲倦、体力差、兴奋性低、学习和工作效率不高，抵抗力低下，免疫力差，对环境变化的适应能力减弱。

（一）免疫力下降

体重偏轻可减少甲状腺激素分泌，降低基础代谢率，减弱免疫力，致病菌乘虚而入，提高病菌感染概率。尤其是有基础性疾病的患者，体重偏轻会让病情进一步加重，如由普通的小感冒快速发展成肺炎。

（二）骨质疏松

过瘦的人一般存在营养不良的问题，此时肌肉、骨骼的合成量减少，从而导致骨质疏松现象发生。低体重者体内缺乏维生素 D 和钙元素，这样就不能维持正常的骨密度，造成其骨质疏松。身体消瘦，再加上肌肉量不足，极易出现脆性骨折。

（三）记忆力衰退

大脑工作的主要动力来源于脂肪，它能刺激大脑，加速大脑处理信息的能力，增强短期与长期记忆力。消瘦的人体内脂肪摄入量和存贮量不足，机体营养匮乏，这种营养缺乏使脑细胞受损严重，将直接影响记忆力。

（四）怕冷

消瘦的人的体温调控能力会比较差。在正常体重范围内，身体的脂肪能帮助保暖，而过瘦则意味着体内脂肪较少，即便在温暖的环境下也可能需要多穿衣服保暖。

（五）胆结石

胆汁是由肝脏分泌的，其中含有胆固醇、胆盐、钙和卵磷脂等，它们之间保持着一定的比例。过于消瘦的人，一般热量摄入不足，所以沉淀在身体组织中的脂肪就会加速消耗，胆固醇也随之移动，导致其在胆汁中的含量增加，胆汁因而变得黏稠，析出结晶并沉淀下来形成胆结石。

第五节　肥胖在全球和我国的流行趋势

自第二次世界大战之后，超重和肥胖人群的数量在世界范围内已经到达一个惊人的数量。1948 年，世界卫生组织就定义肥胖症是一种可影响人类身体健康的慢性疾病。

据世界卫生组织统计，目前成年人中约有 40%的人达到超重或肥胖。世界的肥胖成年人数量自 1995 年以来增加 50%，截至 2018 年已达 3 亿人。肥胖是指脂肪在体内过度堆积达到危险程度，造成人体器官和系统功能损伤，最终导致其他慢性疾病发生的一种疾病。肥胖的流行是目前全球经济发展以及人们不良生活方式造成的结果。肥胖的患病率不仅在发达国家较高，比如美国，在过去 20 年中，肥胖人数快速增长，目前成人肥胖人群已经超过总人数 35.7%，儿童肥胖人群也大约占总人数 17%，再加上超重人群，美国已有过半的人是超重和肥胖；而且在发展中国家中肥胖人数也在迅速增加，肥胖及因肥胖引起的相关疾病已经成为全球性的公共卫生问题。

随着我国人民生活水平的不断提高，超重和肥胖的人数越来越多。根据《中国居民营养与慢性病状况报告（2020 年）》发布的最新数据，全国约 42%的成年人和 16%的儿童青少年超重或肥胖；城市居民则有 50%的成人超重或肥胖，1/3 的儿童青少年超重或肥胖，而且女性肥胖人数增加速度比男性还要快许多。有统计显示，目前我国肥胖者已远远超过 9 000 万人，超重者高达 2 亿人。专家预测，未来 10 年我国肥胖人群将会超过 2 亿人，有近 15%的人体重超标，儿童肥胖在 15 年里增加了 28 倍。

个人体重管理可通过加强健康教育，塑造个人自主自律的健康行为，提升个人体育素养，根据个人身体形态及运动能力，制定符合自身的运动处方，经过体育与健康学习，使个人掌握基本的运动知识和运动技能，培养兴趣，养成终身体育习惯，对以后的健康、身体素质、生活质量会产生良好影响。

课程思政案例一

◆案例名称

在不完美中去完美自己——吴敏霞。

◆教学目标

这世上并不存在毫无瑕疵的人，“金无足赤，人无完人”，学会接纳所有的不完美，让自己更加强大地完美下去。

◆案例简述

吴敏霞确实不是“天赋型”运动员：先天性贫血让她成了名副其实的“玻璃人”，这是阻挡吴敏霞成为一名运动员的“坎儿”；先天性胯和髋关节突出，更是阻碍她成为一名跳水运动员最大的“拦路虎”。因为受运动方式和训练强度的要求，胯和髋关节突出者不宜从事跳水运动，否则就会有股骨头坏死的风险；加上她营养不良，运动能力也比普通人弱一些。即便这样，她 5 次蝉联女子双人 3 m 板金牌，以 5 金的成绩超越了“跳水女皇”郭晶晶，成为奥运会跳水史上最伟大的运动员。在奥运会跳水史上，“5 金连跳”的洛加尼斯都望尘莫及，这背后的辛酸却只有吴敏霞一人知道。身体素质不如旁人的她，为了弥补先天性身体素质的不完美，默默付出了比普通运动员多 10 倍甚至百倍的努力，每天跳水池、食堂、宿舍“三点一线”地连轴转。10 多岁时，吴敏霞在一次训练中跳歪了，造成肘关节韧带撕裂。普通人难以承受的伤痛，吴敏霞几乎每天都与之共存，每天训练完，她还要抽出 2 h 去做治疗。不过吴敏霞很乐观，她说：“现在每天都是和伤病做斗争。有时候觉得，伤病就像朋友一样。”正是这种钢铁般的意志，吴敏霞拿下一枚又一枚金牌，最终以最完美的方式惊艳绽放。

◆背景介绍

吴敏霞，中国女子跳水运动员，奥运会冠军。2004 年，吴敏霞与郭晶晶一起夺得雅典奥运会女子跳水双人 3 m 板金牌，并在随后的女子单人跳水 3 m 板比赛中获得亚军。2008 年，吴敏霞再次与郭晶晶一起，成功夺得北京奥运会女子双人跳水 3 m 板金牌。2011 年 7 月，吴敏霞个人第 1 次获得世界锦标赛女子单人跳水 3 m 板冠军。2012 年 8 月，吴敏霞在伦敦奥运会上先后获得女子双人跳水 3 m 板与女子单人跳水 3 m 板金牌，个人奥运会金牌数累计达到 4 枚。2013 年 7 月，吴敏霞与施廷懋一起夺得女子双人跳水 3 m 板金牌，这也是她第 6 次获得世界锦标赛女子双人跳水 3 m 板冠军，成为该项目获奖牌最多的历史第一人。2014 年，吴敏霞参加仁川亚运会，获得了亚运会女子双人跳水 3 m 板冠军。2016 年 8 月 8 日，在里约奥运会女子双人跳水 3 m 板比赛中，施廷懋、吴敏霞以 345.60 的总分夺得冠军。

◆主要观点

人生注定是不完美的，要勇于面对和接受自己的不完美，不要向先天的缺陷或不完美屈服，更不要在乎别人的眼光。为自己设定一个目标，不管前方道路有多坎坷，遇到多少困难，都不要轻言放弃，坚定自信地走下去，用坚忍的毅力和不屈的精神努力去完善自我，在不完美中追求完美，实现自我，展现人生价值。

◆思考一下

在学习生活中，遇到挫折，你是不敢面对绕过去还是勇敢地跨越障碍呢？

复习思考题

1. 体重评价的方法有哪些?
2. 体重管理的范畴包括什么?
3. 体重管理对健康的意义是什么?

第二章　运动与健康

第一节　健康的定义

健康是人类发展永恒的主题，追求健康是人类共同的愿望。健康是促进个人全面发展的前提条件，是社会经济发展的基础条件。随着社会的发展和人类文明的进步，人们对健康的认知和理解也在不断发生改变。健康通常分成狭义的健康和广义的健康。

一、狭义的健康

在漫长的历史时期中，人们普遍的认知是没病就是健康，生病了才是健康受损。在古代瘦小或许会被认为是一种病态，而几乎没人认为肥胖是不健康的表现。成语中“膀阔腰圆”“虎背熊腰”是形容人强健的褒义词，但人们现在就能认识到，腰圆是中心型肥胖的显著特征。1997 年，世界卫生组织正式定义肥胖为慢性代谢疾病。

二、广义的健康

近代社会，随着工业革命的兴起，科学技术在各个领域飞速发展，人们在生物、心理、社会等领域中认知不断提高，大家对健康的内容进行了拓宽，健康的外延和内涵均被扩大了。

世界卫生组织于 1978 年 9 月通过了《阿拉木图宣言》，重申了健康的含义，指出健康不仅仅是没有疾病和病痛，还应包括生理、心理和社会方面的良好状态。这就形成了三维健康的定义。由此，世界卫生组织又进一步提出了衡量健康的 10 项标志：

(1) 精力充沛，能从容不迫地应付日常工作、生活，工作效率高。

(2) 处世乐观，态度积极，勇于承担责任。

(3) 睡眠良好，休息充分。

(4) 应变能力强,能适应环境的各种变化。

(5) 对感冒和传染病有一定的抵抗力。

(6) 体重适当,体形匀称,站立时头、肩、臂位置协调。

(7) 眼睛明亮,反应敏锐。

(8) 牙齿清洁,无蛀洞、出血感、痛感,牙龈颜色正常。

(9) 头发有光泽,无头屑。

(10) 肌肉丰满,皮肤富有弹性,走路活动轻松协调。

到了1989年,世界卫生组织进一步对健康做出了新定义,即在原有的基础上增加了道德健康的指标,形成了四维健康的新概念,指出品格善良正直,心胸坦荡,处事公正,凡事能换位思考,有利于建立心理平衡,有益于健康。关于健康的认知过程如表2-1所示。

表2-1　健康的认知过程

时　间	认　知　过　程
1940年前	生产力低下,认知水平低,无病就是健康。
1940年后	健康是没有疾病和没有伤残。
1977年后	建立生物-心理-社会医学模式,具体到躯体、心理和社会的良好状态。
1989年后	四维健康,加入了道德健康指标。
2000年后	五维健康,在四维健康基础上,了解获得健康的途径和意义。

三、体质健康的现状

体质和健康,它们之间既有联系,又有所不同。体质主要包括身体发育水平、身体功能水平、身体素质以及运动能力水平、心理发育水平和适应能力5个方面。体质是生命活动的最基本要素,也是健康的物质基础。体质是指体格、体型、身体素质、运动能力等,而健康则侧重于研究人体的心、肝、脾、肺、肾、血管、组织结构、生理功能疾病以及死亡机制。人体健康的质量是体质状况的反映和表现。

随着现代社会的高速发展,物质生活越来越丰富,人们的生活变得越来越便利,绝大多数工作都可以借助工具或设备来协助完成。人类生活习惯和方式发生了根本性变化。同时,学习和工作方式也发生了巨大改变。一个人从出生到老年,几乎所有的一切都可以借助外部的力量、外部工具来协助完成。在这种情况下,人们的脑力活动增多,体力活动减少。人们的生活节奏加快、心理压力变得更大,人际交往减少,营养过剩。许多人也许在1天之内用不着挥动1次手臂,1 周之内无须将自己的身体挪动一下,1 月之内不必将自己的心率达到每分钟 100 次,1 年之内都没有搬运 20 kg 重物的机会,所有这些都让人类的基本活动变得缺失。在 21 世纪的这个世界中,这种现象在各个国家普遍存在。早在 20 世纪 70 年代,人们就已经发现,高达 50%的疾病或死亡因素与“行为及不健康的生活方式有关”,久坐、精神紧张、快餐文化已经成为一部分人群生活的常态,便秘、高血压、高血脂、肠道癌、冠心病、糖尿病、肥胖、痛风等“文明病”接踵而至,人们陷入了既追求更高的生命质量,又难以摆脱不健康生活方式的矛盾之中。

根据美国国家卫生院统计,全球每年约有 200 万人的死亡原因与缺乏运动导致的疾病有关。中国作为经济快速发展的新兴经济体,短短 20 年,整体的体能活动的比例就下降了 45%,青少年的耐力、爆发力、速度、力量等身体素质有所下降,而肥胖率持续上升。表 2-2 所示为三江学院近 5 年新生体质测试的不及格人数、不及格率以及体重不及格对于体测总分不及格的影响度。

表 2-2　三江学院近 5 年新生体质测试统计表

年　级	参测人数	不及格人数	不及格率(%)	超重人数	肥胖人数	低体重人数	体重不合格总人数	体重不及格率/总分不及格率(%)
2020 级	4 176	624	14.94	147	189	59	395	63.30
2019 级	3 904	452	11.58	97	140	60	297	65.71
2018 级	4 352	602	13.83	146	172	74	392	65.12
2017 级	4 365	385	8.82	84	101	40	225	58.44
2016 级	4 372	541	12.37	142	118	49	309	57.12

第二节　运动概述

一、什么是运动

运动是物理的核心概念,运动的定义是指物体随着时间在空间中相较于参照物发生的相对位置的变化,运动是物质的固有属性。本章节所谈论的是人体的运动,当然,人体也是物质。

二、什么是人体运动

人类的一切实践活动都是由大脑皮质所支配的,而这些活动全是通过人体的肌肉收缩来完成。比如,建筑工人在搬砖、环卫工人在清扫马路、厨师在厨房里炒菜、做饭，这一切都属于运动的范畴。

人类的祖先做运动可能是为了打猎获取食物，可能是奔跑逃命，还可能是为了找到配偶繁衍后代。文明发展到了今天，运动的目的已经改变了，运动是为了健康，为了塑造出好身材，为了取得更好的竞赛成绩、为国争光。所以，在这里我们要讨论的是体育运动。

从人体生理学范畴去探讨，管理人体运动的有以下三大系统：

1. 人体运动的调节——神经和内分泌系统

神经系统与内分泌系统是人体的机能调节系统，人体各器官系统的活动都是直接或间接地在神经系统和内分泌系统的控制下进行，人体的运动同样也是在神经和内分泌系统的控制和调节下进行。

2. 运动的动力——肌肉和骨骼

人体一切的运动都是在人体运动系统中的肌肉跟骨骼的协调配合下完成。在人体运动中，骨骼起杠杆作用，骨连接起枢纽作用而产生肌肉收缩，这是运动的动力。

3. 运动的能量——呼吸和心血管系统

呼吸过程包括外呼吸和内呼吸。呼吸肌的收缩实现整个呼吸过程。呼吸系统主要实现机体和外界进行气体交换，这一过程是维持机体新陈代谢和功能活动所必需的生理过程之一。心脏是动力器官，心脏的传导系统位于心壁内，有特殊分化的心肌细胞组成，其功能是产生并传导冲动，维持心脏收缩的正常节律，使心房肌和心室肌的收缩相互协调。血管是运输血液的管道，通过心脏有节律性地收缩与舒张，推动血液在血管中按照一定的方向不断地循环流动，运输营养物质和气体。血液循环是机体生存的最重要的生理机能之一，血液循环，使得血液重新分配以及机体的代谢得以实现。

运：就是由呼吸和心血管提供能量，神经系统控制肌肉，协同骨关节。

动：改变身体姿态和体位，包括肌肉的张力。

人类运动的本质是抵抗和控制。抵抗是抗外部、内部的压力；控制则是控制自己的身体。

三、什么是体育运动

体育是随着人类社会发展而形成一种社会现象，它是有目的、有意识、有规律的运动方式，和健身、医疗相结合，同生产劳动区别开而独立存在，是人们锻炼身体、增强体质、增进健康的重要方法，并发展成为与德育、智育、美育并重的全面教育的组成部分。如今，健康问题，人口、环境和能源问题等已成为21世纪人类共同面对的难题。在影响健康的诸多良性因素中，体育运动作为一种特殊的活动,已远超出其本质的功能,随着社会的进步,人们不断赋予体育新的功能。

法国启蒙思想家伏尔泰有句名言:“生命在于运动。”随着科学的发展和医学的进步,人们越来越认识到运动与休息、劳与逸的重要性,只有两者处于相对平衡的状态,个体才能保持健康。

例1:科学家把一些善于飞翔和奔跑的幼小喜鹊和羚羊关在笼子里饲养,由于笼子太小,这些动物在生长发育期间得不到足够运动,等它们长大后,表面看来,与其他野生的同类并无多大差异,甚至还要显得健壮美丽,但将它们放生后,悲剧发生了,喜鹊在天空飞了半圈,就一头栽下,羚羊刚跑了几步便跌倒在地再也起不来了。事后,实验者对喜鹊和羚羊的尸体进行解剖,发现羚羊死于心脏破裂,喜鹊死于动脉撕裂,这些都是因为缺乏必要的运动锻炼所致。

例2:苏联的一个心脏病研究所,曾把身体健康状况相似,年龄都在20~30岁的若干名男性分成2组:第1组在30个昼夜中一直躺在床上,不准他们做其他活动;第2组也同样躺在床上,但允许他们在专门的机械上进行锻炼。实验进行到第5天,第1组受试者觉得头晕目眩,四肢无力;而第2组受试者则没有什么大的反应。实验结束后,第1组受试者一站起来,便感到心慌气短,力不从心,严重者甚至昏迷;而第2组受试者仍保持了相当的体力和工作能力,没有第1组人员反应那么强烈。实验结果表明,运动对人而言也同样非常重要。

1917年4月,毛泽东同志在《新青年》发表的《体育之研究》一文中说:“体育之效,至于强筋骨,因而增知识,因而调感情,因而强意志。筋骨者,吾人之身;知识,感情,意志者,吾人之心。身心皆适,是谓俱泰。”他在青少年时期,就坚持锻炼身体,如爬山、爬树、游泳、徒步远行等。1966年,毛泽东同志73岁高龄仍能游泳横渡长江,这与他平常坚持体育运动有密切关系。

第三节　运动强度与评判方法

一、有氧运动和无氧运动区分

在大部分人的认知中,运动时间长,需要耐力的运动就是有氧运动;而运动时间短,需要爆发力的运动就是无氧运动。但这种认知是片面的,我们在正确认识有氧运动和无氧运动之前,首先要了解给运动提供能量的人体供能系统。

(一)磷酸元供能系统

上文说过,人体的运动是靠人体各部分肌肉的协调收缩来完成的,肌肉的收缩需要能量,能量则来源于人体中的三磷酸腺苷分子(简称ATP),它能储存能量,传递化学能,为身体提供动能。体内三磷酸腺苷分子充足的情况下,肌肉就能持续快速收缩舒张，而三磷酸腺苷分子在肌肉中的含量非常有限，用完了以后，细胞中的磷酸肌酸(简称CP)就会分解，重新产生三磷酸腺苷分子，这就是磷酸元供能系统。在这个供能系统中不需要氧气参与，所以这个阶段是无氧运动，但是磷酸肌酸的数量也不多，通常只能在高强度运动中坚持8～30 s，在此过程中，心率快速增加，肌肉纤维迅速收缩，比如，100 m跑、大力量深蹲、卧推等运动项目，这时候肌纤维会受到细微的损伤，身体修复了这些细微损伤后，重生的肌纤维会变得粗壮，肌肉也增多。

(二) 糖酵解供能系统

当大强度运动超过30 s，磷酸元供能系统不足以支撑身体的消耗时，那么糖酵解系统就会参与为身体供能，在做中高强度的运动时，肌肉细胞氧气不足，就会发生糖酵解，并堆积出乳酸。在此过程中，主要参与的物质是糖原、葡萄糖，这个系统能给身体提供30 s～3 min的能量。

(三) 有氧代谢供能系统

3 min后，有氧代谢供能系统就会介入，此时脂肪、糖、蛋白质都会参与三磷酸腺苷分子的功能转化，这个系统的供能时间长，但功效差，运动强度也相应降低。

磷酸元供能系统和糖酵解供能系统并不需要氧气参与，所以称为无氧运动，其特点是运动强度大，持续时间短，适合增肌力量训练；有氧代谢供能系统，需要大量的氧气参与，属于有氧运动，适合燃脂、减肥，提升心肺功能。

有氧还是无氧运动，这和运动的时间、强度都有关系。运动强度低，但是持续时间很短，这也是无氧运动。长时间的运动，注定无法保持高强度，那基本就是有氧运动了。另外，有氧运动和无氧运动也因人而异。比如，一个男子举重运动员，卧推70 kg，对于他来说，也就是有氧热身练习，但对于大多数普通人来说，会累得气喘吁吁，这就成为无氧运动了。事实上，有氧运动和无氧运动很少会独立存在，更多的时候它们相互重叠，只是谁在此过程中占据主导地位而已。

二、有氧运动的内涵

有氧运动是以健身为目标，特别强调长时间和低强度的一种运动方式。这种运动的能量来源主要是血糖在氧化过程中获得的，它的目的在于改善心肺功能。由于运动中可以消耗糖和脂肪，因此该种运动也可以改善生理成分，从而达到改变体重的目的。

(1) 从运动时心肺功能的变化规律来看，运动中心肺功能的动员较慢，在有氧代谢的中小强度刺激下，启动更慢，一般5 min刚启动，达到一定水平要10 min，从提高心肺功能角度来判断，有氧锻炼的必要时间为20～60 min。

(2) 从运动时的能量供应来看,有氧代谢必须动用血液中的糖,把糖转化为能量,作为运动时的能量供应。但是,这种由糖转化为能量的过程,只有在运动达到一定时间才会顺利发生,一般要在 20 min 以上。运动时如果要动用脂肪,由脂肪转化为糖,就需要更多时间。因此,从动用能量的角度来判断,有氧锻炼的必要时间也定为 20～60 min。

(3) 有氧锻炼的强度是有限定的,极限负荷的运动难以持续较长时间。由于消耗的能量和氧太多,人体欠了"氧债",造成对心血管系统刺激很大,对一般人的健康也没有多大好处,但是作为运动员参加比赛和训练则另当别论。

三、选择适宜的有氧运动

有氧运动概念是美国健身运动专家肯尼斯·库珀率先提出,他根据大量运动实验得出结论:从 20～60 岁这一时期,若长期缺乏有氧运动,又不注意饮食营养,将使组织器官的功能,包括心脏、肠胃、肌肉、骨骼及身体的抵抗力下降 30%。肯尼斯·库珀认为,有氧运动的作用主要是:一是增加心肺系统功能,让体内一些具有抗衰老作用的物质数量增加,有助于推迟肌肉、骨骼、心脏等器官的老化;二是有氧运动不仅能明显改善心脏的营养和脂类代谢,使动脉壁保持一定的弹性,而且体内血液中会产生一系列的抗动脉硬化的物质,从而降低人们患心血管疾病和糖尿病的概率。有氧运动固然有上述的好处,但要注意,如果运动量过大,也会导致身体受伤或者损害;若运动量不足,则又起不到预期效果。运动是个性化极强的事情,不同的个体应该采用不同的方式,以下从运动项目、运动强度、运动时间、运动频率、运动周期等几个维度进行阐述。

(一) 运动项目

最有效增强心肺耐力的有氧运动必须是以全身大肌肉做有节奏、有规律、速度稳定的长时间运动。具有这种特点的运动包括步行、远足、爬山、慢跑、游泳、骑自行车、跳绳等一些耐力项目。当然,有些流行的球类运动包括网球、羽毛球、乒乓球、篮球、足球等皆可维持或增强心肺耐力,且有趣味性,但它们都需要一些技巧的学习。因此,人们首先要考虑自己的运动目标、现有的体能状态、运动技巧与经验、兴趣等,然后选择适合自身的运动项目。

(二) 运动强度

当人们选择了最有兴趣又觉得最享受的运动项目后,便需决定这项运动的剧烈程度,即运动强度。运动强度可用心率表示,经常参加体育锻炼的人比如跑步者,有一个重要特征就是心率比较低,正常静息心率是每分钟 60～100 次,经常参加有氧运动的人静息心率一般都低于每分钟 60 次。

一个人有氧运动的有效强度可用靶心率（有效锻炼心率）来表示，而要得到靶心率首先要知道最大心率（个人做最剧烈运动时的心率）。

最大心率＝220－年龄

靶心率＝最大心率×（60％～90％）

其中：最大心率单位、靶心率单位均为次/min。

例如：1 位 20 岁的小伙子，若从事心肺耐力练习，他的运动心率区域范围的计算方法如下：

最大心率＝220－20＝200（次/min）

靶心率区下限＝200×60％＝120（次/min）

靶心率区上限＝200×90％＝180（次/min）

他适合的有氧运动靶心率区在下限 120 次/min 至上限 180 次/min 之间。若他练习时的心率低于 120 次/min 便对身体的刺激太小，健身效益很低，但若心率高于 180 次/min，就不是锻炼心肺的有氧训练而是无氧训练了。

（三）运动时间

运动时间是指运动者达到靶心率范围后的维持时间（不包括热身及整理运动所用时间），一般在靶心率范围 30 min 左右。也有一些运动者希望练到超乎常人的心肺耐力，他们会在靶心率范围维持超过 1 h 之久。对于初学者或年长者，开始计划时可分 5～10 min 的多次练习，每次练习之间可稍做休息，总时间合计是 30 min。待练习一段时间后再向持续 30 min 的目标努力，便可达到提高心肺耐力的基本要求。

（四）运动频率

运动频率是指每周“运动的次数”。一般人的运动频率是每周 3 次，经练习一段时间（如 2 个月）便可按需要和运动目标增至 5 次。若是高强度运动则每周 3 次。对于初学者或体弱者，可做每天多次的短时间运动。例如，体弱者早、中、晚皆做 10 min 的中等程度运动（如步行），每周 3～5 天，这也会对他们有很大的帮助。

（五）运动进度

运动计划的进度要视个人能力、健康状况、年龄、个人运动爱好及目标等而定。

第四节　运动生理反应的预防与处理

一、运动疲劳

（1）症状。观察发现锻炼者出现脸色苍白、眼神无光、表情冷漠、连打哈欠、反应迟缓、精神不集中、情绪改变。锻炼者自己感觉疲乏、腿疼、心悸、胸闷、恶心，运动成绩下降等现象，基本可以判定产生了运动疲劳。

（2）成因。运动疲劳的发生机制是多样性的。第一，在长时间的运动过程中，能量物质的衰竭是导致疲劳产生的原因；第二，机体运动产生的代谢产物（主要是乳酸）在肌肉中大量堆积会引起疲劳；第三，运动中长时间地保持同一静力性姿势引起的神经系统和肌群之间协调机能低下而产生疲劳；第四，长时间运动，身体水分消耗过多，水盐代谢混乱导致体内 pH 值下降和血浆渗透压改变等因素引起的。

（3）处理方式。采用桑拿、按摩、热水澡、充足睡眠等方法，均能加速疲劳消除，促进恢复过程。

（4）预防。在运动之后首先要及时进行整理和拉伸运动，形成一个缓冲期，可以使人体更好地从运动状态过渡到安静状态；其次运动时消耗的物质要靠饮食中的营养物质来补充，合理安排好饮食有助于消除运动疲劳的产生。在长时间耐力训练后，体内糖原大量消耗，休息期的饮食中应增加糖类食物。

二、肌肉酸痛

（1）症状。表现为肌肉酸痛或紧绷，往往不是在运动一结束就马上出现，而是在运动结束 2～3 天后出现，持续 2～3 天后慢慢缓解，5～7 天后疼痛感基本消失，称之为“延迟性肌肉酸痛”。

（2）成因。因细小肌肉纤维撕裂而导致，撕裂的数量和疼痛程度取决于运动的强度、时间以及类型。进行不熟悉的运动项目或突然进行大强度运动可导致肌肉酸痛。比如快速上下楼梯、下坡跑、俯卧撑，这些运动导致肌肉强烈收缩，细小肌肉撕裂，撕裂的部位和肌肉肿胀会引起肌肉酸痛。

（3）处理方式。热敷、按摩、针灸、电疗等。

（4）预防。首先是避免突然性的长时间、高强度运动，应该循序渐进地增加锻炼强度和时间。建议采用 10%的指导原则去增加训练强度，比如本周力量练习是卧推 50 kg，下一周可以增加到 55 kg（上限）。其次充分地进行热身运动可以增加流向运动的肌肉血液量，从而减少肌肉僵硬，降低受伤风险。拉伸肌肉最好的时间是在增加血液流量之后，这样可以避免受伤。尤其天冷时做热身活动，应先做慢跑等小强度的有氧运动，然后再进行拉伸练习。最后，运动结束后应以温和的拉伸运动进行放松，拉伸运动可以促进血液循环，扩大运动范围，改善身体姿态，减少关节僵硬和肌肉张力。

三、极点

（1）症状。在剧烈运动时，特别是中长跑项目，当运动量达到一定程度，很多人会出现呼吸急促、胸闷难忍、下肢沉重、动作不协调，甚至出现恶心等现象。

（2）成因。极点的产生主要由于内脏器官的惰性而造成。人体从安静状态到剧烈运动时，四肢肌肉能迅速适应进入工作状态，而内脏器官、心血管系统则不能很快发挥其最高的机能水平，从而造成体内缺氧。大量的乳酸和二氧化碳堆积，无法很快地代谢掉，使神经系统的协调功能暂时遭到破坏。极点产生是一种正常的生理现象，这与训练水平、运动前的准备活动有关。经常参加锻炼的人极点出现得晚，持续时间短，身体反应较轻，而平时缺乏运动者极点出现得早，且持续时间长，表现也较重。

（3）处理方式。极点出现时，适当地减慢运动速度，并有意识地进行深长呼吸，坚持下去，上述生理反应将逐步地缓解和消失，随后机能得到重新恢复，氧供应增加，运动能力得到提高，动作变得协调有力。这种现象标志着极点已经有所克服，生理过程出现了新的平衡，运动生理学上称为第二次呼吸。第二次呼吸出现了以后，循环机能将稳定在较高水平上。

（4）预防。热身活动的强度要适宜，不能在正式运动开始前做强度很高的热身。极点和第二次呼吸是长跑运动中常见的生理现象，平时经常参与体育运动，增加自身的运动水平和运动技能，极点的出现可以延缓，极点产生的症状也能减轻。

四、低血糖

（1）症状。轻度表现为饥饿感、疲乏、头晕、面色苍白、出冷汗等，重度表现为神志不清、四肢发抖、躁动不安、语言不清，甚至出现精神错乱和昏迷。

（2）成因。运动前饥饿，情绪过分紧张，病后初愈即参加长时间运动，体内血糖大量消耗和减少。

（3）处理方式。患者出现低血糖重度症状，须让其平躺、保暖，联系医护人员；轻度症状可以喂食葡萄糖水或者含糖高的食品，一般即可恢复正常。

（4）预防。不能在空腹饥饿状态下参与运动，如果运动时间过长，还应该在其间适当补充能量，比如香蕉、运动功能饮料等。

五、肌肉痉挛

(1) 症状。肌肉痉挛俗称抽筋，是指肌肉不自主地强直收缩。在肌肉痉挛发生的时候，局部肌肉坚硬或隆起，疼痛剧烈，且一时不易缓解。在体育运动中最易发生痉挛的肌肉是小腿腓肠肌，其次是足底的拇长屈肌和趾长屈肌，多见于跑步、游泳、足球等体能消耗大的运动项目。

(2) 成因。① 高温下长时间剧烈运动，大量排汗，身体中盐和水分随之急剧丢失，导致体内电解质平衡失调，肌肉兴奋性升高发生痉挛。② 在寒冷环境下进行体育活动，准备活动不充分，肌肉受到寒冷刺激，肌肉兴奋性提高产生痉挛。如未做热身，直接下水游泳，发生肌肉痉挛的概率就很大。③ 紧张剧烈的运动，肌肉呈连续过快的收缩而放松时间不够，因此破坏了肌肉收缩、舒张的协调性，使肌肉发生强直收缩而引起痉挛。如在短跑、自行车运动中常可出现这种情况。

(3) 处理方式。运动中发生肌肉痉挛时，通常只要向相反的方向牵引痉挛的肌肉，使之拉长，一般疼痛都可以得到缓解，处理时要注意保暖，牵引动作不能过大，用力不能过猛。比如腓肠肌痉挛时，患者先平坐或仰卧，伸直膝关节，牵引者双手或用脚抵住患者足部，向患者头部方向按压，拉长腓肠肌。游泳时发生痉挛，首先不能惊慌，要及时呼救，同时用手掰自己的前脚掌。

(4) 预防。运动前应做好充分准备活动；容易发生痉挛的肌肉，可以事先进行按摩。冬天户外锻炼时要注意保暖；夏天长时间进行剧烈运动时，应在过程中注意补充盐和水。

六、运动性腹痛

(1) 症状。运动性腹痛是运动中常见的症状，在中长距离跑步项目中较为常见，俗称“岔气”。

(2) 成因。运动性腹痛成因比较复杂，一般认为有：①身体对运动的适应能力较差、精神过于紧张导致植物神经紊乱，呼吸肌、平滑肌痉挛造成腹痛；②进食后立即进行剧烈运动，胃部负担过重，运动时胃蠕动加快，腹内压升高，胃部受到牵引而产生疼痛；③在高温情况下，体液大量排出没有得到及时补充，体内电解质紊乱诱发肌肉痉挛；低温时体内外温差过大，运动时急速呼吸，吸入大量冷空气，诱发呼吸肌、平滑肌痉挛产生腹痛；④身体脏器本身疾病，因剧烈运动诱发而造成腹痛。

(3) 处理方式。运动中发生腹痛时，一般只要减慢跑速，加深呼吸以调整呼吸与运动的节奏，按压疼痛部位或弯着腰跑一段距离等，疼痛即可减轻或消失。如疼痛仍不减轻甚至反而加重，就应当立即停止运动，并做进一步鉴别诊断和处理。如果是胃肠痉挛引起腹痛，可以服药、针刺或用手指掐、点、揉内关、足三里、大肠俞等穴位，若是腹直肌痉挛，则可以进行局部按摩，或采用拉伸腹肌。如果上述措施均不见效，就应该迅速就医。

(4) 预防。运动前避免吃得过饱或饮水过多，餐后 1.5～2 h 才可以进行剧烈运动；运动前做好充分准备活动，运动时坚持循序渐进原则，并注意呼吸与动作之间的节奏配合；各种腹部脏器的慢性疾病应及早就医，彻底治疗；在疾病未愈之前应暂停训练或只参加一些力所能及的活动。

七、运动性晕厥

(1) 症状。眼前发黑，突然晕倒，脸色苍白，意识丧失，呼吸急促，心跳快而弱，瞳孔散大等，一般 10 min 后即可恢复。

(2) 成因。在运动中或运动后，脑部由于一时性血供不足或血液中的化学物质的变化而引起突发性、短暂性的意识丧失，肌张力消失并伴有跌倒现象，称为运动性晕厥。运动性晕厥是一种临时的意识丧失，通常持续不到 1 min。运动性晕厥可能是由各种因素引起的。如严重脱水、低血糖或高温。此外，在运动中晕倒，也常常跟血液循环受到影响有关。

(3) 处理方式。运动时发生晕厥，首先应该摸患者的脉搏，确定是晕厥还是心脏骤停。如果发生心脏骤停，应该立刻进行人工呼吸和胸外心脏按压，并拨打 120，速请医生做进一步处理。对于病情较轻者，应该让患者平卧，并取头低脚高位，松解衣扣、腰带、胸衣，保持呼吸畅通。知觉未恢复者，可以在患者脸部喷洒少许凉水或酒精饮料等，可以用针刺或指掐人中、合谷、内关、足三里等穴位。

(4) 预防。首先在于加强体育锻炼，提高身体素质和技能水平；其次，在训练和比赛中应结合身体实际情况量力而行。患病期间可暂停训练，积极治疗，并注意休息。伤病初愈者，要注意逐渐增加运动量。凡在重大比赛和大强度训练前，均应做全面深入的体格检查。对有高血压病史、心血管系统疾病史的患者或者有家族病史者，应禁止参加剧烈运动和比赛。

八、运动中暑

(1) 症状。中暑早期会出现头晕、头痛、呕吐现象，后逐步发展为体温升高、皮肤干燥，严重者可以出现精神失常、虚脱、抽搐、心律失常和血压下降，甚至昏迷。

(2) 成因。中暑是指在高温和热辐射的长时间作用下，机体体温调节出现障碍，水、电解质代谢紊乱及神经系统功能损害症状的总称。通常将中暑分为热射病、热痉挛、热衰竭和日射病。上述情况可以顺序发展，也可以交叉重叠。

(3) 处理方式。让患者脱离高温环境，在阴凉通风的地方休息，解开衣领。

如患者神志清醒，让其饮用一些含盐分的清凉饮料，还可以在额部涂抹清凉油、风油精，或者服用人丹、藿香正气水等中药，同时也可以采用冰敷、电扇吹等方式降低患者体温。患者如果出现血压降低、虚脱时应立即送往医院治疗。

（4）预防。在高温炎热的季节里，锻炼者应该正确评价自身的身体状况，适当减少运动量和运动时间，避免在烈日下长时间锻炼，在此过程中，应及时补充盐分和水分。

第五节　运动健身的误区

一、运动的认知误区

对于体育运动的从业人员，大家有时会听到的一句评价就是“四肢发达，头脑简单”，这句话无疑带有贬义色彩，也是一种认知误区。法国思想家伏尔泰曾说过：“生命在于运动。”运动之于人类最初的意义是为了生存，然而随着社会发展，现在的人类已经不仅仅满足生存，而是思考如何有质量地生存。蔡元培先生认为“完全人格，首在体育”。这些都足以表明运动不仅对人的身体健康产生积极影响，还能够作用于人的心理与精神层面，使人全面发展。

英国科学家弗朗西斯・高尔顿用统计学的方法进行了研究，他发现一个智力良好的人，往往经济水平、身体状况、自律性等方面也很不错，他把这种现象称之为“正相关”。那么身体好和头脑好是不是也能形成正相关？答案是肯定的。

有个成语“流水不腐，户枢不蠹”。因为运动能调节人体内的各种激素水平，使人能保持一个比较好的状态，身体内部生态系统充满能量和活力。时常运动的人，体内生态系统像是一汪清泉；而久坐不动的人，身体内部的状态则像是一潭死水。研究表明，不愿意运动的人其情绪更容易产生焦虑、消极、情绪低落甚至抑郁等，这些负面的心理状态会产生毒素，破坏大脑神经之间的连接，从而使大脑的部分区域萎缩，也就表明经常不动的人会逐渐变“笨”。

近年来，运动生理学、运动医学方面的研究发现：运动能够使大脑长出新的更多神经元。因为遗传因素，不同的个体会存在差异，神经细胞多的则聪明，神经细胞少的就“笨”。由于注意力、意识和运动脑区有相互重叠的部分，所以运动就可以在物理意义上提升专注力、自控力和思维能力等，使人变得更聪明。

运动能产生更多的、新的神经元，这是研究结果。有人或许会质疑：我经常运动，也没发现自己的学习能力、思维能力得到提高。神经元并不等于神经细胞，神经元只是一颗种子，要经过发育长出神经轴突和树突才能成为神经细胞，好比一棵树苗，需要浇水施肥，经历发芽、抽枝、长叶的过程。对于新生的神经元来说，需要强烈的环境刺激。比如运动之后，休息一段时间，然后开始高强度的脑力活动，如阅读、背诵、解题、写作、编程等；也可以进行一些复杂的技巧性活动，如学弹钢琴、学习舞蹈等；或者参加社交活动，接触新的环境、新的人物。这就是运动＋学习的模式。

长期坚持运动＋学习的模式，大脑会不知不觉地变得灵活，大脑神经的连接越来越多，通道越来越宽广，反应速度加快，就像计算机的内存在不断扩容，硬件条件会有质的提升。

二、运动实践中的误区

1. 热身就是跑步

新手最常用的热身方式就是跑步、压腿，然后就上负荷练习。其实，这样热身不充分，并不能真正达到热身效果。想要真正达到热身效果，一定要使用动态牵拉，并且在动态牵拉过后，再针对训练内容，做小重量的专项热身，比如某人今天练深蹲，在做下肢的动态牵拉动作热身后，可以先用小重量练习蹲 2 组动作，再上到正式训练的重量。

2. 训练量和负荷过大

运动量越大越好吗？这句话就像是问吃得越多越好吗一样，答案显然是错误的。这种现象往往多发于男生身上，有时候练得兴奋了，他们就开始给自己上更大训练量和负荷，完全不考虑自身是否能承受，结果必然是肌肉劳损，动作变形，增加受伤风险。

3. 锻炼的密度

很多运动新手认为必须天天练才有效果，不能三天打鱼两天晒网。其实，恰恰相反，充足的休息更有利于训练水平的提升。根据训练的超量恢复理论，在休息的过程中，身体的训练水平会出现一段短暂的高于之前水平的时期，利用超量恢复这个时期去训练，训练水平会不断地进步。一般来讲，新手 1 周保证 3 次训练，隔天一练，后期随着训练水平的提升，以及恢复能力的增强，1 周可安排 4～5 次训练。但即使训练程度再强，每周至少也要安排 1 次休息。

4. 平时不练，周末狠练

平时学习工作很忙，每到周末，有些人会去健身房狠练小半天，把全身上下都练一遍，以期把平时没练的机会全给补回来，直到把自己折腾得筋疲力尽才善罢甘休。不管健身目的是减肥也好，还是增肌也罢，这种极端的做法只会使人离自己的目标渐行渐远。这就好比吃饭饥一顿饱一顿，必然导致胃病。

5. 不重视训练后的放松

一项完整的训练，一定是包括 3 个部分：热身部分、基本训练、拉伸放松。

放松能很好地缓解人们在训练中紧张的肌群，有助于训练后的恢复。它还能让肌肉保持良好的弹性，提高身体的柔韧性。柔韧性提高了，人们的训练动作才能做得更加到位，训练效率才会更高。关于热身和拉伸的方法，可以参阅相关文献和介绍。

6. 仅练肥胖部分

局部减脂是不存在的，脂肪是全身性的，并非练哪瘦哪。若可能觉得自己腹部脂肪多，就天天练卷腹动作，可是练了一段时间，发现肚子上的脂肪并没怎么少，反而其他地方瘦了一些。这是因为，不管做什么训练，身体一定是调用全身脂肪进行供能。所以说如果健身是为了减少腹部脂肪，那一定要做有氧运动的同时做些强度大、消耗多的训练，比如深蹲、硬拉、卧推，并且注重饮食，而非天天只做卷腹动作。

7. 有氧运动的 45 min 理论

“跑步要跑够 45 min 身体才能燃烧脂肪。”这句话不知道坑了多少做有氧运动的新人。一提到减肥就想到跑步，然后就慢慢悠悠地去操场跑够 45 min 的时间。其实有氧运动对于训练意义并非减脂，更重要的意义在于提升人们的心肺功能，而心肺功能是一切训练的基础。一场有效的有氧运动必须要达到一定的强度，慢慢悠悠地耗时间，并非是有效的有氧训练。

课程思政案例二

◆案例名称

机会永远留给有准备的人——马瑞尔 · 扎古尼斯。

◆教学目标

培养学生坚毅执着、永不放弃的精神。

◆案例简述

在雅典奥运会开始前 5 个月，美国击剑运动员马瑞尔 · 扎古尼斯在奥运选拔赛中落选，可是她没有放弃，继续刻苦训练。在比赛前几天，由于 1 名运动员因伤退出，马瑞尔 · 扎古尼斯才拿到雅典奥运会的入场券。但谁也没有想到的是，她最后过关斩将，为美国队赢得了第 1 个女子击剑奥运会冠军。

◆背景介绍

马瑞尔 · 扎古尼斯出生于 1985 年 3 月 3 日，美国击剑运动员，曾是 2004 年雅典奥运会与 2008 年北京奥运会女子击剑冠军。2012 年 7 月，她担任美国奥运会代表团旗手，参加伦敦奥运会。

马瑞尔·扎古尼斯，美国2届奥运会女子击剑金牌得主，有立陶宛血统，出身于体育世家，父母是皮划艇运动员，曾代表美国队参加了1976年蒙特利尔奥运会，她与2个哥哥都是击剑运动员。

马瑞尔·扎古尼斯创造了多项击剑纪录。她是国际剑联历史上最年轻的世锦赛冠军，也是最年轻的1年三获世界冠军的选手。

2012年7月，美国奥运代表团确定马瑞尔·扎古尼斯为参加伦敦奥运会开幕式的旗手，她在开幕式上引领529人的美国奥运会代表团走进斯特拉特福德奥林匹克体育场。

◆科普知识

击剑是从古代剑术决斗中发展起来的1项体育项目，它结合优雅的动作和灵活的战术，要求运动员精神的高度集中和身体的良好协调性，体现出运动员良好的动作和敏捷的反应。

现代的击剑项目中引入了完善的保护衣具，并采用钝的剑尖，已经大大消除了这项运动的危险性，也极大地促进了这项运动在全世界范围的传播。

现代击剑运动是奥运会的传统项目。1896年，在雅典举行的第1届奥运会上就设有男子花剑、佩剑比赛。1900年，在巴黎举行的第2届奥运会上增加了男子重剑比赛。1924年，在巴黎举行的第8届奥运会上又增加了女子花剑比赛。1992年，在巴塞罗那举行的第25届奥运会上，女子重剑被列为比赛项目，女子佩剑于2004年雅典奥运会上被列为奥运会正式比赛项目。

◆主要观点

机会往往都是留给有准备的人。“台上一分钟，台下十年功。”我们常羡慕别人的成功，但是却没有看到别人得到鲜花和掌声的背后所付出的艰辛和汗水。马瑞尔·扎古尼斯坚持不懈，在明知机会很渺茫的情况下，仍然不放弃努力，终于如愿以偿，获得了奥运会冠军。命运对每个人都是公平的，如果在平时做充分的准备，当遇到机会时，你把握住了，生活会出现另外一番景象。

◆思考一下

为了能抓住机遇，你做好准备了吗？

复习思考题

1. 衡量健康的标准有哪些？
2. 运动疲劳的症状有哪些？
3. 什么是靶心率？靶心率的计算公式是什么？

第三章　运动与营养

第一节　营　养

一、营养概述

（一）营养的概念

营养是指人体从外界环境摄取食物，经过消化、吸收和代谢，利用其有益物质供给能量，构成和更新身体组织，以及调节生理功能的全过程。

（二）合理营养与平衡膳食的重要性

人类需要的基本食物可分为五大类，包括谷薯类、蔬菜水果类、动物性食物、大豆坚果类和油脂类。不合理的食物搭配或膳食结构及长期形成的个人对食物的喜好，会导致营养摄入和能量摄入的不平衡。目前有研究证明，合理营养、平衡膳食与人类健康状况密切相关。

根据《中国居民膳食指南科学研究报告(2021)》显示，我国居民膳食质量普遍提高，蔬菜摄入量人均每日 270 g 左右，与其他国家相比，我国处于较高水平；动物性食物摄入量和优质蛋白摄入量持续增加，1992—2015 年，全国居民动物性食物蛋白质摄入比例从 18.9%增加到 35.2%。城乡差距逐渐缩小，农村碳水化合物的摄入比例从 70.1%下降到 55.3%，而动物性蛋白质的摄入比例从 12.4%上升到 31.4%。因此，我国儿童、成年人、孕妇贫血率、维生素 A 缺乏率营养状况得到明显改善。同时，近 30 年来，我国儿童青少年、成年人的身高也持续改善，如 6～17 岁男、女身高均有增加，平均每 10 年身高增加 3 cm。这表明，膳食质量的提高可明显改善居民健康。

然而，忽视合理营养和平衡膳食也会给人类带来一些健康问题。长期的膳食不均衡与超重和肥胖密切相关，而超重与肥胖又是心血管疾病、糖尿病、高血压、癌症等慢性病的重要危险因素。《中国居民营养与慢性病状况报告(2020年)》显示，6 岁以下和 6～17 岁儿童青少年超重和肥胖率分别达到 10.4%和

19.0%，成年居民超重和肥胖率达到50.7%，农村人群超重和肥胖率增幅已超过城市人群。

综上所述，合理膳食营养与人类身体健康密切相关。因此，应重视营养知识的学习与普及，并将这些知识与生活实践相结合，改善日常饮食习惯，避免高油高盐摄入和含糖饮料消费，合理搭配膳食，根据自己的不同需求配制食谱，尽可能保证食物多样、清淡，在达到能量平衡的同时，也可以满足人体对多种营养素的需求。

二、营养素

（一）营养素的概念

营养素是食物中经过摄取、消化、吸收和代谢，能够维持生命活动的物质。

（二）营养素的分类

根据在体内代谢后是否产生能量，营养素可分为产能营养素或能量营养素与非产能营养素或非能量营养素2种。其中，糖类、脂类和蛋白质被称为产能营养素，而维生素、水和矿物质则被称为非产能营养素。不同的营养素在平衡膳食中的需要量是有差异的，如糖类、脂肪、蛋白质和水的需要量较大，被称为宏量营养素或常量营养素，而维生素和矿物质需要量较少，被称为微量营养素。

有些营养素可以由其他食物转化生成，而有部分营养素必须从食物中直接获得，据此也可将营养素分为非必需营养素和必需营养素2种。必需营养素是人体生长发育、生存所必需的，如果缺乏可造成人体特异性营养缺乏病。目前已经确认的必需营养素有41种（表3-1），其中氨基酸8种，脂肪酸2种，糖类1种，常量元素7种，微量元素8种，维生素14种和水。

表3-1　人体必需营养素种类

营养素名称	氨基酸	脂肪酸	糖　类	常量元素	微量元素	维生素	水
营养素种类	亮氨酸	亚油酸	葡萄糖	钾	硒	维生素A	水
	异亮氨酸	α-亚麻酸		钠	碘	维生素D	
	赖氨酸			钙	铜	维生素E	
	蛋氨酸			镁	钼	维生素K	
	苯丙氨酸			硫	铬	维生素B_1	
	苏氨酸			磷	钴	维生素B_2	
	色氨酸			氯	铁	维生素B_6	
	缬氨酸				锌	烟　酸	

续表

营养素名称	氨基酸	脂肪酸	糖类	常量元素	微量元素	维生素	水
营养素种类						泛 酸	
						叶 酸	
						维生素 B_{12}	
						生物素	
						胆 碱	
						维生素 C	

（三）食物中的必需营养素及每日参考摄入量

1. 氨基酸

成人体内必需氨基酸有 8 种，儿童除了成人必需的 8 种必需氨基酸外，还有组氨酸。必需氨基酸的数量和比例必须适宜才能合成身体蛋白质，所以食物蛋白质中必需氨基酸含量和比例越接近人体需要蛋白质的营养价值就越高。其中以鸡蛋蛋白质的必需氨基酸最为理想，它与人体的需要比较接近，因此常以鸡蛋蛋白质的氨基酸为标准，比较各类食物蛋白质氨基酸含量及其相互间的比例是否与鸡蛋蛋白质相接近，越接近鸡蛋蛋白质，其氨基酸的利用率就越高。

动物性食物畜肉、禽肉、水产品、奶类、蛋类和植物性食物豆类及豆制品、芝麻、葵花子中都含有 8 种必需氨基酸，且各种氨基酸的比例恰当，容易被人体消化吸收。动物性食物中畜肉类包括猪、牛、羊等的肌肉和内脏，其蛋白质含量占 10%～20%；禽肉与畜肉营养价值相似，质地更细腻，蛋白质含量约为 20%；水产品蛋白质含量一般为 15%～25%，较畜、禽肉更易消化，但是色氨酸含量偏低；牛奶中的蛋白质含量为 3%；蛋类含蛋白质为 13%～15%，是最理想的优质蛋白质。大豆中蛋白含量为 35%～40%，且富含赖氨酸，可与谷类蛋白质形成良性互补，因为谷类蛋白质必需氨基酸的组成不平衡，多数缺乏赖氨酸，玉米还缺乏色氨酸，其中苏氨酸、色氨酸、苯丙氨酸及蛋氨酸含量偏低。

为了充分发挥食物蛋白质的互补作用，人们应遵循 3 个原则：①食物的生物学种属越远越好，如动物性和植物性之间的配合要比单纯植物性食物之间的混合要好；②搭配的种类越多越好；③食用的时间越近越好，同时食用最好。如果几种食物食用的间隔时间过长则不能起到互补作用。中国居民膳食蛋白质推荐摄入量见表 3-2 所示。

表 3-2　中国居民膳食蛋白质推荐摄入量　(g/d)

人　群	推荐摄入量		年　龄	推荐摄入量	
	男	女		男	女
0 岁	9(适宜摄入量)	9(适宜摄入量)	10 岁	50	50
0.5 岁	20	20	11 岁	60	55
1 岁	25	25	14 岁	75	60
2 岁	25	25	18 岁	65	55
3 岁	30	30	50 岁	65	55
4 岁	30	30	65 岁	65	55
5 岁	30	30	80 岁	65	55
6 岁	35	35	孕妇(早期)	—	+0
7 岁	40	40	孕妇(中期)	—	+15
8 岁	40	40	孕妇(晚期)	—	+30
9 岁	45	45	乳　母		+25

氨基酸是构成蛋白质的基本单位，食物蛋白质中氨基酸有 20 多种。蛋白质是细胞的主要组成部分，约占细胞干重的 80%，广泛存在于肌肉、神经、血液、骨骼和毛发中。蛋白质能够调节机体的生理功能，比如促进体内各种生理生化反应，保持机体的渗透压和血液的酸碱平衡，还具有保护和防御功能，氧气和营养物质的运输也与蛋白质有关。因此，在运动中摄入充足的蛋白质不仅能促进肌肉蛋白质的合成，增大肌肉体积、提高肌肉力量，也能够延缓运动性疲劳的发生。当肌糖原储备充足时，蛋白质供能仅占总热量的 5%，当肌糖原耗竭时，蛋白质供能可上升至 15%，此时，机体会通过氨基酸脱氨基作用分解蛋白质生成 α-酮酸，参与三羧酸循环转化供能。

2. 脂肪酸

膳食脂肪中必需脂肪酸的含量越多，其营养价值也越高。一般来讲，植物脂肪如大豆油、花生油、芝麻油、玉米油、麦芽油等含必需脂肪酸比动物脂肪高，因此具有更高的营养价值。另外，植物油的组成以亚油酸、亚麻酸等不饱和脂肪酸为主，吸收率高，因为不饱和脂肪酸含量高的脂肪熔点较低，容易消化，熔点低于体温的脂肪消化率可达 97%～98%，比如说花生油的消化率可以达到 98%。

亚油酸普遍存在于植物油中。大豆油中不饱和脂肪酸占 85%，其中亚油酸占 50%以上。谷类食物中的脂肪含量低，大米、小麦为 1%～2%，玉米和小麦为 4%。从玉米和小麦胚芽中提取的胚芽油中 80%为不饱和脂肪酸，其中亚油酸占 60%。一般植物油中 α-亚麻酸含量较低，只有少数植物油中含量较高，如亚麻子油中约含50%,紫苏油中约含60%,核桃油中含量超过12%。以α-亚麻酸为前体合成的二十碳五烯酸(EPA)和α-亚麻酸体内代谢的终产物二十二碳六烯酸(DHA)主要存在冷水域的水生物种中,特别是单细胞藻类中,因此三文鱼、鲱鱼、凤尾鱼等以单细胞藻类为食的深海鱼脂肪中含有较多的二十碳五烯酸和二十二碳六烯酸。中国居民膳食脂肪酸参考摄入量见表3-3所示。

表3-3 中国居民膳食脂肪酸参考摄入量 (g/d)

人群	亚油酸(%E①)	α-亚麻酸(%E)	人群	亚油酸(%E①)	α-亚麻酸(%E)
	适宜摄入量	适宜摄入量		适宜摄入量	适宜摄入量
0岁	7.3(0.15②)	0.87	50岁	4.0	0.60
0.5岁	6.0	0.66	65岁	4.0	0.60
1岁	4.0	0.60	80岁	4.0	0.60
4岁	4.0	0.60	孕妇(早期)	4.0	0.60
7岁	4.0	0.60	孕妇(中期)	4.0	0.60
11岁	4.0	0.60	孕妇(晚期)	4.0	0.60
14岁	4.0	0.60	乳母	4.0	0.60
18岁	4.0	0.60			

① %E为占能量的百分比。
② 为花生四烯酸。

脂类是脂肪和类脂的总称。脂肪又称为甘油三酯,类脂主要包括磷脂和胆固醇。甘油三酯是由1个分子的甘油分子和3个分子脂肪酸化合而成,而磷脂是甘油三酯中1个或2个脂肪酸被含磷酸的其他基团所取代的脂类物质。脂肪也是人体能量的主要来源,在安静状态下,人体60%的能量来源于体内脂肪,当机体需要脂肪供能时,脂肪细胞中的酯酶可催化甘油三酯氧化分解释放能量。而且脂肪分解代谢的产物,可以促进糖的能量代谢,也可以保护蛋白质不被分解作为主要能源。生物膜主要是由脂类、蛋白质和少量糖类组成,脂类中的磷脂和胆固醇是组成细胞膜的重要成分,而必需脂肪酸又是组成磷脂的重要成分,如果必需脂肪酸缺乏可引起皮肤受损、生殖障碍、生长迟缓,还会引起眼、肝、肾和神经等多个器官异常。

3. 葡萄糖

人体健康所需要的能量中55%~65%由糖提供。糖原是人体内糖的储存形式,其中肝糖原占体内总糖原的1/3。当机体需要能量时肝糖原即可分解为葡萄糖进入血液,以维持血糖水平,并为机体尤其是红细胞、脑和神经组织提供能量。肌糖原只为肌肉提供能量,短时间大强度运动和较长时间的大强度运动主要由肌糖原供能，因此，提高体内的糖原储备有利于提高运动成绩。运动前和运动中合理地补充糖可以减少糖原消耗，提高血糖水平，有利于提高运动能力。运动后补充糖可促进糖原储备恢复，运动后立即摄入果糖对促进肝糖原恢复效果很好。摄入葡萄糖与蔗糖能使肌糖原储备在 24 h 内保持较高水平。

根据分子结构，糖可以分为单糖、双糖、寡糖和多糖。淀粉属于多糖，主要存在于谷类、薯类和豆类食物中，是糖的主要来源，它不仅价廉而且来源广，人体对淀粉的适应性比较好，长期或大量食用没有不适效应，而且消化吸收慢，可使血糖维持在稳定水平，同时还可以向人体提供必需的微量营养素，如纤维素、维生素和矿物质。糖原又被称为动物淀粉，在动物及人体的肝脏和肌肉细胞内合成并储存。肝糖原主要用以维持正常血糖的稳定，肌糖原可提供机体运动时肌肉收缩所需要的能量。单糖类及蔗糖应适量食用，若大量的糖在短时间内进入人体，可能会引起继发性高血糖。果糖主要存在于水果、蜂蜜中，虽然作为肌肉运动能量补充不如葡萄糖及时，但是与葡萄糖、蔗糖相比引起的胰岛素效应小，血糖比较稳定，而且运动后及时补充利于恢复肝糖原储备。蔬菜、水果中有少量的糖醇类物质，如山梨醇、甘露醇、木糖醇和麦芽糖醇等。中国居民膳食碳水化合物参考摄入量见表 3-4 所示。

表 3-4　中国居民膳食碳水化合物参考摄入量　(g/d)

人　群	总碳水化合物	人　群	总碳水化合物
	平均需要量		平均需要量
0 岁	60(适宜摄入量)	50 岁	120
0.5 岁	85(适宜摄入量)	65 岁	—
1 岁	120	80 岁	—
4 岁	120	孕妇(早期)	130
7 岁	120	孕妇(中期)	130
11 岁	150	孕妇(晚期)	130
14 岁	150	乳　母	160
18 岁	120		

糖类在人体中最重要的生理功能就是提供能量，脑和神经组织只能依靠血液中的葡萄糖供给能量，如果血糖过低可出现昏迷、休克等问题。在运动中，糖也是主要的能源物质，有氧与无氧条件下，糖都可以参与供能，而且糖的耗氧量比脂肪和蛋白质都低。糖还是构成机体的重要物质，所有的细胞中都含有糖，分布在细胞膜、细胞液及细胞间质中，以糖脂、糖蛋白和蛋白多糖的形

式存在。糖的结合物也存在于各组织中,比如脑神经组织的髓鞘上含有大量糖脂,糖蛋白是构成软骨的组成成分。当膳食中的糖供应充足时,蛋白质就不会通过糖异生的途径产生葡萄糖供能,也可以产生更多的三磷酸腺苷(ATP)。糖供应充足时可以保证脂肪被彻底氧化代谢,预防因脂肪酸不能彻底氧化而产生酮体,因为脂肪酸在细胞中分解所产生的乙酰辅酶A需进入三羧酸循环才能最终被彻底氧化。酮体是一种酸性物质,在体内积存过多会影响机体的酸碱平衡,容易引起机体疲劳,严重者引发酮症酸中毒。除此之外,经过糖醛酸途径生成的葡萄糖醛酸,可以与肝中的许多有害物质结合,从而消除或减轻这些物质的毒性或生物活性,起到解毒的作用。膳食纤维多糖、功能性低聚糖等,可刺激肠道蠕动,增强结肠内的发酵作用,而发酵产生的短链脂肪酸和肠道菌群还有助于消化和增加排便量。

4. 矿物质

矿物质根据在人体内含量多少,可以分为常量元素和微量元素。占体重0.01%以上的钙、磷、钠、钾、氯、镁和硫等为常量元素。1995年,世界卫生组织等权威营养机构将在微量元素中的铜、钴、铬、铁、氟、碘、锰、钼、硒和锌10种元素列为维持正常人体生命活动不可缺少的必需微量元素,微量元素含量均少于体重的0.01%。我国人群比较容易缺乏的矿物质主要是钙、锌、铁、碘、硒等。

我国居民钙的每日摄入量不足,因为我国膳食以谷类食物为主,蔬菜摄入较多,虽然谷类食物中含有的矿物质主要是钙和磷,但是多以植物盐的形式存在,消化吸收比较差。而蔬菜食物含有较多的草酸,不仅影响蔬菜本身所含钙和铁的吸收,而且也影响同时食用的其他食物中钙和铁的吸收。一般含草酸多的食物,可先在开水中焯一下去除部分草酸,以利于钙、铁的吸收,但是焯水也会导致水溶性维生素的丢失,所以不宜以蔬菜作为钙、铁的主要来源。因此我们应该注意摄入富含钙的食物,比如水产品、奶类、蛋类、豆类等。水产品钙的含量较畜、禽肉高,每100 g虾皮钙的含量为991 mg,因此水产品是钙的良好来源。每100 mL牛乳中约含钙100 mg,且吸收率高,是膳食钙的最好食物来源。蛋类钙主要集中于蛋黄中,每100 g鸡蛋黄约含钙112 mg。大豆及豆制品富含钙、磷、铁,但铁的吸收率低,每100 g黄豆钙的含量约为191 mg,而豆腐干可达308 mg,也是钙很好的来源。

多数动物性食物含有丰富的铁,如畜、禽肉铁、磷含量较多,铁多以血红素铁的形式存在,其生物利用率高,是膳食铁的良好来源。牛奶及奶制品中铁的含量低。虽然蔬菜、豆类食物富含铁,但是生物利用率低。

锌的来源较广泛,贝壳类海产品,如牡蛎、海蛎肉、蛏干、扇贝,红色肉类及动物内脏均为锌的良好来源。蛋类、豆类、谷类胚芽、燕麦、花生等也富含锌。一般植物性食物含锌较低，过细的加工过程可导致大量锌的丢失。

硒的食物来源是动物内脏、海产品、肉类、谷类、乳类、蔬菜和水果。植物性食物中硒的含量与环境土壤中的硒含量有关，在低硒地区大米硒含量可低于 2 μg/g，而高硒地区大米硒含量可高达 20 μg/g。动物性食物的硒含量受其饲料产地的影响，且动物自身有调节作用，即在硒缺乏时趋于储留硒，过多时又趋于排出硒。

除此之外，我们应了解每类食物都富含多种矿物质，如薯类食物富含钙、铁、钾、锌等多种矿物质，其中含钾量丰富。水产品矿物质含量为 1%～2%，磷的含量占 40%，此外钙、钠、氯、钾、镁含量丰富，海产品含碘丰富。牛奶中矿物质含量为 0.7%～0.75%，富含钙、磷、钾。蛋类是各种矿物质的良好来源，铁、磷、钙等含量较多。大豆富含钙、磷、铁等，但铁的吸收率较低。蔬菜水果中的矿物质含量丰富，主要含钙、磷、铁、钾、钠、镁、铜等，是矿物质的食物来源。

中国居民膳食矿物质推荐摄入量或适宜摄入量见表 3-5 和表 3-6 所示。

表 3-5　中国居民膳食矿物质常量元素推荐摄入量或适宜摄入量　(mg/d)

人群	钙	磷	钾	钠	镁	氯
	推荐摄入量	推荐摄入量	适宜摄入量	适宜摄入量	推荐摄入量	适宜摄入量
0 岁	200(适宜摄入量)	100(适宜摄入量)	350	170	20(适宜摄入量)	260
0.5 岁	250(适宜摄入量)	180(适宜摄入量)	550	350	65(适宜摄入量)	550
1 岁	600	300	900	700	140	1 100
4 岁	800	350	1200	900	160	1 400
7 岁	1 000	470	1 500	1 200	220	1 900
11 岁	1 200	640	1 900	1 400	300	2 200
14 岁	1 000	710	2 200	1 600	320	2 500
18 岁	800	720	2 000	1 500	330	2 300
50 岁	1 000	720	2 000	1 400	330	2 200
65 岁	1 000	700	2 000	1 400	320	2 200
80 岁	1 000	670	2 000	1 300	310	2 000
孕妇(早期)	+0	+0	+0	+0	+40	+0
孕妇(中期)	+200	+0	+0	+0	+40	+0
孕妇(晚期)	+200	+0	+0	+0	+40	+0
乳　母	+200	+0	+400	+0	+0	+0

注：表中"＋"表示在同龄人群参考值基础上额外增加量。

表 3-6 中国居民膳食矿物质微量元素推荐摄入量或适宜摄入量

人群	铁(mg/d)		碘(μg/d)	锌(mg/d)		硒(μg/d)	铜(mg/d)	铬(μg/d)	钼(μg/d)
	推荐摄入量		推荐摄入量	推荐摄入量		推荐摄入量	推荐摄入量	适宜摄入量	推荐摄入量
	男	女		男	女				
0 岁	0.3(适宜摄入量)		85(适宜摄入量)	2.0(适宜摄入量)		15(适宜摄入量)	0.3(适宜摄入量)	0.2	2(适宜摄入量)
0.5 岁	10		115(适宜摄入量)	3.5		20(适宜摄入量)	0.3(适宜摄入量)	4.0	15(适宜摄入量)
1 岁	9		90	4.0		25	0.3	15	40
4 岁	10		90	5.5		30	0.4	20	50
7 岁	13		90	7.0		40	0.5	25	65
11 岁	15	18	110	10	9.0	55	0.7	30	90
14 岁	16	18	120	11.5	8.5	60	0.8	35	100
18 岁	12	20	120	12.5	7.5	60	0.8	30	100
50 岁	12	12	120	12.5	7.5	60	0.8	30	100
65 岁	12	12	120	12.5	7.5	60	0.8	30	100
80 岁	12	12	120	12.5	7.5	60	0.8	30	100
孕妇(早期)	—	+0	+110	—	+2.0	+5	+0.1	+1.0	+10
孕妇(中期)	—	+4	+110	—	+2.0	+5	+0.1	+4.0	+10
孕妇(晚期)	—	+9	+110	—	+2.0	+5	+0.1	+6.0	+10
乳母	—	+4	+120	—	+4.5	+18	+0.6	+7.0	+3

注:表中“+”表示在同龄人群参考值基础上额外增加量。

5. 维生素

维生素根据其溶解性,可分为脂溶性维生素和水溶性维生素两大类。脂溶性维生素是指不溶于水而溶于脂肪或有机溶剂的维生素,包括维生素 A、维生素 D、维生素 E、维生素 K 四类。水溶性维生素是指可溶于水的维生素,包括 B 族维生素和维生素 C 两类。B 族维生素又包括维生素 B_1、维生素 B_2、维生素 B_6、维生素 B_{12}、维生素 PP(烟酸)、叶酸、泛酸及生物素等。

脂溶性维生素中维生素 E 广泛存在于各类食物中,所以人类很少有维生素 E 缺乏症。维生素 E 含量丰富的食物主要有各种油料种子和植物油,某些谷类、坚果类、绿叶蔬菜、肉、奶、蛋及鱼肝油中也含有一定数量的维生素 E,但鱼类和水果中维生素 E 含量低。维生素 A 最好的食物来源是动物性食物,如动物肝脏、鱼肝油、鱼子、奶类、蛋类等。维生素 A 原(β-萝卜素)的良好来源是深色蔬菜和水果。中国营养学会建议儿童和成人膳食维生素 A 应有 1/3～1/2来自动物性食物,但孕妇膳食维生素 A 来源应以植物性食物为主。天然食物中维生素D含量不高，但含脂肪高的海鱼、蛋黄、奶油等含量相对较高。鱼肝油中维生素D含量极高，可供婴幼儿补充维生素D之用，瘦肉和奶类中维生素D含量较低。成年人只要常接触阳光，在普通膳食条件下一般不会发生维生素D缺乏。

水溶性维生素B族广泛存在于谷类食物、豆类食物、畜禽肉、奶类及蛋类中。新鲜水果、蔬菜是人体维生素B_2、维生素C、叶酸和胡萝卜素的重要来源。维生素C含量最为丰富的水果是刺梨、酸枣、沙棘和猕猴桃等，其他水果如柑橘、橙、柚、柿、枣、草莓、红果儿含量也较为丰富，而苹果和梨中含量很少。深绿色蔬菜的维生素C含量较高，深色蔬菜具有营养优势，因此每餐摄入的深色蔬菜需占蔬菜总量的1/2。中国居民膳食维生素推荐摄入量或适宜摄入量见表3-7和表3-8所示。

维生素既不是构成身体组织的原材料，也不是能量的来源，而是一类调节物质，在代谢中起重要作用。维生素A可促进眼部组织健康，保护视力；帮助身体组织的生长和复原；促进骨骼和牙齿的正常发育；提高免疫力。维生素D主要是促进钙磷的吸收，维持血钙的稳定。维生素E与维生素C、类胡萝卜素、硒有协同作用，主要保护细胞膜免受自由基侵害，还有抗动脉粥样硬化、维持正常的免疫功能的作用。B族维生素是最重要的辅酶，帮助维持蛋白质、脂肪、碳水化合物的代谢；维持神经系统正常功能；减少皮肤、口腔及口角的炎症反应；促进红细胞生成，防治贫血。

表3-7　中国居民膳食脂溶性维生素推荐摄入量或适宜摄入量

人　群	维生素A (μgRAE/d)①		维生素D (μg/d)	维生素E (mgα-TE/d)②	维生素K (μg/d)
	推荐摄入量		推荐摄入量	适宜摄入量	适宜摄入量
	男性	女性	全部人群	全部人群	全部人群
0岁	300(适宜摄入量)		10(适宜摄入量)	3	2
0.5岁	350(适宜摄入量)		10(适宜摄入量)	4	10
1岁	310		10	6	30
4岁	360		10	7	40
7岁	500		10	9	50
11岁	670	630	10	13	70
14岁	820	630	10	14	75
18岁	800	700	10	14	80
50岁	800	700	10	14	80
65岁	800	700	15	14	80

续表

人群	维生素 A (μgRAE/d)①		维生素 D (μg/d)	维生素 E (mgα-TE/d)②	维生素 K (μg/d)
	推荐摄入量		推荐摄入量	适宜摄入量	适宜摄入量
	男性	女性	全部人群	全部人群	全部人群
80岁	800	700	15	14	80
孕妇(早期)	—	+0	+0	+0	+0
孕妇(中期)	—	+70	+0	+0	+0
孕妇(晚期)	—	+70	+0	+0	+0
乳母	—	+600	+0	+3	+5

注:1. “—”表示未制定参考值。

2. “+”表示在同龄人群参考值基础上额外增加量。

① μgRAE为视黄醇活性当量。视黄醇活性当量(μg)=膳食或补充剂来源全反式视黄醇(μg)+1/2补充剂纯品全反式β-胡萝卜素(μg)+1/24其他膳食维生素A原类胡萝卜素(μg)。

② mgα-TE为α-生育酚当量。膳食中总α-生育酚当量(mg)=1×α-生育酚(mg)+0.5×β-生育酚(mg)+0.1×γ-生育酚(mg)+0.02×δ-生育酚(mg)+0.3×α-三烯生育酚(mg)。

表 3-8　中国居民膳食水溶性维生素推荐摄入量或适宜摄入量

人　群	维生素 B_1 (mg/d)		维生素 B_2 (mg/d)		维生素 B_6 (mg/d)	维生素 B_{12} (mg/d)	泛　酸 (mg/d)	叶　酸 (μgDFE/d)①	烟　酸 (mgNE/d)②		胆　碱 (mg/d)		生物素 (μg/d)	维生素 C (mg/d)
	推荐摄入量		推荐摄入量		推荐摄入量	推荐摄入量	适宜摄入量	推荐摄入量	推荐摄入量		适宜摄入量		适宜摄入量	推荐摄入量
	男性	女性	男性	女性	全部人群	全部人群	全部人群	全部人群	男性	女性	男性	女性	全部人群	全部人群
0 岁	0.1(适宜摄入量)		0.4(适宜摄入量)		0.2(适宜摄入量)	0.3(适宜摄入量)	1.7	65(适宜摄入量)	2(适宜摄入量)		120		5	40(适宜摄入量)
0.5 岁	0.3(适宜摄入量)		0.5(适宜摄入量)		0.4(适宜摄入量)	0.6(适宜摄入量)	1.9	100(适宜摄入量)	3(适宜摄入量)		150		9	40(适宜摄入量)
1 岁	0.6		0.6		0.6	1.0	2.1	160	6		200		17	40
4 岁	0.8		0.7		0.7	1.2	2.5	190	8		250		20	50
7 岁	1.0		1.0		1.0	1.6	3.5	250	11	10	300		25	65
11 岁	1.3	1.1	1.3	1.1	1.3	2.1	4.5	350	14	12	400	400	35	90
14 岁	1.6	1.3	1.5	1.2	1.4	2.4	5.0	400	16	13	500	400	40	100
18 岁	1.4	1.2	1.4	1.2	1.4	2.4	5.0	400	15	12	500	400	40	100
50 岁	1.4	1.2	1.4	1.2	1.6	2.4	5.0	400	14	12	500	400	40	100
65 岁	1.4	1.2	1.4	1.2	1.6	2.4	5.0	400	14	11	500	400	40	100
80 岁	1.4	1.2	1.4	1.2	1.6	2.4	5.0	400	13	10	500	400	40	100
孕妇(早期)	—	+0	—	+0	+0.8	+0.5	+1.0	+200	—	+0	—	+20	+0	+0
孕妇(中期)	—	+0.2	—	+0.2	+0.8	+0.5	+1.0	+200	—	+0	—	+20	+0	+15
孕妇(晚期)	—	+0.3	—	+0.3	+0.8	+0.5	+1.0	+200	—	+0	—	+20	+0	+15
乳　母	—	+0.3	—	+0.3	+0.3	+0.8	+2.0	+150	—	+3	—	+120	+10	+50

① μgDFE 为叶酸当量。叶酸当量(μg)＝天然食物来源叶酸(μg)＋1.7×合成叶酸(μg)。
② mgNE 为烟酸当量。烟酸当量(mg)＝烟酸(mg)＋1/60 色氨酸(mg)。

6. 水

水是人体中含量最多的成分，占一个健康成年人体重的60%～70%。

水在体内维持一个动态平衡状态，即每日摄入的水量和排出的水量大体相等，都维持在2 500 mL左右。体内水的来源包括饮水、食物中的水即内生水。人体水的排出量受气候、环境、空气温度和相对湿度的影响。水主要经肾脏排出，约占60%，其次是皮肤、肺和粪便，分别占20%、14%和6%。当成人供水不足或不能进水时，成人仍然每日最少丢失1 500 mL的水，包括由肺、皮肤以及消化道排出的1 000 mL水，加上每日最低尿量500 mL。排出的1 500 mL水中有300 mL可有代谢水补充，其余部分需有外界供给。因此，正常成人每日最少应从外界补充1 200 mL的水，才能维持最基本的水平衡，此量成为最低需水量。人体每日应设法补给大于此数量的水，以满足正常代谢的需要，如果只供给最低需水量，必然加重肾脏的功能负担。

运动中为了排除体内产生的热，维持恒定体温，会大量出汗。伴随水的丢失，电解质也会丢失很多。当水和电解质丢失到一定程度可引起运动性脱水。运动性脱水分为轻度脱水、中度脱水和重度脱水。一般来讲，当失水量达到体重的2%左右时称为轻度脱水，当失水量占体重的4%左右为中度脱水，当失水量达到体重的6%以上为重度脱水。

为了防止运动性脱水，保持水的平衡，在运动前、运动中可适当补充水分。一般运动前2 h补水400～600 mL，也可以在运动前15～20 min补水400～700 mL，每次补水100～200 mL，分2～4次饮入。运动中一般每隔15～20 min补充150～300 mL的水，或每跑2～3 km补水100～200 mL，一般每小时补水不超过800 mL。运动中补水要求：如果运动时间不超过1 h，白开水就可以了，也可以喝矿泉水；纯净水和蒸馏水因为没有矿物质，不能补充在运动时丢失的电解质，因此不要选用；在炎热的夏季或者有大量出汗的情况下，对于一般健身者来说，没有必要选择运动饮料，因为运动饮料的含盐量和含糖量都很高，过多的盐和糖摄入对于普通健身者来说是多余的。补水时也应注意水的温度，饮用凉一点的水有助于身体降温，但是冰水对胃肠道的刺激很大，而且不利于水的吸收，10℃左右的水温是比较合适的。

健身者如果运动量较大，在运动后应根据脱水的情况和机体的情况决定补液量、种类和速度。补液量可按照丢失1 kg体重需补充1 000 mL的液体进行计算。运动后初期可补充水或者是5%的葡萄糖溶液。待血钠回降、尿比重降低后，可适当补充含电解质的溶液，如5%的葡萄糖生理盐水。运动后的补液速度以恢复循环功能为首要目的，要先快后慢，当日先给补液量的一半，余下的一半在次日补充，所需液体总量一般在48 h内完成。

补液应采用少量多次原则，如果一次性大量补液虽可抑制口渴感，但同时增加排尿和出汗，增加电解质的丢失，也会增加心、肾的负担，而且会冲淡胃液，甚至引起胃扩张。补液过快还会引起水中毒，在重度脱水时更应注意。中国居民水适宜摄入量如表 3-9 所示。

表 3-9　中国居民水适宜摄入量　(L/d)

人　群	水摄入量		人　群	水摄入量	
	男　性	女　性		男　性	女　性
0 岁	—	—	14 岁	1.4	1.2
0.5 岁	—	—	18 岁	1.7	1.5
1 岁	—	—	孕妇(早期)	—	+0.2
4 岁	0.8	0.8	孕妇(中期)	—	+0.2
7 岁	1.0	1.0	孕妇(晚期)	—	+0.2
11 岁	1.3	1.1	乳　母	—	+0.6

注：表中数据为在温和气候条件下、轻水平的身体活动情况下取得，如果在高温或进行中等以上身体活动时，应适当增加水摄入量。

三、膳食模式与膳食指南

(一) 膳食模式

人体必需营养素有 40 多种，单一食物不能满足人体对多种营养素的需求。因此，在日常工作、生活、运动中，需要不同种类食物的合理搭配，以达到不同年龄、性别及不同能量消耗人群的营养需求。

膳食模式是指一个地区居民长期形成的膳食结构、饮食习惯及消费频率，包括食物的种类、数量、比例或不同食物、饮料等的组合。全球膳食模式类型大致分为以下几种：

1. 欧美发达国家膳食模式

这种膳食模式以欧美发达国家为代表，膳食以高蛋白、高脂肪、高能量为主。因此，这类人群容易使能量摄入量高于能量消耗量，导致肥胖、心血管疾病、糖尿病等。1997 年，美国研究并制定了降血压饮食方案，强调摄取足够的蔬菜、水果、低脂(或脱脂)奶，以维持足够的钾、镁、钙等离子的摄取，并尽量减少饮食中盐和油脂(特别是富含饱和脂肪酸的动物性油脂)的摄入量。研究证明，此方案不仅可以预防高血压，还可以预防骨质疏松、癌症、心脏病、脑卒中和糖尿病等。降血压饮食方案也连续多年被评为年度最佳综合饮食方式。

2. 东方膳食模式

东方膳食模式以植物性食物为主，动物性食物摄入较少。这类饮食习惯人群易出现能量摄入量低于能量消耗量，造成营养不足。我国以浙江、上海、江苏等地为代表的江南地区膳食可以作为东方膳食模式的代表。该地区膳食以米类为主食，新鲜蔬菜水果摄入量充足；动物性食物鱼虾类摄入相对较高；烹饪清淡少油少盐。日本膳食模式以植物性食物为主，动物性食物为辅，能量、营养素摄入均衡，动物性蛋白质占膳食蛋白质总量的 50%，并有丰富的蔬菜、水果等。因此，东方膳食结构比较合理。

3. 地中海膳食模式

地中海饮食主要是以意大利南部、希腊的大部分地区，尤其是克利特岛的居民膳食结构为基础形成的一种特点鲜明的饮食模式。该膳食模式的特点为：以植物性食物为主，食物多样、清淡和加工简单，营养素丰富，单不饱和脂肪酸（橄榄油）和膳食纤维（全谷物）的摄入量很高。

（二）中国居民膳食指南

膳食指南是根据食物生产供应及各国居民实际生活情况，将现有的膳食营养与健康的证据转化为以食物为基础的平衡膳食的指导性文件，旨在帮助人们做出科学的食物选择，合理搭配膳食，以维持和促进健康，预防和减少营养相关疾病的发生。《健康中国行动（2019—2030 年）》将“合理膳食行动”列为重大行动之一。《国民营养计划（2017—2030 年）》中明确提出“定期修订和发布居民膳食指南”。

我国自 1989 年发布第 1 版《中国居民膳食指南》以来，每 10 年发布 1 次，目前已发布 5 版，分别为 1989 年版、1997 年版、2007 年版、2016 年版和 2022 年版。基于近年来营养、膳食与健康研究科学证据的更新和发展，以及中国居民饮食方式和膳食结构不断发生新变化，2016 年经中国营养学会常务理事会研究决定，我国居民膳食指南将根据需要每 5～10 年修订 1 次。

《中国居民膳食指南（2022）》由一般人群膳食指南、特定人群膳食指南、平衡膳食模式和膳食指南编写说明三部分组成。《中国居民膳食指南科学研究报告 2021》总结和分析了 1997—2020 年期间科学论文，在系统综述和荟萃分析基础上，提炼出了适用于一般人群的如下 8 条平衡膳食准则：

1. 食物多样，合理搭配

平衡膳食模式在最大程度上保障人体营养需要和健康的基础，强调食物多样是平衡膳食模式的基本原则。多样的食物应包括谷薯类、蔬菜水果类、畜禽鱼蛋奶类、大豆坚果类等。建议平均每人每天摄入 12 种以上、每周 25 种以上食物。谷类为主是平衡膳食模式的重要特征，建议平均每人每天摄入谷类食物 200～300 g，其中全谷物和杂豆类 50～150 g，薯类 50～100 g。每天的膳食应合理组合和搭配，平衡膳食模式中碳水化合物供能占膳食总能量的 50%～65%，蛋白质占 10%～15%，脂肪占 20%～30%。

全谷物，是指未经精细化加工或虽经碾磨、粉碎、压片等处理仍保留了完整谷粒所具备的胚乳、胚芽、麸皮及其天然营养成分的谷物。我国传统饮食习惯中作为主食的稻米、小麦、大麦、燕麦、黑麦、黑米、玉米、裸麦、高粱、青稞、黄米、小米、粟米、荞麦、薏米等，如果加工得当均可作为全谷物的良好来源。

杂豆指除了大豆之外的红豆、绿豆、黑豆、花豆。

薯类有马铃薯（土豆）、甘薯（红薯、山芋）、芋薯（芋头、山药）和木薯。目前，我国居民马铃薯和芋薯又常被作为蔬菜食用。薯类中碳水化合物含量 25%左右，蛋白质、脂肪含量较低；马铃薯中钾的含量也非常丰富，薯类中的维生素 C 含量较谷类高，甘薯中的胡萝卜素含量比谷类高，甘薯中还含有丰富的纤维素、半纤维素和果胶等，可促进肠道蠕动，预防便秘。与精制谷物相比，全谷物及杂豆类可提供更多的 B 族维生素、矿物质、膳食纤维等营养成分及有益健康的植物化合物，全谷物、薯类和杂豆的血糖生成指数远低于精制米面。

2. 吃动平衡，健康体重

体重是评价人体营养和健康状况的重要指标，运动和膳食平衡是保持健康体重的关键。各个年龄段人群都应该坚持每天运动，维持能量平衡，保持健康体重。体重过低和过高均易增加疾病的发生风险。推荐每周应至少进行 5 天中等强度身体活动，累计 150 min 以上；坚持日常身体活动，主动身体活动最好每天 6 000步左右；注意减少久坐时间，每小时起来动一动，动则有益。

可以将运动融入日常生活中，每天进行中等强度运动 30 min 以上，每周5～7 天，如快走、游泳、乒乓球、羽毛球、篮球、跳舞等；每 2～3 天进行 1 次肌肉力量锻炼，每次 8～10 个动作，每个动作做 3 组，每组重复 8～15 次；每天进行伸展和柔韧性运动 10～15 min。

3. 多吃蔬菜、奶类、全谷、大豆

蔬菜、水果、奶类和大豆及其制品是平衡膳食的重要组成部分，坚果是膳食的有益补充。蔬菜和水果是维生素、矿物质、膳食纤维和植物化学物的重要来源，奶类和大豆类富含钙、优质蛋白质和 B 族维生素，对降低慢性病的发病风险具有重要作用。推荐餐餐有蔬菜，每天摄入不少于 300 g 蔬菜，深色蔬菜应占 1/2。推荐天天吃水果，每天摄入 200～350 g 新鲜水果，果汁不能代替鲜果。吃各种各样的奶制品，摄入量相当于每天 300 mL 以上液态奶。经常吃全谷物、豆制品，适量吃坚果。

4. 适量吃鱼、禽、蛋、瘦肉

鱼、禽、蛋和瘦肉可提供人体所需要的优质蛋白质、维生素A、B族维生素等，有些也含有较高的脂肪和胆固醇。动物性食物优选鱼和禽类，鱼和禽类脂肪含量相对较低，鱼类含有较多的不饱和脂肪酸；蛋类各种营养成分齐全；吃畜肉应选择瘦肉，瘦肉脂肪含量较低。过多食用烟熏和腌制肉类可增加肿瘤的发生风险，应当少吃。《中国居民膳食指南(2022)》推荐每周吃鱼2次或300～500 g，畜禽肉300～500 g，蛋类300～350 g，平均每天摄入鱼、禽、蛋和瘦肉总量120～200 g。

5. 少盐少油，控糖限酒

我国多数居民目前食盐、烹调油和脂肪摄入过多，这是高血压、肥胖和心脑血管疾病等慢性病发病率居高不下的重要因素，因此应当培养清淡饮食习惯，成人每天食盐不超过5 g，每天烹调油25～30 g。过多摄入添加糖可增加龋齿和超重发生的风险，推荐每天摄入糖不超过50 g，最好控制在25 g以下。儿童少年、孕妇、乳母不应饮酒，成人如饮酒，1天饮酒的酒精量不超过15 g。

6. 规律进餐，足量饮水

规律进餐是实现合理膳食的前提，应合理安排一日三餐，定时定量、饮食有度，不暴饮暴食。早餐提供的能量应占全天总能量的25%～30%，午餐占30%～40%，晚餐占30%～35%。水是构成人体成分的重要物质并发挥着多种生理作用。水摄入和排出的平衡可以维护机体适宜水合状态和健康。建议低身体活动低水平的成年人每天饮7～8杯水，相当于男性每天喝水1 700 mL，女性每天喝水1 500 mL。每天主动、足量饮水，推荐喝白开水或茶水，不喝或少喝含糖饮料。

7. 会烹会选，会看标签

食物是人类获取营养、赖以生存和发展的物质基础，在生命的每一个阶段都应规划好膳食。应了解各类食物营养特点，挑选新鲜、营养素密度高的食物，学会通过食品营养标签的比较，选择购买较健康的包装食品。烹饪是合理膳食的重要组成部分，学习烹饪和掌握新工具，传承当地美味佳肴，做好一日三餐，家庭实践平衡膳食，享受营养和美味。如在外就餐或选择外卖食品应按需购买，注意适宜分量和荤素搭配，并主动提出健康诉求。

8. 公筷分餐，杜绝浪费

日常饮食卫生应首先注意选择当地、新鲜卫生的食物，不食用野生动物。食物制备生熟分开，储存得当。多人同桌，应使用公筷公勺，采用分餐或份餐等卫生措施。勤俭节约是中华民族的文化传统，人人都应尊重和珍惜粮食，在家在外按需备餐，不铺张浪费。每个家庭从自我做起，传承健康生活方式，树饮食文明新风。社会餐饮应多措并举，倡导文明用餐方式，促进公众健康和食物系统可持续发展。

第二节　运动与营养

一、运动增加营养的需求

（一）耐力性项目膳食营养

由于有氧运动主要以糖和脂肪这种有氧代谢提供能量，且运动时间长，无间歇，能量消耗较大，因此应选择膳食中富含糖类的食物，以增加糖原储备量，这个储备约占总热量的 60%～70%。耐力运动对脂肪的利用率较高，可适当增加膳食中脂肪的比例，达到总能量的 30%～35%。为增强机体供氧能力，膳食应保证足够的蛋白质，约占总热量的 12%～14%。对于维生素和矿物质来说，膳食应富含铁、维生素 C、维生素 B_1、维生素 B_2、维生素 B_{12}、叶酸、烟酸等。另外，因为耐力性项目需要消耗巨大的能量，一部分蛋白质也会参与氧化供能，因此人们长期从事耐力性项目运动易产生缺铁性贫血。一般来说，女性体内铁储备较低，可增加绿叶蔬菜、猪肝等的摄入。均衡体质人群只需保证糖、脂肪的正常摄入即可；体重偏瘦人群可适当增加糖类的摄入；肥胖人群应适当减少糖类摄入，严格控制脂肪摄入。

耐力性运动项目出汗量大，易发生脱水，应注意运动前、中、后期的水分补充。普通跑步健身人群在跑步过程中最少补充 1 次水。如果跑步时间在 0.5 h 左右，补充普通的白开水或矿泉水即可；如果跑步时间在 1 h 以上，建议补充 2～3 次水；如果出汗较多或在夏季跑步，可以补充含糖量较低的运动饮料，膳食中可增加含盐较高的食物。500 mL 运动饮料的热量约为 100 kcal，应计入每日总能量摄入中。

（二）球类项目的膳食营养

篮球、排球、足球等大球类运动项目，对于普通健身人群来说，与跑步的能量消耗相似。如足球运动每周进行 3～5 次、每次进行 30～45 min 的半场比赛，能量消耗量为 300～400 kcal。篮球运动也是如此，排球运动稍微低一些，1 h 的排球赛大约消耗280 kcal能量。1 h 乒乓球、羽毛球、网球等小球类运动项目的能量消耗大约是 280 kcal、385 kcal、490 kcal。但是球类项目要求具备力量、耐力、灵敏、速度、技巧等多方面素质，运动强度大、多变、有间歇，能量消耗大，因此既需要良好的有氧供能能力，又需要良好的磷酸原系统和糖酵解系统供能。

球类项目需要糖、蛋白质、脂肪占总能量摄入的比例应为 60%～65%、

10%～15%和20%～30%，膳食应以高糖食物为主，可以在运动前3～4 h采用高糖膳食，运动后尽快补充50 g糖，可加快糖原储备的恢复。因球类项目在运动中高度紧张，应注意蛋白质的补充，推荐用量为1.2～2.0 g/(kg·d)，运动后迅速补充蛋白质有助于修复受伤的肌肉和组织；对于小球项目，需要较强的视力，眼睛易疲劳，应增加维生素A的补充量，同时要增加维生素B_1、维生素B_2、维生素B_6、维生素C、维生素E，以及胆碱和泛酸的摄入。脱水是球类项目运动引起疲劳的主要原因，因此，球类项目健身者在运动前、中、后要及时补液，一场球赛可失水2 L，宜选择低糖、等渗的运动饮料，以少量多次饮用为原则。

（三）力量性项目的膳食营养

力量性项目强度大，主要依靠磷酸原系统，部分依靠糖无氧酵解，需要有较强的力量和瞬间的爆发，同时要求神经肌肉协调性好。蛋白质有助于增加肌肉爆发力，加强神经反射活动。蛋白质应优先选择完全蛋白质及大豆等优质蛋白，优质蛋白量大于1/3，蛋白质每天摄入推荐用量为1.5～2.0 g/(kg·d)。力量性项目对肌肉的兴奋性要求很高，应注意钠、钾、钙、镁的补充，同时应摄入丰富的糖类、维生素和矿物质，并适当增加蔬菜、水果摄入量，增加体内碱储备。

二、不同需求人群的膳食营养

（一）减脂人群的膳食营养

减脂人群总的原则是保证能量消耗量大于能量摄入量，造成能量负平衡，使长期积蓄的能量被代谢掉，因此在科学锻炼的基础上，控制每日总的能量摄入是目前控制体重的最好方法。1 kg人体脂肪约含7 000 kcal能量，若1周内减脂0.25～0.50 kg，需每日减少能量摄入250～500 kcal。一般来说，减脂人群能够维持正常生命活动的每日能量推荐摄入量为1 400 kcal。推荐不锻炼当天，最低摄入量为1 500 kcal。锻炼当天，总能量的摄入量不要超过2 000 kcal。无论如何，减脂膳食能量不能低于1 200 kcal，并且应继续保持糖类、脂肪、蛋白质的膳食平衡比例，若每日摄入能量严格控制在800 kcal或以下，则必须在医务监督下进行。通过膳食控制将膳食总热量降低到原来水平的85%左右，再加上科学有氧运动，可在无饥饿条件下实现能量负平衡，体重稳步下降，以每月下降2～3 kg(每周0.5～0.7 kg)，3～4个月(扣除体重反弹后)下降4～6 kg为宜。一般来说，每月减重2 kg最为合理，而减重的上限一般不超过每月4 kg。6～15岁儿童总能量摄入不能低于日需要量的80%，16～20岁青少年总能量摄入不能低于70%，以免影响生长发育。

减脂人群在配餐时主要是减少高糖、高脂、高热量的食物摄入，营养成分比例为脂肪15%～20%，蛋白质10%～25%，糖类55%～70%。减脂者可以多吃奶类和豆制品，脱脂牛奶和豆制品含有丰富的蛋白质和钙，脂肪含量少，可补充身体所需的蛋白质，其中钙还可以促进脂肪的分解。多吃全麦、谷类食物，保证糖类的一定量的摄入，当糖类摄入不足时会影响脂肪酸的彻底氧化分解。多吃蔬菜和水果等富含纤维素的食物，这类食物体积大、饱腹感强、热量低，其中的纤维素还能阻止脂肪成分的吸收。减少饱和脂肪酸油脂类的摄入量，少吃或不吃油炸食品，在烹饪方法上尽量用煮、炖、蒸代替煎、炸、炒。在减脂过程中适当补水很重要，因为水分可以促进脂肪分解，建议每天要喝 7～8 杯白开水(2 000～2 500 mL)。食物尽量选择低血糖生成指数的食物，低血糖生成指数的饮食可以降低体内胰岛素，升高胰高血糖素，胰岛素是增肥的激素，胰高血糖素是减肥的激素，同时合理安排一日三餐的供能比例，早、中、晚分别为 29%、38%、33%。

减脂人群首先根据身高、体重、腰围、臀围或体脂率确定是否肥胖，然后确定需要减轻的总体重、每月需减轻的体重以及每日需亏空的能量，最后确定每日运动的能量消耗量和食物减少的能量摄入量，这样就可以推算出每日运动量和食物减少量，从而制定减脂计划。运动量的确定会在运动处方和案例分析部分讲解，这里重点讲食物减少量的确定。举例来说，如果每天需要亏空的能量是 800 kcal，那么更科学的做法是增加 400 kcal 的能量消耗同时减少 400 kcal 的能量摄入。要减少能量摄入，我们首先应了解每种食物所含的能量值，这可以查食物成分表(见附录)，也可用下面简便方法进行估算，每 100 g 食物所含的能量大约为：大米、面粉、玉米面 350 kcal；薯类 80～100 kcal；大豆 360 kcal；其他豆类 300～320 kcal；蔬菜 20 kcal；水果 40～50 kcal；瘦肉、蛋类、鱼类 150 kcal；肥肉 800 kcal；奶类 50～60 kcal；食用油 900 kcal。按照以上能量的估算值，每天少吃主食 50 g、肉类 50 g 就比较容易达成减少 400 kcal 能量摄入的目标。减脂人群控制饮食的顺序应首先控制荤菜和食用油的摄入，其次是控制主食，薯类、蔬菜和豆类是没有必要减少的。

减脂人群也可以适当使用营养补充剂。适当使用左旋肉碱可以加速消耗脂肪，建议每日摄入量不少于 250 mg；适当补充膳食纤维，可增加饱腹感，以减少食欲，延缓糖的吸收；适当使用复合维生素，可补充因运动出汗导致的维生素消耗，也可减少自由基对细胞的损害，适当补充矿物质，可及时满足机体因出汗导致体内钠、钾和镁等矿物质流失而产生的对矿物质的需要。

（二）增肌人群的膳食营养

增肌的本质是增肌蛋白质的合成代谢，通过力量练习对肌肉进行有规律的刺激，肌肉会吸收更多的氨基酸，从而促进增肌蛋白质的合成，使肌纤维的直径变粗。力量练习供能系统主要是磷酸原系统和糖的无氧酵解，运动持续时间短，运动强度大，总能量消耗不大。

增肌人群对肌肉增加的需求须在饮食中增加蛋白质的摄入量，但是蛋白质的量并不是越多越好，过量蛋白质的摄入，反而会增加肝脏、肾脏的负担，普通人蛋白质的需要量为 1.2 g/kg，增肌者可以把这一需要量提高到 1.4～1.6 g/kg。即如果按照 70 kg 体重来计算，增肌人群需要比同等体重的普通人多进食 14～28 g 蛋白质，这相当于 2～4 个鸡蛋的蛋白质含量，同时还要考虑主食、瘦肉、豆制品、牛奶等蛋白质的含量，如食 100 g 猪肉（里脊）的蛋白质含量约为 20.2 g，食 100 g 带鱼的蛋白质含量约为 17.7 g，1 碗米饭按照 180 g 计算约含蛋白质 4.68 g，100 g 油豆腐约含蛋白质 17 g，1 个中等大小的鸡蛋约含蛋白质7 g。因此，增肌人群可以选择富含优质蛋白质的食物，在日常饮食中适当增加鸡蛋、瘦肉、主食、豆制品、鱼类、牛奶就可以满足需要了。国际运动营养食品学会建议，对于增加肌肉体积需求的人群，每天蛋白质的摄入量一般应为 1.5～2 g/kg 体重。

补充蛋白质的时间最好放在训练后 30 min 内，因为负重训练后，生长激素分泌约能维持 2 h，蛋白质吸收的高峰期在饭后 1～2 h。锻炼后在补充蛋白质时可选择容易消化的食物，比如牛奶和鸡蛋。另外，研究认为促进肌肉生成的生长激素是在人睡眠中分泌的，因此，晚餐可适当增加蛋白质。

增肌人群还应注意足够能量摄入，因为肌肉生长和力量练习都需要消耗能量。推荐增肌人群摄入能量为每日需求的 115%。在锻炼肌力时主要依赖糖无氧酵解供能，糖是重要的能源物质，因此糖的摄入量既要满足正常供能需求，又不能过多，防止糖转化为脂肪。对于初级增肌人群，女性每天摄入 2～2.5 g/kg，男性每天摄入 2.5～3.5 g/kg 体重。将每天摄入糖总量的 25%安排在锻炼后立即食用，可最大限度地利用锻炼后的合成代谢。为了使胰岛素快速持久地释放，同时避免低血糖发生，可以按复合糖类和简单糖类 3：1 的比例摄入糖类食物。体形比较瘦弱的增肌者，可在每次锻炼前 0.5～1 h 吃一些蛋糕、香蕉等含糖较高的食物。

增肌健身人群最好采用“每日多餐法”。早餐占全天总量的 20%，上午加餐占 5%，午餐占 30%，下午加餐占 5%，晚餐占 20%，结束锻炼后 1h 进餐占 20%。多餐总量应达到每日应摄取的能量之和。

增肌人群不能忽视蔬菜、水果的摄入。蔬菜、水果中含有丰富的维生素和矿物质，如硼、锌和维生素 C，具有促进睾酮分泌的作用，睾酮是可以促进肌肉生长的激素。同时蔬菜、水果中的番茄红素、维生素 C、维生素 E 等，具有良好的抗氧化作用，有助于机体恢复。

增肌人群可以适当使用运动营养补充剂。当运动锻炼的量和强度达到一定程度的时候，可以适当补充一些运动营养补充剂，但是在锻炼早期不建议使用。

最好是选用乳清蛋白，蛋白粉在锻炼后 30 min 内补充效果最佳。

三、常见的运动营养补充剂

目前，国内外对运动营养补充剂还没有一个统一的概念。我国对运动营养补充剂称谓很多，例如运动营养品、强力营养素、强力营养物质、高效运动营养因子、运动营养保健品、运动营养补充剂等。运动营养补充剂既适用于专业运动员，也适用于业余运动人群。

按照功效可将运动营养补充剂分为 3 类。

（一）增加肌肉蛋白质合成代谢的补充剂

实践证明，补充乳清蛋白、酪蛋白、大豆蛋白、卵白蛋白或某些寡肽、游离氨基酸等，可以有效促进肌肉蛋白质的合成。需要增肌的人群，当运动锻炼的量和强度达到一定程度后，可以适当补充这一类的营养补充剂。同时，也要注意营造蛋白质合成的最佳激素环境，比如促进睾酮、生长激素和胰岛素等分泌的补充剂。

1. 促进肌肉蛋白质合成的补充剂

（1）乳清蛋白。乳清蛋白是从牛奶中提取的蛋白质，它在牛奶中的含量非常低，仅为 0.702%，依靠喝牛奶不能满足需求。乳清蛋白不仅可以促进蛋白质合成，还可以提高机体免疫，延缓中枢疲劳的发生，提高机体的抗氧化能力等。对于健身健美爱好者来说，为了尽快地壮大肌肉，乳清蛋白的摄入量一般控制在每日 50 g 左右。如果过量摄入会导致血氨升高。

（2）大豆蛋白。大豆蛋白是从大豆中提取而来，它可降低血浆甘油三酯和低密度脂蛋白水平、缓解机体钙流失等。摄取大量的大豆蛋白无明显的副作用。在高原地区，不宜大量摄入大豆蛋白，因为会引起胃肠胀气和腹部不适等。

（3）氨基酸。

① 谷氨酰胺。谷氨酰胺是肌肉中含量最多的游离氨基酸，它对运动的影响主要表现在可以刺激胰岛素的分泌，为蛋白质合成提供激素环境，也是蛋白质合成的原料。运动者建议服用量为 5～10 g/d，在运动或比赛后服用，但是，大量服用会导致血氨升高。

② 支链氨基酸。支链氨基酸包括亮氨酸、异亮氨酸和缬氨酸。补充支链氨基酸可以改善中枢神经系统的功能，延缓疲劳的发生，亮氨酸及其代谢产物可以减少蛋白质的分解，并作为蛋白质合成的原料促进蛋白质的合成。支链氨基酸应在运动前 30 min 服用，以低剂量补充效果较好，如果长时间运动多采用 0.5 g/h 的剂量补充。

③ β-羟基-β-甲基丁酸盐。β-羟基-β-甲基丁酸盐是亮氨酸的代谢产物，在抑

制蛋白质分解的同时,可以有效增加肌肉的体积,提高肌肉的力量。但是人体每天合成的 β-羟基-β-甲基丁酸盐很少,必须依靠额外补充才能满足运动需要。β-羟基-β-甲基丁酸盐的推荐服用量为 3 g/d,每次 1 g,分 3 次服用,同时补充肌酸、磷酸盐效果更佳。

④ 活性肽。肽是 2 个或 2 个以上的氨基酸以肽键相连的化合物,具有活性的多肽称为活性肽,又称生物活性肽或生物活性多肽。当前,利用植物性蛋白生产的活性肽主要有大豆肽、玉米肽、小麦肽、核桃肽等;利用动物性蛋白生产的活性肽主要有乳蛋白肽、牡蛎肽、胶原肽等。运动后及时补充活性肽,能够促进睾酮和胰岛素生长因子-Ⅰ的分泌,减少肌肉蛋白质降解,促进蛋白质的生物合成,而且不会增加胃肠负担。

2. 营造肌肉蛋白质合成最佳激素环境的补充剂

(1) 促进睾酮分泌的补充剂。目前促进睾酮分泌的补充剂主要有蒺藜皂苷和蒺藜提取物、锌、硼、传统的补肾中药及通过兴奋检测的中药产品等。蒺藜皂苷能刺激人体促性腺激素的分泌,从而促进睾酮的分泌。

(2) 促进生长激素分泌的补充剂。鸟氨酸和 α-酮戊二酸是由天然的鸟氨酸和 α-酮戊二酸混合而成。鸟氨酸和 α-酮戊二酸能够促进内源性生长激素、胰岛素和胰岛素样生长因子-Ⅰ的分泌,促进蛋白质的生物合成。鸟氨酸和 α-酮戊二酸还能够提高脂肪分解代谢,减少体脂。鸟氨酸和 α-酮戊二酸的推荐服用量为 10～15 g/d,目前尚未发现明显的副作用。

(二) 快速补充能量或促进能量代谢的补充剂

1. 快速补充能量的补充剂

(1) 膳食替代粉、能量棒或能量胶。膳食替代粉、能量棒或能量胶,主要是一些含有高糖,适量蛋白、脂肪,一定剂量维生素和矿物质的补充剂。这些营养品可在运动前或运动后提供糖、蛋白质和其他营养素,目的是提高供能营养素的膳食利用度,但不能长期代替正常膳食。

(2) 中链甘油三酯。中链甘油三酯能够被直接吸收,并迅速代谢成脂肪酸与甘油。它像糖一样可以方便迅速被氧化并释放能量,且中链甘油三酯代谢不需要左旋肉碱的参与。椰油或棕榈仁油中含有丰富的中链甘油三酯。补充中链甘油三酯之所以能使运动成绩明显提高,主要是因为提高了脂肪的利用率。但是中链甘油三酯的最大摄入量不得超过 30 g,否则会导致胃肠不适。

(3) 促进能量代谢的补充剂。

① 肌酸。补充肌酸可以使肌肉组织中的磷酸肌酸含量增加,从而提高高强度运动时三磷酸腺苷再合成的能力。补充肌酸可提高间歇性高强度运动的运动能力,但是对机体耐力影响不大。

补充肌酸不当会有一定的副作用，比如肌肉出现僵硬、痉挛等现象，并且使体重增加。因此，大剂量补充肌酸时一定要注意水的补充。另外，要做好充分准备活动，避免肌肉拉伤。同时应该注意补充肌酸应与含糖饮料同服，这有利于肌酸的吸收，但是不能用热水冲服，否则会使肌酸水合物结构发生改变，也不能与橘子汁或含咖啡因的饮料一起服用。

② 1,6－二磷酸果糖。1,6－二磷酸果糖补充剂的主要成分包括1,6－二磷酸果糖、苹果酸、柠檬酸、低聚葡萄糖、维生素、牛磺酸等，它可刺激磷酸果糖激酶和丙酮酸激酶的活性，促进糖酵解，从而改善无氧代谢能力。外源性1,6－二磷酸果糖营养补充剂可促进内源性1,6－二磷酸果糖、三磷酸腺苷成倍增加，改善骨骼肌利用氧气的能力，同时可增加运动时的能量供应，延缓疲劳的发生和发展。在运动前、中、后任何时间都可以服用1,6－二磷酸果糖，因为它比服用葡萄糖或淀粉引起的胰岛素效应要低。

③ L－肉碱。L－肉碱可提高肌肉脂肪酸供能能力，L－肉碱被普遍认为可以提高长时间耐力性运动项目的成绩。人体内L－肉碱既可以从外源性食物中获得，也能够在体内合成。增加L－肉碱的摄入可明显提高血清游离肉碱水平。一般良好膳食的人不需要额外补充L－肉碱。

④ 牛磺酸。牛磺酸是一种含硫的氨基酸，在人体内总量一般为23～28 g。牛磺酸可促进肌细胞对糖和氨基酸的利用，促进糖酵解，提高运动能力，也可减少色氨酸进入大脑的数量，从而保持中枢神经的兴奋状态，延缓运动性疲劳产生。

⑤ 咖啡因。咖啡因的作用主要是能够提高脂肪和肌糖原的利用率，且提高肌纤维兴奋性，影响运动中枢到运动神经元的信号转导，从而可以提高人体运动能力。

咖啡因的推荐剂量为3～9 mg/kg体重或总量约250 mg。咖啡因摄入可提高耐力运动水平，同时还可能提高短时间高强度的运动能力。但是大量服用咖啡因会出现副作用，如肠胃不适、头痛、心痛加速、心神不宁、易怒、肌肉震颤、血压升高以及左心室肌产生期前收缩等。

（二）预防损伤、延缓疲劳和促进体能恢复的补充剂

1. 抗氧化剂

运动过程会增加氧消耗，同时自由基的生成会增多，脂质过氧化过程会损伤细胞。膳食中主要的抗氧化营养素为维生素E、维生素C和β－胡萝卜素。一些抗氧化剂的使用，比如说螺旋藻类、番茄红素都可以加速清除自由基，促进机能的恢复。对番茄红素来说，它就是一种强有力的抗氧化剂，属于胡萝卜素类物质，是人体不能够自身合成的。番茄红素存在于很多水果、蔬菜中，如番茄、番石

榴等，它的抗氧化能力比维生素 E 高 100 倍。

2. 免疫增强剂

谷氨酰胺除了能够为蛋白质的合成提供最佳激素环境和原料之外，还可以维持机体的免疫功能。研究表明，当谷氨酰胺供应不足的时候，机体的免疫机能就会下降。谷氨酰胺的补充推荐剂量一般为 0.3～0.6 g/(kg・d)。为减轻体内的氨负荷，也可采用鸟氨酸和 α-酮戊二酸合剂。

3. 氨基葡萄糖

氨基葡萄糖是一种生理状态的氨基单糖。氨基葡萄糖单体被认为是对骨关节炎非常有效的物质。长期服用氨基葡萄糖无明显副作用。

4. 碳酸氢钠

碳酸氢钠俗称小苏打。主要依靠无氧糖酵解系统供能的健身项目，如 400 m、800 m、1 500 m 跑，会产生大量的乳酸，从而引起运动性疲劳，补充碳酸氢钠可以有效缓解因乳酸产生引起的这种疲劳。碳酸氢钠在运动前补充最佳剂量为 300 mg/kg 体重，超过这个剂量可能会导致胃肠不适。

5. 柠檬酸钠

柠檬酸钠的作用机制类似于碳酸氢钠，可以抑制血液中 pH 值的降低，提高 2～4 min 高强度运动项目能力。柠檬酸钠的推荐剂量一般为 300～500 mg/kg 体重。过量服用柠檬酸钠可能会引起腹泻、腹痛、水肿等不良反应。

6. 天门冬氨酸钾、镁盐

天门冬氨酸钾、镁盐是氨基酸盐，是等量的天门冬氨酸钾与天门冬氨酸镁盐的混合物。天门冬氨酸盐、镁盐的推荐剂量为 2～7 g/d，大剂量长期使用的副作用尚不清楚。

四、运动饮料

(一) 运动饮料的概念与分类

运动饮料指的是其营养素组成及其含量，能适应运动员或参加体育锻炼、体育活动人群的生理特点，能为机体补充水分、电解质和能量，可被迅速吸收的饮料。

运动饮料可分为普通运动饮料和功能性运动饮料两大类。普通运动饮料的主要作用是补充人体在运动中所消耗的能源物质，而功能性运动饮料，除了加入运动中所需要的能源物质外，还添加了某些特殊的营养成分，以满足某些人群的特殊需要。

根据不同人群的需求，可将普通运动饮料分为大众运动饮料、健身运动饮料和专业运动饮料 3 种。大众运动饮料主要适用于参加体育活动较少或仅仅是参加一般性体育活动的人；健身运动饮料主要是为一些经常参加体育运动的人群所设计的，在这类饮料的组成上，除了能源物质的种类和数量外，还添加了相应的抗疲劳物质；专业运动饮料是为专业或业余运动员专门设计的运动饮料，其主要成分除了糖类、矿物质和维生素外，还添加了一些特殊强化的营养成分（如蛋白质、肌酸、抗氧化剂等）。

（二）运动饮料的作用

运动会增加血糖的大量消耗，从而使身体肌肉感觉乏力，如果不及时补充，就会影响运动能力。运动饮料中含有一定量的糖，其含量大约为4%～8%，并且其存在形式主要是低聚糖，比如说低聚果糖、低聚异麦芽糖、大豆低聚糖等。这样就降低了运动饮料的甜度和渗透压，既不影响其吸收，又提供了人体需要的适量糖，从而维持了运动中血糖的稳定，延缓疲劳的产生，也有利于运动后机体的恢复。

运动出汗会导致钾、钠等电解质的大量丢失，从而引起身体乏力，甚至抽筋，导致运动能力下降，所以在运动中应该及时补充一些电解质。但是如果电解质含量太低，则起不到补充的效果，若电解质含量太高，则会增加饮料的渗透压，引起胃肠的不适。一般来讲，运动饮料中钾、钠、钙、镁等电解质含量适中，而且成分与人体体液相似，饮用后更能迅速被身体吸收。饮料中的钾、钠不仅有利于补充汗液中丢失的钾、钠，还有助于水在血管中的停留，使机体得到更充足的水分。同时，出汗是体温调节的主要途径，但是如果出汗过多引起脱水的话，血容量就会减少，这样就会减少皮肤的血流量，从而引起排汗量的降低，机体体温上升。如果能够及时补充运动饮料，不仅可以补水，而且对维持心血管功能和体温调节也具有非常重要的作用。

运动饮料中还添加了各种营养成分，比如说丰富的维生素B、维生素C，适量的牛磺酸和肌醇，这些营养素可以改善和提高代谢调节能力，减轻运动疲劳。其中，维生素B_1是糖代谢过程中的关键性物质，能有效调节能量代谢；维生素C的抗氧化能力，能清除因运动产生的自由基，减少对机体细胞的伤害；牛磺酸和肌醇可以促进蛋白质的合成。

（三）运动饮料的补充方法

运动前、中、后及时补充运动饮料是科学饮用运动饮料的最佳方法。运动前2 h补充500 mL的运动饮料可增加体内肌糖原、肝糖原储备。运动中应该采用少量多次的补充方式，可以每15～20 min，补充125～250 mL运动饮料，有助于延缓疲劳的发生。运动后运动饮料的补充方法是每丢失1 kg体重补充1 000 mL，可加速恢复体内失去的水分、糖分和矿物质，同时肌糖原和肝糖原也会迅速得到恢复。

第三节 能量与能量平衡

一、能量平衡

各种能源物质分解代谢过程中所伴随的能量释放、转移和利用即为能量代谢。人体运动中不断伴随着能量的消耗，长时间的运动之后，能量物质的含量会出现明显下降，运动能力也会随之下降，因此，日常充足的能量摄入可以保障运动能力和运动成绩，同时，运动后能量的及时补充，也可以促进身体机能的快速恢复，消除疲劳。

营养学上的能量单位用 cal 或 kcal 表示，1 kcal 就等于 1 kg 纯水从 15℃升高到 16℃所吸收的能量。

能量平衡是指人体能量摄入等于能量总消耗，并且体内储备处于稳定状态。人体的能量消耗包括基础代谢、身体活动、食物热效应和生长发育期的能量消耗四方面。一般来说，成人的能量消耗主要是前三方面。儿童、青少年及孕妇、乳母还要考虑其生长发育所需要的能量。因此，要达到人体的能量平衡，能量的摄入量应能够恰好满足以上四方面的需求。体重变化是判断一段时期内能量平衡与否的简易指标。

简单表达为能量平衡公式为：

人体能量消耗量＝人体能量摄入量

二、人体能量消耗

人体总的能量消耗为基础代谢＋身体活动＋食物热效应＋生长发育能量消耗(成年人除外)。

（一）基础代谢

基础代谢是维持生命的最低能量消耗，即人体在清晨而又极端安静的状态下，不受精神紧张、肌肉活动、食物和环境温度等因素影响时的能量代谢。此时能量仅用于维持体温和呼吸、血液循环及其他器官的生理需要，其能量消耗平均占总能量消耗的 60％～65％。

单位时间内的基础代谢称为基础代谢率，是指人体处于基础代谢状态下，每小时每平方米体表面积的能量消耗，单位为kcal/(m^2 · h)。根据基础代谢率可计算出每天基础代谢的能量消耗。

基础代谢能量消耗的测量方法有 2 种。

1. 气体代谢法

基础代谢一般在室温 18℃～25℃，禁食 12 h 后，静卧、放松而又清醒时测量。测量方法为：准确收集和分析受试者在一定时间（通常为 6 min）内呼出气中的二氧化碳含量，再根据二氧化碳消耗量计算出基础代谢率，从而计算出每天基础代谢的能量消耗。原理是能量代谢过程中始终伴随着氧气的消耗和二氧化碳的产生，因此可以根据氧气的消耗量计算能量消耗。

2. 公式计算法

这种方法可以根据体重、体表面积、基础代谢率或静息代谢率计算，主要包括粗略估计基础代谢率的方法、世界卫生组织推荐的 Schofield 公式、相对适合中国人的基础代谢计算公式、世界卫生组织用静息代谢率代替基础代谢率的代谢参考值的方法等。

（1）粗略估计基础代谢的方法为：

$$基础代谢=基础代谢率\times体重\times24$$

其中，基础代谢率单位为 kcal/(kg·h)；体重单位为 kg。

成人男性基础代谢率为 1 kcal/(kg·h)，成人女性基础代谢率为 0.95 kcal/(kg·h)。

（2）世界卫生组织推荐的 Schofield 公式可以计算 1 天的基础代谢能量消耗（表 3-10）。我国儿童青少年可参考此公式，18 岁以上人群的基础代谢要在计算结果的基础上减去 5%。

表 3-10 基础代谢 Schofield 公式 (kcal/d)

年龄(岁)	男 性	女 性
0～3	$(60.9\times W)-54$	$(61.0\times W)-51$
3～10	$(22.7\times W)+495$	$(22.5\times W)+499$
10～18	$(17.5\times W)+651$	$(12.2\times W)+746$
18～30	$(15.3\times W)+679$	$(14.7\times W)+496$
30～60	$(11.6\times W)+879$	$(8.7\times W)+829$
＞60	$(13.5\times W)+487$	$(10.5\times W)+596$

注：表中 W 为体重(kg)。

（3）相对适合我国人的基础代谢计算公式是 1984 年由赵松山所提出，它相对来说比较适合我国人的体表面积计算。

$$体表面积=0.006\,59\times身高+0.012\,6\times体重-0.160\,3$$

$$基础代谢能量消耗=体表面积\times基础代谢率\times24$$

其中，体表面积单位为 m^2；身高单位为 cm；体重单位为 kg；基础代谢率可根据性别、年龄由（表 3-11）查得。

表 3-11 人体基础代谢率

年龄（岁）	男性 kcal/m²	女性 kcal/m²	年龄（岁）	男性 kcal/m²	女性 kcal/m²
1	53.0	53.0	30	36.8	35.1
3	51.3	51.2	35	36.5	35.0
5	49.3	48.4	40	36.3	34.9
7	47.3	45.4	45	36.2	34.5
9	45.2	42.8	50	35.8	33.9
11	43.0	42.0	55	35.4	33.3
13	42.3	40.3	60	34.9	32.7
15	41.8	37.9	65	34.4	32.2
17	40.8	36.3	70	33.8	31.7
19	39.2	35.5	75	33.2	31.3
20	38.6	35.3	80	33.0	30.9
25	37.5	35.2			

（4）世界卫生组织用静息代谢率代替基础代谢率的代谢参考值。1985 年世界卫生组织提出用静息代谢率代替基础代谢率计算基础代谢的方法。静息代谢率在测定时全身处于休息状态，禁食仅 4 h，因此，静息代谢率的值略高于基础代谢率。人体 24 h 静息代谢率参考值可根据性别、年龄在表（表 3-12）中查得。

表 3-12 人体 24 h 静息代谢率参考值 (kcal/d)

年龄（岁）	体重（kg）								
	40	50	57	64	70	77	84	91	100
男性									
10～18	1 351	1 526	1 648	1 771	1 876	1 998	2 121	2 243	2 401
18～30	1 291	1 444	1 551	1 658	1 750	1 857	1 964	2 071	2 209
30～60	1 343	1 459	1 540	1 621	1 691	1 772	1 853	1 935	2 039
＞60	1 027	1 162	1 256	1 351	1 423	1 526	1 621	1 716	1 837
女性									
10～18	1 234	1 356	1 441	1 527	1 600	1 685	1 771	1 856	1 966
18～30	1 084	1 231	1 334	1 437	1 525	1 628	1 731	1 833	1 966
30～60	1 177	1 264	1 325	1 386	1 438	1 499	1 560	1 621	1 699
＞60	1 016	1 121	1 195	1 268	1 331	1 404	1 478	1 552	1 646

（二）身体活动

身体活动是影响人体能量消耗的主要因素。在人体的整个能量消耗中，身体活动占比较大，而且变动最大，因此，身体活动是人体控制能量消耗、保持能量平衡最重要的部分。如一个中等强度身体活动的人，其能量消耗占人体总能量消耗的15%～30%，但随着运动强度和量的增大，其能量消耗会大幅度增加，可达到人体总能量消耗50%。

研究显示，身体活动能量消耗量的多少与以下因素有关：①去脂体重（瘦体重）越高，能量消耗越多，原因是相对于去脂体重来说，脂肪组织是相对惰性的组织；②同等条件下，体重越重者，能量消耗越多；③活动时间越长，活动强度越大，能量消耗越多。

对于日常活动的能量消耗，可以用记录的方式计算出1日的能量消耗，参考附录，查阅日常活动能量消耗率，记录活动时间，计算出每项活动能量消耗，24 h内所有活动的能量消耗之和就是每天日常活动的能量消耗。如果记录1～2周能量消耗，计算出每日能量消耗平均值，准确率可更高一些。

（三）食物热效应

食物热效应，过去称为食物的特殊动力作用，是指人体进食后几小时内发生的超过静息代谢率的能量消耗。这是因为人体在摄食后要对食物中的营养素进行消化、吸收、代谢、转化等，需要额外消耗能量。食物热效应在进食后即可出现，2 h后达到最高点，3～4 h基本恢复正常。

食物热效应的高低与食物营养素成分、进食量和进食频率有关。一般情况下，脂肪的食物热效应为本身产生能量的4%～5%，糖为5%～6%，而蛋白质竟可达30%～40%。一般来说，在计算人体总的能量消耗时，要加入15%的食物热效应的能量消耗。

（四）生长发育期的能量消耗

对处于生长发育期的婴幼儿、儿童、青少年，每日的能量消耗还应包括生长发育所需要的能量。新生儿按千克体重计算，要比成人多消耗2～4倍的能量；3～6个月的婴儿每天有15%～23%所摄入的能量用于生长发育。一般来说，体内新组织每增加1 g需要4.78 kcal能量。

除此之外，情绪和精神状态也会影响能量消耗。脑的重量只占体重的2%，但脑组织的代谢水平却很高，如精神紧张地工作可使大脑的活动加剧，能量代谢约增加3%～4%，但与体力活动相比较，脑力劳动的消耗仍然较少。

三、人体能量摄入量

人体能量摄入量的计算首先须记录每天饮食种类与重量，然后再根据《中国食物成分表》[①]，查阅每种食物的能量，最后相加就是每日人体能量摄入量。如果能够记录1～2周的能量摄入量，然后计算每日平均能量摄入量，准确率和代表性将会更好。

（一）中国食物成分的基本知识

1. 市品与食部

直接从市场上买回来的食物称为市品。从市场上购买的食物，按照通常的加工、烹调方法和食用习惯去掉其中不可食部分，剩余的即为可食部分，简称为食部。例如，市场购买的香蕉一般是带有香蕉皮的，香蕉剥皮后的重量为食部的重量。《中国食物成分表》中"食部"一栏的系数表示某一食物中可食部分占市品的百分比（即每100 g市品中有多少可食）。

2. 营养成分含量

《中国食物成分表》中各营养成分含量是指每100 g可食部分的营养成分含量。

（二）食物中能量和营养成分含量的计算

根据膳食调查所得个体食物摄入种类与量，查阅《中国食物成分表》中所摄入食物能量及营养素的含量进行相关营养摄入计算。在计算时要注意两点：①调查的食物是生重还是熟重，若记录的是熟重，须利用生熟比换算为生重；②调查的食物是市品重量还是可食部分重量，注明是市品则需要用食部进行计算。

1. 计算一定量市品所含能量的公式为：

某食物能量含量＝市品重量×食部×100 g该食物能量含量

2. 计算一定量市品中的某营养成分含量的公式为：

某营养成分含量＝市品重量×食部×营养成分含量

其中，市品重量单位为g，食部单位为%，100 g食物能量含量单位为kcal，营养成分含量单位为%。

【例1】 请计算50 g鸡蛋的能量和蛋白质含量。

查阅《中国食物成分表》可知，鸡蛋食部为88%，100 g鸡蛋含能量156 kcal、蛋白质含量为12.8 %。

50 g鸡蛋可提供的能量＝50×88%×156＝68.6(kcal)

50 g鸡蛋可提供的蛋白质＝50×88%×12.8%＝5.6(g)

【例2】 请计算200 g河虾中蛋白质的含量。

查阅《中国食物成分表》可知，河虾的食部为86%、蛋白质含量为16.4%。

200 g河虾中蛋白质含量＝200×86%×16.4%＝128.2(g)

---

① 杨月欣，北京大学医学出版社，2018。

四、人体能量需要量

人体能量需要量是指维持机体正常生理功能所需要的能量，低于这个数量将会对机体产生不利影响。

（一）人体能量来源

营养素可分为“产能营养素”和“非产能营养素”两类，实际上，人体所需要的能量主要来自“产能营养素”，即糖类、脂类和蛋白质。

每克糖、脂肪、蛋白质在体内氧化产生的能量值称为食物的热价或食物的卡价，也称为能量系数。虽然 1 g 糖、蛋白质、脂肪在体内氧化约分别释放 4.10 kcal、4.35 kcal、9.45 kcal 的热量，但是由于营养素在人体消化道内并不能完全被消化吸收，一般来说，混合食物中糖、蛋白质、脂肪的吸收率分别为 98%、92%、95%，因此，可以计算出这 3 种产能营养素的能量系数分别为：

1 g 糖：4.10×98%＝4(kcal)

1 g 蛋白质：4.35×92%＝4(kcal)

1 g 脂肪：9.45×95%＝8.9(kcal)

在正常生理状态下，糖和脂肪是人体所需主要的能源物质，其中糖对人体运动有很大影响。一般情况下，糖每日的供热量占总热量的 60%～70%，运动时肌肉的摄糖量可达安静时的 20 倍以上。运动使体内的糖大量消耗，体内糖的储备量和运动能力成正比关系。脂肪是能源的有效储存形式，每克脂肪所产生的能量是每克糖或蛋白质产生能量的 2 倍多。脂肪是人体从事长时间运动的主要能源，但必须在氧供应充足的情况下方可实现。当体内热能供给不足时，或机体处于应激状态时，蛋白质才被分解参与供能。要注意的是，当糖和脂肪供应充足时，蛋白质在体内一般不作为主要的能源物质而主要用于体内组织生长和更新。因此，要发挥蛋白质的营养功能，必须保证膳食总能量的充足。

根据我国的膳食特点，成年人三大产能营养素供应能量的比例为：糖55%～65%，脂肪 20%～30%（其中不饱和脂肪酸占总能量的 30%），蛋白质 10%～15%。同时，早、中、晚餐的能量分别占一天总能量的 30%、40%、30%。运动员一般也采用这一比例。

（二）人体能量需要量的计算

1. 联合国粮食及农业组织粗略计算人体每日能量需要量的公式

男子：每日能量需要量＝体重×192×0.239

女子：每日能量需要量＝体重×167×0.239

其中，每日能量需要量单位为 kcal；体重单位为 kg。

人体能量需要量还应按劳动强度分别用不同的系数进行调整，轻体力活动、积极活动和剧烈活动的调整系数分别为0.9、1.17和1.34。

2. 根据成人基础代谢和体力活动水平系数来计算

这种计算应先根据表3－10所示世界卫生组织推荐的Schofield公式的计算结果减去5%的方法，计算18～44岁和45～59岁2个人群的基础代谢，再根据不同体力活动水平对应的体力活动水平系数值（表3-13），两者相乘，得出能量需要量。

每日能量需要量＝（不同性别、年龄对应的Schofield公式）×95%×体力活动水平系数值

表3-13　我国成人活动水平分级表

活动水平	工作内容举例	体力活动水平系数	
		男性	女性
轻	办公室工作、修理电器钟表、售货员、酒店服务员、化学实验操作、讲课等	1.55	1.56
中	学生日常活动、机动车驾驶、电工安装、车床操作、金工操作等	1.78	1.64
重	体育活动、非机械化农业劳动、炼钢、舞蹈、装卸、采矿	2.10	1.82

2001年，中国营养学会将我国居民体力活动水平调整为轻、中、重三级。体力活动水平指1个人1天24 h消耗的总能量与基础代谢能量之比值，又称为体力活动水平系数。

五、人体能量推荐摄入量

人们可以根据表3-14和表3-15中的人体能量推荐摄入量安排每天的膳食。能量需要量受年龄、性别、生理状况及身体活动水平的影响。据此，人体能量推荐摄入量给出了不同性别成人、婴儿、儿童、青少年、孕妇、乳母、老年人的参考值。

表3-14　我国成人能量推荐摄入量　［kcal/(kg·d)］

性别		男性	女性	男性	女性	性别		男性	女性	男性	女性
年龄（岁）		18～49				年龄（岁）		50～59			
基础代谢（kcal）		1 561	1 253	25	22	基础代谢（kcal）		1 551	1 267	24	22
年龄（岁）		18～49				年龄（岁）		50～59			
活动水平	轻	2 420	1 955	38	35	活动水平	轻	2 404	1 976	37	34
	中	2 779	2 055	44	37		中	2 761	2 079	42	36
	重	3 278	2 280	52	41		重	3 257	2 306	50	40

注：Schofield公式：18～49岁，男＝(15.3W＋679)×95%；女＝(14.7W＋496)×95%，参考体重，男63 kg，女56 kg。50～59岁，男＝(11.6W＋879)×95%；女＝(8.7W＋829)×95%，参考体重，男65 kg，女58 kg。

表 3-15　我国居民膳食能量需要量　(kcal/d)

人群	男性			女性		
	体力活动(轻)	体力活动(中)	体力活动(重)	体力活动(轻)	体力活动(中)	体力活动(重)
0 岁		90kcal/(kg·d)			90kcal/(kg·d)	
0.5 岁		90kcal/(kg·d)			90kcal/(kg·d)	
1 岁		900			800	
2 岁		1100			1 000	
3 岁		1 250			1 200	
4 岁		1 300			1 250	
5 岁		1 400			1 300	
6 岁	1 400	1 600	1 800	1 250	1 450	1 650
7 岁	1 500	1 700	1 900	1 350	1 550	1 750
8 岁	1 650	1 850	2 100	1 450	1 700	1 900
9 岁	1 750	2 000	2 250	1 550	1 800	2 000
10 岁	1 800	2 050	2 300	1 650	1 900	2 150
11 岁	2 050	2 350	2 600	1 800	2 050	2 300
14 岁	2 500	2 850	3 200	2 000	2 300	2 550
18 岁	2 250	2 600	3 000	1 800	2 100	2 400
50 岁	2 100	2 450	2 800	1 750	2 050	2 350
65 岁	2 050	2 350	—	1 700	1 950	
80 岁	1 900	2 200	—	1 500	1 750	
孕妇(早期)	—	—	—	+0	+0	+0
孕妇(中期)	—	—	—	+300	+300	+300
孕妇(晚期)	—	—	—	+450	+450	+450
乳　母	—	—	—	+500	+500	+500

注;用"—"表示未制定参考值者;用"+"表示在同龄人群参考值基础上的额外增加量。

不同运动项目的运动员能量消耗存在较大差异。运动员的能量消耗范围在 2 000～5 500 kcal。我国学者推荐了我国运动员每日能量摄入量如表 3-16 所示。

表 3-16　我国运动员膳食能量推荐摄入量

运动项目	能量日摄入量	
	kcal/d	kcal/kg
棋牌类(男、女)	2 000～2 800 2 400	45±5
跳水、体操(女)、射击(女)、射箭(女)、跳高、跳远	2 200～3 200 2 700	50±5
体操(男)、武术、乒乓球、短跑(女)、羽毛球、网球、部分举重(体重＜75 kg)、花样游泳、击剑、垒球	2 700～4 200 3 500	55±5
长跑、花样游泳、中跑、短跑(男)、篮球、排球、竞走、登山、射箭(男)、射击(男)、足球、冰球、水球、棒球、曲棍球、滑冰、高山滑雪、赛艇、皮划艇、场地自行车、摩托车、柔道、拳击、投掷(女)、短距离游泳、沙滩排球(女)、现代五项	3 700～4 700 4 200	60±5
长距离游泳、举重(体重＞75 kg)、投掷(男)、马拉松、摔跤、公路自行车、橄榄球、越野滑雪、沙滩排球(男)、铁人三项	≥4 700	≥65

课程思政案例三

◆案例名称

信心就是胜利——李小双。

◆教学目标

引导学生形成顽强拼搏的毅力，提升集体荣誉感，拥有爱国精神并努力发扬这种精神。

◆案例简述

在 1990 年第 11 届亚运会上，李小双一举夺得男子团体和自由体操金牌，从此声名鹊起。1992 年，在巴塞罗那第 25 届奥运会上，他获得男子自由体操比赛冠军，成为中国体操男队的领军人物；1991 年和 1995 年 2 届世界体操锦标赛，他是团体冠军中国队的主力队员，并夺得 1995 年世界体操锦标赛男子个人全能冠军，成为第 1 位夺得世界体操锦标赛个人全能金牌的中国选手；1996 年，他在亚特兰大第 26 届奥运会上再次夺取个人全能金牌；1997 年，李小双因踝伤提前离开了赛场，但他的拼搏精神依然鼓舞着中国体操队的队员们。他的座右铭是："信心就是胜利。"李小双和孪生兄弟李大双出生在一个并不富裕的家庭里，6 岁时，家人为了减轻经济负担让他俩选择体操项目。10 岁时，爷爷挑着担子送他俩到了省队。李小双训练十分刻苦，为了拉韧带，教练压在他细嫩的腿上，他却不掉泪直至过关。为了练单杠,他磨破了双手,鲜血染红了单杠。但命运却一直捉弄这个小伙子。他2次被国家队拒绝,在进入国家队后也不被重视,为此李小双心想,第11届亚运会一定要让教练看看自己的本领且最终如愿夺得男子自由体操个人金牌。1991年,命运再次捉弄李小双,他身体多次受伤,在测试3周新动作时摔成轻微脑震荡。接着,在世界体操锦标赛上李小双发挥失常,被挤出决赛圈。但他没有退缩,在巴塞罗那奥运会队友连续失利的情况下,他不负众望,大胆使用“后空翻三周”动作,为中国体操队在巴塞罗那奥运会夺得了1块金牌。

◆背景介绍

李小双,1973年生于湖北仙桃一个普通的工人家庭,1983年进入省队,1989年进入国家队。1983—1989年,因身体条件并不出众,他还曾两进两出国家队。

◆科普知识

中国体操队在训练体操运动员的时候,首先要训练他们的肌肉水平和持久能力,经常先做很多体能训练,再进行技巧上的讲解,让他们多多练习。平时的训练堪称魔鬼训练,只有具备坚强意志的人才能坚持到最后,所以他们能够取得这样的成就非常不容易。年复一年、日复一日地练习,真的非常辛苦,就为了上台表演或比赛的几分钟,台下的他们付出了太多的汗水和泪水。

◆主要观点

李小双之所以能够取得成功,享受成功的喜悦,与他的自信是分不开的。一句“咱们亚特兰大再见”无疑是一份自信的展示。可现实生活中,有的人遇到一点儿困难与挫折,就怀疑自己的能力,打退堂鼓,与李小双相比,真是天壤之别。

◆思考一下

当你面对挫折、失败时,是否有自信去战胜它,是否有足够的信心去面对任何困难?

复习思考题

1. 营养素的概念及分类。
2. 力量性项目的膳食营养应注意什么?
3. 人体的能量消耗包括哪几个部分?

第四章　运动处方

第一节　运动处方概述

一、运动处方概念

“运动处方”这一术语20世纪50年代由美国生理学家卡波维奇提出，至20世纪60年代因其被用于冠心病患者的康复而引起心血管疾病的革命而受重视。1969年，世界卫生组织正式采用“运动处方”这一术语进而得到了国际上广泛认可，其概念和内容得到不断完善和充实。世界各国特别是经济发达国家对运动处方的理论和实践进行了大量研究，并将运动处方广泛应用于健身锻炼、预防和治疗疾病中。依据运动处方进行的体育活动，既安全可靠又有计划性，可在较短时间起到健身、预防疾病和疾病康复作用。

运动处方是指由运动健康指导师、运动处方师、康复医师、康复治疗师、社会体育指导员或临床医生等专业人员依据锻炼者的年龄、性别、个人健康信息、医学检查、体育活动的经历以及体质测试结果，如心肺耐力等，以健身为目的，以处方的形式，制定系统化、个性化的体育活动指导方案。运动处方的基本内容包括运动频率（Frequency）、运动强度（Intensity）、运动时间（Time）、运动方式（Type）、运动量（Volume）和运动处方实施进程（Progression）6项基本内容，即运动处方的FITT-VP原则。在制订运动处方时，还应明确运动中的注意事项及运动中的医务监督力度。在实施过程中，应注意观察锻炼者的反应和健身效果，及时调整运动处方。

运动处方与医生开的药方相似，是在获取锻炼者或患者的基本信息、医学检查结果之后制订的与运动相关的处方；制订运动处方之前，还应进行危险分层和体质测试。

二、运动处方特点

运动处方的特点主要表现在个体化、系统化、安全有效三个方面。

（一）个体化

在制订运动处方之前首先要了解锻炼者的年龄、性别、个人健康信息、体育活动的经历、医学检查信息以及体质测试结果，如心肺耐力、身体成分、肌肉力量、肌肉耐力、柔韧性等，综合判断锻炼者的健康状态、体力活动现状、有无疾病或危险因素等具体情况之后，再有针对性地制订运动处方。

（二）系统化

运动处方的基本内容包括运动频率、运动强度、运动方式、运动时间、总运动量和运动处方实施进程，还包括运动中的注意事项和运动中医务监督的力度等。

（三）安全有效

按照运动处方有计划地进行身体锻炼，能够以较短的时间、适宜的运动负荷获得较大的锻炼效果，有效地提高身体机能，达到预防和治疗某种慢性疾病的目的。同时，运动处方显著减少运动伤病的发生率，达到事半功倍的效果。

三、运动处方发展史和研究现状

早在公元前被誉为西方医学之父的希波克拉底就指出“如果我们能够给每一个人适当的营养和适量的运动，既不是太少，又不是太多，我们会发现通向健康最安全的路径”。进入 19 世纪，哈佛大学海明威体育馆总监达德利·萨金特医学博士就提出了运动测试与运动处方的概念。

国外对运动处方发展做出重要贡献的学者主要有美国的运动医学专家肯尼斯·库珀、德国的阿肯·霍尔曼和日本的猪饲道夫。

20 世纪 60 年代末 70 年代初，肯尼斯·库珀提出，应根据每人的情况开运动处方，也就是说必须能确定适当的运动量，以保证运动后能收到良好效果。库珀创造了闻名世界的耐力训练法——有氧训练法，特别是 12 min 跑测试，库珀根据测试结果制定了很好、良好、及格、不及格和很差 5 类心肺耐力测试标准。测试者可根据自己的心肺耐力纳入相应的一类进行适当运动。

德国阿肯·霍尔曼研究所从 1945 年起对运动处方的理论和实践进行了大量研究，成绩卓著。他们制订健康人、中年人、运动员以及高血压病、心肌梗死、糖尿病、肥胖病人群的各类运动处方，并对市民开展运动处方的应用和咨询工作。

日本在东京大学运动生理学教授猪饲道夫的倡导下，于 1970 年成立了日本体育科学中心，1971 年这个中心成立了运动处方研究委员会，并跨越全国组织了 20 多个研究小组,获得了丰富的实践经验和理论研究成果。

美国运动医学会在运动处方的发展过程中,发挥非常重要的作用,首次出版了《ACSM 运动测试与运动处方指南》,截至 2017 年书的已发行第 10 版,书的每一版都综合了世界各国专家的研究成果,对原内容进行补充与修改,《ACSM 运动测试与运动处方指南》一书的内容已代表了运动处方的最新研究成果,被誉为全球科学健身的金标准,形成了运动处方的 FITT-VP 原则。

我国历史上根据医学史记载,早在公元前 3000 年,阴康氏就发明了一种舞蹈,用来缓解关节病痛,将运动作为康复手段。距今 2600 多年的《黄帝内经》已有运动结合意念和呼吸用于临床治疗的相关记录,成为运动处方的雏形。公元前 239 年前后,《吕氏春秋》提出了“动以养生”的观念。长沙马王堆三号汉墓出土的《导引图》有 40 多处描绘了各种年龄的人做收腹、踢球、深呼吸等动作。此外,东汉名医华佗(约公元 145—208 年)创始的“五禽戏”,隋代太医巢元方(公元 605—616 年)编著的《诸病源候论》中的运动疗法,明清时期在民间广为流传的“八段锦”,都为我国运动处方的产生和应用奠定了基础。

我国于 20 世纪 80 年代初期引入运动处方的概念和理论,经过 20 多年的应用推广和科研探索,取得了长足进步。

运动处方是非药物治疗方式最重要的组成之一。进入 21 世纪以来,不论在国内还是国外,运动处方的研究与应用均有了很大进展。主要发展趋势为:运动处方从康复领域的应用逐渐发展到疾病预防和健身领域(如健康管理中心、健康体检中心、健身房、健康社区会所、学校体育、体育科研机构、养老院和疗养院等);由心脏康复运动处方发展到增强体质健康、减缓多种心血管疾病风险的运动处方;由单一提高心肺耐力的运动处方发展到多方位的力量练习处方、柔韧性练习处方;简化了运动前健康筛查流程;运动处方程序由人工制订发展到信息化处理、App 技术应用等。运动处方的应用面更加广泛、个体化程度更加凸显,适应病种不断增加。运动处方明确了运动风险的危险分层方法,重点关注那些确诊疾病的人群,针对低危、中危、高危人群分别进行运动测试,给予医务监督建议。同时,运动处方还明确了经过适当培训的非医务人员也能安全地进行临床运动测试,有助于临床运动测试在更多实践领域的推广。

与国外运动处方的研究与应用相比,我国尚缺乏大样本、大规模、多指标、长时间追踪以及多学科之间协作的相关研究。因此,加强基础理论的研究,建立不同人群的运动处方库,扩大慢性疾病种类运动处方的研究,提高运动处方个性化的研究,促进我国传统体育手段在运动处方中的应用,简化运动测试流程,加强运动中监测方法,增强运动处方信息化与可穿戴设备的融合,强化 App 技术应用方面的研究等,将会使我国运动处方的推广应用更加深入和系统。

四、运动处方分类

随着运动处方应用的不断扩大，运动处方分类的方法也在不断改进，采用不同的方法，可将运动处方分为不同的种类。根据锻炼人群可将运动处方分为健身性运动处方、慢病预防性运动处方和康复性运动处方；根据锻炼作用可以分为心肺耐力运动处方、力量练习运动处方、柔韧性练习运动处方。

（一）根据锻炼人群分类

1. 健身性运动处方

健身性运动处方的主要目的是指导锻炼者根据自己的实际情况，采取适当的体育活动进行科学锻炼，以便安全有效地提高健康水平，改善机能状态，增强“健康体适能”，预防诱发心血管疾病的危险因素，如高血压、血脂异常、高血糖、肥胖症等，实现零级预防的目的。健身性运动处方广泛用于学校、社区、健身机构、疗养院和科研机构等。健身性运动处方主要由体育教师、社会体育健身指导员、私人健身教练和运动处方师等制订。

2. 慢病预防性运动处方

慢病预防性运动处方，主要是针对不同心血管疾病风险因素（如患有高血压前期或早期、血脂异常、糖尿病前期或早期、轻度肥胖症的锻炼者），制订个体化的运动处方。慢病预防性运动处方主要目的是逆转心血管疾病风险因素或延缓风险的发展，预防心血管疾病的发生，实现一级预防的目的。慢病预防性运动处方主要用于学校、社区、健身机构、健康管理机构、疗养院和科研机构等。慢病预防性运动处方主要由接受运动人体科学专业培训的体育教师、运动健康指导员、社会体育健身指导员、私人健身教练和运动处方师等来制订。

3. 康复性运动处方

康复性运动处方的对象，是经过临床治疗达到基本痊愈，但遗留有不同程度身体机能下降或功能障碍的患者，如冠心病患者、脑卒中患者、手术后患者以及已经得到一定控制的慢性病患者（如高血压患者、血脂异常患者、糖尿病患者、肥胖症患者等）。康复性运动处方的目的是通过运动疗法帮助患者改善身体机能，缓解症状，减轻或消除功能障碍，预防疾病加重或者出现并发症，减少疾病的危害；通过运动处方的实施可以防止伤残和促进功能恢复，尽量提高患者的生活自理能力和工作能力，提高生命质量，延长寿命，降低病死率，实现二级和三级预防。康复性运动处方主要用于综合医院的康复科、康复医疗机构和健康管理机构，也用于社区康复工作中。康复性运动处方主要由康复医师、康复治疗师（士）和运动处方师来制订。

（二）根据锻炼作用分类

1. 心肺耐力运动处方

心肺耐力运动处方以提高心肺耐力为主要目标，它早期用于发展运动员的心肺耐力以提高其训练水平。20 世纪 60 年代，心肺耐力运动处方在急性心肌梗死患者抢救或心脏搭桥术后的康复锻炼中发挥了重要作用。这类患者按照运动处方进行系统锻炼，可以缩短住院时间，更快地恢复生活能力，故又被称为心脏康复运动处方。20 世纪 60 年代以后，心肺耐力运动处方除用于急性心肌梗死康复之外，还被广泛用于心肺耐力低下（如长期静坐少动人群）、慢性心血管疾病（如冠心病、高血压）、代谢疾病（如糖尿病、肥胖症）、长期卧床引起心肺功能下降等疾病的预防、治疗和康复。

大量研究证实，心肺耐力是体质健康的核心要素，提高心肺耐力可以减缓多种疾病的发病率和死亡率。在全民健身计划实施的过程中，心肺耐力运动处方被用于科学健身的指导，以提高锻炼者的心肺耐力，维持合理的身体成分，改善代谢状态，缓解或配合药物治疗高血压、血脂异常、糖尿病等疾病，预防动脉粥样硬化性疾病的发生。

2. 力量（抗阻）运动处方

力量（抗阻）运动处方的主要作用是提高肌肉力量、肌肉耐力和爆发力。肌肉力量的增强可以降低心血管疾病的风险因素、全因死亡率和心脏病发作的概率。通过规律力量练习，锻炼者不仅可以提高肌肉力量，同时机体中与健康相关的生物标志物也会发生一系列明显变化，包括改善身体成分、血糖水平、胰岛素敏感性以及高血压前期到早期患者的血压。锻炼者借助力量（抗阻）练习不仅可以增大肌肉力量和体积，还可以有效地增加骨密度和骨矿含量，同时还可能预防、减缓甚至逆转骨质疏松症患者的骨质流失，并且可以提高萎缩肌肉的力量，加大肌肉横断面和体积，达到改善肢体运动功能的作用。

力量（抗阻）运动处方可以用于普通健身者增强肌肉力量和耐力的训练，也可以用于增肌者（如健美者）、需要进行体重管理者（如肥胖症）和老年人，特别是老年性肌少症者的训练中，还可以用于因伤病导致肢体长期制动者、长期卧床者等的废用性肌肉萎缩的康复中，或身体发育畸形的矫正训练中等。

力量（抗阻）运动处方的出现晚于心肺耐力运动处方，是在 20 世纪 80 年代后逐步完善起来的。力量（抗阻）运动处方的发展过程明确了骨骼肌对力量（抗阻）训练的适应性结果、力量（抗阻）训练的神经适应性、力量（抗阻）训练师心血管适应性、力量（抗阻）训练的内分泌反应、力量（抗阻）类运动的代谢变化以及因力量（抗阻）训练造成结缔组织和骨骼改变的意义等，进一步明确了力量（抗阻）训练是“利用阻力对抗肌肉的活动，可以增强肌肉力量、爆发力、肌肉耐力，增加骨骼肌体积”。

3. 柔韧性运动处方

柔韧性运动处方是以柔韧性练习为主要内容，根据个体化的训练目标来提高关节活动幅度，延伸关节周围软组织的伸展性，改善神经对骨骼肌的调节作用，减少锻炼者的肌肉韧带损伤，预防腰痛，缓解肌肉酸痛的运动处方。柔韧性练习是适量运动的组成成分，在全民健身运动中可用于提高身体的柔韧性，预防随年龄增长而导致的关节活动幅度下降。在康复医学中通过各种主动、被动的柔韧性练习，使因伤病而受影响的关节活动幅度得以维持、增加或恢复到正常的范围，同时起到改善肢体运动功能的作用。

五、运动处方基本内容

运动处方应根据处方对象的个人情况，明确了处方的目的，完成了相应的功能评定之后着手制订。一个完整的运动处方应包括处方对象的基本信息、医学检查及健康体适能测试结果与评定、锻炼目标、处方的基本原则和注意事项等内容。

（一）运动处方对象的基本信息

运动处方对象的基本信息包括姓名、性别、年龄、运动史等情况。

（二）医学检查及健康体适能测试与评定

医学检查结果应明确有无代谢异常及程度，有无心血管疾病的症状及体征，有无已经明确诊断的疾病。健康体适能测试结果应明确心肺耐力的等级或体脂率、主要肌群的力量及等级，以及身体柔韧性测试结果及评价。

（三）锻炼目标

运动处方在制订前，首先应明确锻炼目标，或称为“近期目标”。

耐力运动处方的锻炼目标通常是提高心肺耐力、减脂、降血脂，降低冠心病风险因素，防治高血压、糖尿病等。

力量（抗阻）和柔韧性练习运动处方的目标应当具体到将要进行锻炼的部位，如加大某关节的活动幅度，增强某肌群的力量等。力量（抗阻）运动处方中还需要确定增强何种力量，如是向心力量还是离心力量，以便采用不同的练习方法。

康复锻炼运动处方需要考虑康复锻炼的最终目标，或称为“远期目标”。例如，达到可使用轮椅进行活动、使用拐杖行走、恢复正常步态、恢复正常生活能力和工作能力、恢复参加运动训练及比赛的要求等。

（四）运动处方的基本原则

运动处方的基本原则采用美国运动医学会提出的 FITT-VP 原则：

(1) 运动频率。它指每周锻炼的次数。通常每周锻炼3～5次,有一定休息时间,可使机体得到“超量恢复”,收到更好的锻炼效果。

(2) 运动强度。它指运动中的费力程度。在有氧运动处方中,运动强度决定于走或跑的速度、蹬车的功率、爬山时的坡度等。在力量(抗阻)运动处方和柔韧性运动处方中,运动强度决定于给予助力或阻力的负荷重量。运动强度制订是否恰当,关系到锻炼的效果及锻炼者的安全。因此,应按个人特点规定锻炼时应达到的有效强度和不宜超过的安全界限。

(3) 运动时间。它指在耐力运动处方中完成既定运动强度的总时间。在力量(抗阻)运动处方和柔韧性运动处方中,则需要规定完成每个动作重复次数、组数及间隔时间,不同的锻炼方案将收到不同的锻炼效果。

(4) 运动方式。它指明确采用某种形式或类型的运动。例如,采用快走、慢跑、有氧健身操、游泳等有氧运动的形式可提高心肺耐力;或者采用力量(抗阻)练习、柔韧性练习、医疗体操、功能练习和水中运动等可锻炼肢体功能;针对偏瘫、截瘫和脑瘫患者可按神经发育原则采用治疗方法,可能还需要采用肢体伤残代偿功能训练和生物反馈训练等。

(5) 运动量。它指运动量的大小取决于运动频率、运动强度、运动时间等多种因素。

(6) 运动处方实施进程。它指运动处方实施的进程,通常分为适应期、提高期和稳定期。

(五) 注意事项

为保证安全,根据运动处方对象的具体情况,运动处方制订应对处方对象提出锻炼时应当注意的事项。例如,锻炼前后分别要做好准备活动和整理活动,运动中不要超过既定的运动强度,进行力量(抗阻)练习时不要屏息等。

第二节　运动处方制订步骤

一、全面了解运动处方对象的体适能和健康状况

运动处方在制订之前,一定要通过询问、问卷调查、医学检查、体适能测试等途径,了解处方对象的体适能和健康状况,需要了解的内容有身体发育情况、家族史、疾病史、目前伤病情况和治疗情况、近期身体健康检查结果、体适能测试结果、运动史和近期锻炼情况等。

全面了解运动处方对象的体适能和健康状况的目的是:

(1) 确定运动处方的目的。通过全面了解运动处方对象,有助于确定运动

处方的目的。

(2) 进行危险分层,明确运动功能测试方案及医务监督力度。通过全面了解,确定运动处方对象的疾病史、医学检查等情况,了解有无运动禁忌证,或暂时禁忌运动的情况,便于确定心肺耐力及其他运动功能的测试方案,以及测试和运动中医务监督的力度,以保证在心肺耐力测试和锻炼过程中的安全。

二、确定运动处方的目的

(1) 为了预防疾病、改善体适能,如为了提高心肺耐力,增强肌肉力量,提高柔韧性。

(2) 为了减轻或延缓疾病的危险因素,如为减少多余的脂肪,控制血压、血糖、血脂,消除或减轻功能障碍等。

(3) 为了进行疾病或功能障碍的康复治疗。因运动处方的目的不同,须采用不同的运动功能评定方法,并按照不同的原则制订运动处方。

三、健康体适能的测试与评定

健康体适能的测试与评定是制订运动处方的依据,这种测试与评定重点检查心肺耐力及相关器官的功能状况。例如,运动处方目的是为提高心肺耐力,或控制体重、血压、血糖、血脂等,应做心肺耐力测试与评定;运动处方目的是为增强肌肉力量和耐力,需要做肌力的测定;运动处方目的是为提高柔韧性,应做关节活动幅度的测定;以肢体功能障碍康复为目的时,须做临床医学检查、关节活动幅度评定、肌肉力量评定和步态分析等。

四、制订运动处方

功能检查的结果是制订运动处方的依据。运动处方在制订时,要充分体现个体化特征。除了功能评定结果外,还须考虑运动处方对象的性别、年龄、健康状况、锻炼基础、客观条件和兴趣爱好等,安排适当的锻炼内容。

五、指导实施运动处方

在按照运动处方开始进行锻炼之前,处方制订者应帮助处方对象了解处方中各项指标的含义,对如何实施运动处方提出要求。处方对象第一次按照运动处方锻炼时,应当在处方制订者监督指导下进行,让处方对象通过实践了解如何实施运动处方要求;有时需要根据处方对象的身体情况对运动处方进行适当调整。慢性疾病、肢体功能康复者锻炼时,最好有专业人员指导,并根据锻炼后的效果,及时调整运动处方。

六、监督运动处方执行情况

通过检查锻炼日记，定期到锻炼现场观察，或请运动处方对象定期（每周1次或2周1次）到实验室，在监测下进行锻炼，对其执行运动处方的情况进行监督。有研究表明，在监督下进行锻炼，还可以根据处方对象功能的提高，及时调整运动处方，以取得更好效果。

七、定期调整运动处方

按照运动处方进行锻炼，处方对象一般在6～8周后可以取得明显的阶段性效果。此时，需要再次进行功能评定，检查锻炼的效果，调整运动处方，以保证取得更好的锻炼效果。

第三节　运动前健康筛查

运动在给人们带来诸多益处的同时，也不可避免会发生一些风险，如肌肉韧带拉伤、皮肤擦伤、骨折、关节脱位、运动性腹痛、晕厥、头晕、胸痛，甚至运动性猝死……因此，为保证在运动测试和运动中的安全性及有效性，一定要对拟参加运动的人员进行健康筛查。运动前健康筛查是制订运动处方的重要科学依据。

运动前进行健康筛查的目的是：①排除有运动禁忌证的人群；②增加运动测试、运动中的安全性；③制订、实施安全有效的运动处方。

一、自我筛查

运动前自我筛查主要采用体力活动准备问卷和运动前健康筛查问卷（由美国心脏病协会和美国运动医学会的健康体适能机构修改）的调查法。

（一）体力活动准备问卷

此问卷是目前国际上公认的在运动测试和运动前必须进行调查的问卷，适用15～69岁人群。通过问卷调查，可明确在运动测试和运动前是否需要咨询相关的专业医生。如果受试者年龄超过69岁，且无规律体力活动习惯，在运动测试和运动前一定要咨询相关的专业医生。

体力活动准备问卷内容如下：

(1) 医生是否告诉过你患有心脏病并且只能参加医生推荐的体力活动？

(2) 当你进行体力活动时，是否感觉胸痛？

(3) 自上个月以来，你是否在没有参加体力活动时发生过胸痛？

(4) 你是否曾因头晕跌倒或曾失去过知觉？

(5) 你是否有因为体力活动变化而加重的骨或关节疾病(如腰背部、膝关节、髋部)?

(6) 最近医生是否因为血压或心脏问题给你开过药(如静脉输液、口服药物)?

(7) 你是否知道一些你不能进行体力活动的其他原因?

如果对体力活动准备问卷的所有问题回答都是“否”,便可以参加运动测试和运动指导,但要注意应循序渐进进行。如果对上述一个或更多问题回答了“是”,则需要向相关的专业医生咨询,告诉医生对哪些问题的回答是“是”,希望参加哪些类型的体力活动,然后听从医生的建议,有针对性地制订安全、有效的运动测试方案和运动处方。

注意事项:①该问卷的有效期是从完成问卷开始后 12 个月之内,如果其间身体状况发生变化,有回答“是”的问题,之前的问卷结果就无效,需要重新回答问卷内容;②该问卷使用时,须采用完整形式,不得随意改动。

(二) 运动前健康筛查问卷

运动前健康筛查问卷主要包括以下内容:

1. 病史

这项工作主要询问运动对象有无心脏病,是否进行过与心脏有关的手术,如心脏导管检查术、心脏移植术和经皮冠状动脉成形术,是否安装起搏器、植入式心脏除颤器和电复律器,是否患有心脏瓣膜病、心力衰竭,是否正在服用治疗心脏病的药物等。

2. 症状

这项工作主要询问运动对象有无用力时胸部不适,不明原因的呼吸困难,头晕眼花、晕倒或眩晕,脚踝水肿,由于快而强的心跳而感觉身体不适等症状。

3. 其他健康问题

这项工作主要询问运动对象有无糖尿病、哮喘或其他肺部疾病;短距离行走时,有无间歇性跛行(不走路的时候没有明显不适,但短距离行走时,一侧或双侧下肢就会出现酸胀不适感,以致不得不停止行走且休息,休息一段时间后这种不适感消失,又可以继续行走,这种现象在临床上称为间歇性跛行)。

4. 心血管疾病危险因素

心血管疾病危险因素判断标准如表 4-1 所示。

表 4-1　心血管疾病危险因素判断标准

相关性	危险因素	判断标准
正性	年龄	男性≥45 岁，女性≥55 岁。
	家族史	在一级亲属中，男性亲属在 55 岁之前、女性亲属在 65 岁之前发生过心血管事件或心源性猝死。
	吸烟史	目前正在吸烟，戒烟不足 6 个月或吸二手烟。
	肥胖	体重指数≥28 kg/m³；或者腰围女性≥80 cm、男性≥85 cm。
	高血压	收缩压≥140 mmHg 和/或舒张压≥90 mmHg，至少在 2 次不同时间测量后确定；或正在服用降压药物。
	糖尿病前期	空腹血糖调节受损：空腹血糖为 6.1～6.9 mmol/L；和/或糖耐量异常：餐后2 h血糖为 7.8～11.0 mmol/L。
	血脂代谢异常	低密度脂蛋白胆固醇≥3.37 mmol/L，或高密度脂蛋白胆固醇<1.04 mmol/L，或总胆固醇≥5.18 mmol/L，或甘油三酯≥1.70 mmol/L；或正在服用降脂药物。
	静坐少动的生活方式	至少 3 个月没有参加每周至少 3 天、每天不少于 30 min 的中等强度体力活动(40%～60%储备摄氧量)。
负性	高密度脂蛋白胆固醇	高密度脂蛋白胆固醇≥1.55 mmol/L。

二、医学筛查

专业健康管理人员或相关专业医生须对参加运动人员进行医学筛查，其内容主要包括医学史、体格检查和实验室检查等。

(一) 医学史

1. 病史

(1) 心血管疾病。心功能衰竭、心脏瓣膜病变、心肌梗死、冠状动脉支架术、心脏起搏器植入、心律失常射频消融术和心脏移植等。

(2) 肺部疾病。哮喘、肺气肿、支气管炎和慢性阻塞性肺疾病等。

(3) 骨关节疾病。骨质疏松症、退行性关节炎、滑囊炎、滑膜炎、颈椎病、腰椎病、肩周炎、骨质增生、风湿或类风湿性关节炎和股骨头坏死等。

(4) 脑血管疾病。脑出血、脑血栓和短暂性脑缺血。

(5) 血液疾病。贫血和系统性红斑狼疮等。

(6) 其他疾病。癌症、精神紊乱和饮食障碍等。

2. 症状或体征

这项工作主要筛查心血管、肺部或代谢性疾病引起的主要症状和体征，如胸痛、气短、脚踝水肿、头晕眼花、晕厥、间歇性跛行、心悸或心慌感、心脏杂音等。

3. 用药史、过敏史

这项工作主要询问目前正在服用的药物(包括保健品)；对某种药物、食物、花粉、冷空气等是否过敏。

4. 家族史

这项工作主要询问直系亲属(如父母、兄弟姐妹)有无心脏病、肺部疾病、代谢性疾病、脑卒中或猝死。

5. 体力活动或运动习惯

这项工作主要询问是否经常从事体力活动或有运动习惯,每天运动时间、强度、频率、类型等。

6. 其他生活习惯

这项工作主要询问有无饮酒、吸烟、饮咖啡、吸食毒品或其他违禁药物等。

(二) 体格检查

体格检查是检查者通过自己的感官或借助于简单的器具对被检查者身体进行一系列医学检查,以了解被检查者身体的健康状况、发育程度及机能水平等。通过对被检查者进行详细规范的体格检查,可以达到如下要求:①判断被检查者的整体健康状况;②发现被检查者身体存在的异常(如超重、肥胖、血压高、心肺功能障碍、脊柱四肢异常、神经功能受损等),这些异常可能会限制其参加某些运动项目;③筛选出被检查者患伤病的因素,是否有肩、腰、膝、足踝部的损伤;④对被检查者能参加何种运动、运动量大小进行评价;⑤对提高被检查者健康水平和运动锻炼的注意事项提出建议。

体格检查常采用视诊、触诊、叩诊、听诊等基本方法。体格检查的内容很多,应根据检查的对象及其目的进行选择。体格检查的重点是心血管系统、呼吸系统、骨骼肌肉系统和神经系统,主要包括体重、身高、体温、血压、心率、肺部检查、心脏检查、腹部检查、下肢检查、皮肤检查、骨关节检查和神经功能检查。在特殊情况下,体格检查需要借助医疗辅助仪器和生化检验等方法,如X线、超声波、心电图、血液生化检验等。制订运动处方的人员或其他体育工作者有必要通过协助医生检查,懂得如何对检查结果进行分析和判断,以制订合理的运动方案。

1. 心率

心率是反映运动强度最直观的指标。在正常生理状态下,成人安静时心率为60～100次/min,节律整齐,脉率和心率一致。测量心率的方法主要有指触法、心音听诊法、心率遥测法和心电图记录法4种。

若心率小于60次/min,称为窦性心动过缓,常见于经常参加训练、比赛的运动员,是对长期系统训练的适应,为身体机能状况良好的表现之一。优秀运动员心率一般在40～50次/min。

若心率大于100次/min,称为窦性心动过速,常见于运动者运动后、吸烟时、饮酒后、紧张时的情况下。

(1) 运动中心率。运动中心率可用于判断机体的疲劳程度和控制运动强度。一般情况下,运动时的心率与运动强度的增加成正比。如果在定量负荷中,运动中的心率较安静时的心率增加不明显,则表明心血管机能较好。在递增负荷试验中,同一心率水平负荷强度越高、负荷量越大,则心血管机能越好。

(2) 运动后心率。运动后心率可在定量运动负荷后检测心率的恢复速度,它反映运动者的疲劳程度。身体机能良好的运动者心率恢复速度较快,疲劳时恢复速度减慢。

2. 血压

血压是指血液在血管内流动时,对血管壁产生的侧压力。一般测量的是肱动脉血压。

如果安静状态下血压比平时升高 20%左右且持续 2 天以上,可视为身体机能下降或过度疲劳。

(1) 运动中血压。一般情况下,运动中收缩压随运动强度的加大而升高,舒张压不变或有轻度上升或下降。

(2) 运动后血压。运动后血压恢复较快表明身体机能较好;运动后收缩压明显上升、舒张压也上升或血压反应与强度刺激不一致、恢复时间延长等,说明身体机能状况不佳。

(三) 实验室检查

实验室检查是运用物理学、化学、生物学等学科的实验技术,对被检查者的血液、体液、骨髓、排泄物和分泌物等标本进行检测,以获取机体相关器官的功能状态评价。实验室检查主要是检查被检查者有无病理变化,包括血液常规、尿液常规、血脂、血糖、肝功能和肾功能等检测。

1. 血液常规

血液常规是最基本的血液检测。血液由液体和有形细胞两大部分组成,血液常规检测是检验血液细胞,部分检查的项目有红细胞、血红蛋白、白细胞及白细胞分类计数。上述检测各血细胞数量变化及形态分布情况是医生诊断病情常用的辅助检查手段之一。

(1) 红细胞及血红蛋白。

红细胞参考标准:男性 $4.0\times10^{12}\sim5.5\times10^{12}$/L、女性 $3.5\times10^{12}\sim5.0\times10^{12}$/L;血红蛋白参考标准:男性 120～160 g/L、女性 110～150 g/L。

意义:红细胞及血红蛋白生理性减少主要见于婴幼儿、15 岁以前的儿童、部分老年人和妊娠中后期的女性。红细胞及血红蛋白病理性减少见于各种贫血。

(2) 白细胞及白细胞分类计数。

白细胞参考标准:成人 $4\sim10\times10^{9}$/L;白细胞分类计数的参考标准:中性粒

细胞 50%～70%；嗜酸性粒细胞0.5%～5%；嗜碱性粒细胞 0～1%；淋巴细胞 20%～40%；单核细胞 3%～8%。

意义：中性粒细胞病理性增多常见于急性细菌性感染、广泛的组织损伤或坏死，急性溶血、急性失血。淋巴细胞病理性增多常见于感染性疾病（如病毒）和血液病（淋巴癌、急慢性淋巴细胞性白血病等）。

2. 尿液常规

尿液常规常用指标有红细胞计数、白细胞计数、尿蛋白、尿糖等。

（1）尿红细胞计数。

参考标准：0～3 个/显微镜下可视计数。

意义：血尿包括显微镜下可见血尿和肉眼可见血尿。前者是指尿色正常，但尿沉渣显微镜检红细胞大于 3 个/显微镜下可视计数；后者是指尿液色呈洗肉水色或血色。血尿多见于泌尿系统结石、泌尿系统肿瘤、急慢性肾小球肾炎、急性肾盂肾炎，运动者长时间、大强度运动时会导致运动性血尿。

（2）尿白细胞计数。

参考标准：0～5 个/显微镜下可视计数。

意义：尿液中如有大量白细胞，多为泌尿系统细菌感染，如肾结核、肾盂肾炎、膀胱炎和尿道炎等。

（3）尿蛋白。

参考标准：定性试验阴性，定量试验 0～80 mg/24 h。

意义：尿蛋白定性试验阳性或定量大于 150 mg/24 h，称为蛋白尿。生理性蛋白尿指泌尿系统无器质性病变，尿内暂时出现蛋白质，程度较轻，持续时间短，诱因去除后会消失，又称功能性蛋白尿，主要由于大强度、剧烈运动，发热、紧张等应激状态导致。病理性蛋白尿是由于各种肾脏疾病及肾外疾病所致的蛋白尿，多为持续性蛋白尿，主要见于肾小球肾炎、肾病综合征、肾盂肾炎等肾脏疾病以及糖尿病、高血压病、系统性红斑狼疮等继发性肾小球疾病。

（4）尿糖。

参考标准：定性试验阴性。

意义：尿糖定性试验阳性或定量增高，称为糖尿（也称葡萄糖尿）。血糖增高性糖尿常见于糖尿病、甲状腺功能亢进、嗜铬细胞瘤、肝功能不全、胰腺炎和胰腺癌等。血糖正常性尿糖常见于慢性肾炎、肾病综合征和家族性尿糖等。

3. 血脂

血脂是血浆中的胆固醇、甘油三酯和类脂（磷脂、糖脂、固醇、类固醇）的总称，它们广泛存在于人体中。血脂检测可作为脂质代谢紊乱及相关疾病的诊断标准。通常检测的指标包括总胆固醇、甘油三酯、高密度脂蛋白胆固醇和低密度脂蛋白胆固醇 4 项。

（1）参考标准：总胆固醇小于 5.2 mmol/L；甘油三酯小于 1.7 mmol/L；低密度脂蛋白胆固醇小于 3.4 mmol/L；高密度脂蛋白胆固醇大于等于 1.0 mmol/L。

（2）意义：①总胆固醇常作为动脉粥样硬化预防、患病估计、疗效观察的参考指标；②甘油三酯受生活习惯、饮食、年龄等因素的影响，在个体内及个体间的波动较大，必须空腹 12 h 后静脉采血测试，才能减少饮食因素的影响。甘油三酯的升高常见于肥胖症、糖尿病、原发性高脂血症、痛风、高脂饮食、大量酗酒后、妊娠期和口服避孕药等。

（3）高密度脂蛋白胆固醇可将沉积在血管壁上的胆固醇转运至肝脏而清除，所以其具有抗动脉粥样硬化的作用，是一种很强的逆转心血管疾病危险因素的保护因子，与冠心病的发病呈负相关。高密度脂蛋白胆固醇的降低常见于动脉粥样硬化、糖尿病、慢性肾衰竭和肾病综合征等，可用于评价患冠心病的危险性。

（4）低密度脂蛋白胆固醇在动脉内膜下积聚容易形成动脉粥样硬化，所以它是导致动脉粥样硬化的因子，临床常用其判断发生冠心病的危险性。低密度脂蛋白胆固醇水平的升高与冠心病发病呈正相关。

4. 血糖

正常情况下，人体内糖的分解与合成处于平衡状态，血液浓度相对稳定，是体内能量的主要来源。血糖测试可了解糖代谢的情况，是目前诊断糖尿病的主要依据，也是判断病情的主要指标，血糖检测分为空腹血糖和餐后 2 h 血糖。

意义：血糖检测是目前诊断糖尿病的主要依据，也是判断病情的主要指标。①血糖升高。生理性血糖升高见于餐后 2 h 以内、高糖饮食、剧烈运动、情绪激动等，但一般不会超过 10.0 mmol/L。病理性血糖升高见于各种糖尿病、内分泌疾病（如甲状腺功能亢进症、巨人症、皮质醇增多症、胰高血糖素瘤）、应激性高血糖（心肌梗死、大面积烧伤、颅脑外伤）、药物影响（口服避孕药、噻嗪类利尿剂）、肝脏和胰腺疾病（严重的肝病、坏死性胰腺炎）。②血糖下降。空腹血糖低于 3.9 mmol/L时为血糖下降，当低于2.8 mmol/L时称为低血糖症。生理性血糖下降见于饥饿、运动时间过长和妊娠期。病埋性血糖卜降见十胰岛素过多（胰岛素用量过多、口服降糖药过量、胰岛 B 细胞增生或肿瘤、胰腺腺瘤）、抗胰岛素激素分泌不足（肾上腺皮质激素、生长激素缺乏）和慢性消耗性疾病（严重营养不良、恶病质）。

三、心血管疾病的危险分层

（一）心血管疾病的危险分层依据

（1）是否有已确诊的心血管、肺部、肾脏或代谢性疾病。

(2) 是否有心血管、肺部或代谢性疾病的症状或体征。

(3) 心血管疾病危险因素的个数。

(二) 心血管疾病的危险分层标准

(1) 低危。无疾病、无症状或体征,小于等于 1 个危险因素。

(2) 中危。无疾病、无症状或体征,大于等于 2 个危险因素。

(3) 高危。有症状或体征,或有已确诊的疾病。

(三) 心血管疾病的危险分层意义

部分人群在参加不习惯或较大强度的体力活动时,运动相关的风险事件(如猝死、急性心肌梗死)会明显增加。因此,在进行运动前需要进行心血管疾病危险分层,如中、高危人群运动测试需进行必要的医务监督。

(四) 心血管疾病的危险分层建议

心血管疾病的危险分层建议如表 4-2 所示。

表 4-2　心血管疾病的危险分层

危险分层		运动前医学检查	运动前运动测试	运动测试时医务监督
低危	中等强度	不必要	不必要	不必要
	较大强度	不必要	不必要	不必要
中危	中等强度	不必要	不必要	不必要
	较大强度	推荐	不必要	不必要
高危	中等强度	推荐	推荐	推荐
	较大强度	推荐	推荐	推荐

四、运动测试禁忌证

运动测试并不是所有人都适合做。在决定运动者是否进行运动测试前应该准确评价运动测试的风险和益处,判断运动者是否存在运动测试禁忌证(包括绝对禁忌证和相对禁忌证)。

(一) 绝对禁忌证

(1) 近期在安静状态下心电图显示有严重心肌缺血、急性心肌梗死(2 天内)或其他急性心脏病事件。

(2) 可引起症状或血流动力学改变的未控制的心律失常。

(3) 严重、有症状的主动脉狭窄。

(4) 未控制、有症状的心力衰竭。

(5) 急性肺栓塞或肺梗死。

(6) 急性心肌炎或心包炎。

(7) 可疑或确诊的动脉瘤破裂。

(8) 急性全身感染,伴有发热、全身疼痛或淋巴结肿大。

(二) 相对禁忌证

(1) 冠状动脉左支狭窄。

(2) 中度狭窄性心瓣膜病。

(3) 电解质紊乱(低钾血症、低镁血症)。

(4) 心动过速或心动过缓。

(5) 肥厚型心肌病或其他形式的心脏流出道狭窄。

(6) 重度房室传导阻滞。

(7) 室壁瘤。

(8) 运动中加重的神经肌肉、肌肉骨骼疾病和风湿性疾病。

(9) 未控制的代谢性疾病(如糖尿病、甲状腺功能亢进或黏液性水肿)。

(10) 慢性感染性疾病(如艾滋病)。

(11) 精神或躯体障碍导致的运动能力显著降低。

在相对禁忌证中,人们如果运动的益处大于风险且安静时无症状,可以暂时不考虑作为运动禁忌证,并在医务监督下运动或采取较低强度的运动。

五、知情同意书

运动测试前向受试者介绍、签署知情同意书是重要的程序和法律问题。制订、使用知情同意书时,应确保受试者理解运动测试的目的和可能带来的风险等,同时需注意以下 5 个方面问题:

(1) 必须对知情同意书给予语言上的解释,并说明受试者可以对运动过程提出问题。

(2) 在知情同意书的相应位置上应注明受试者的特殊问题和相关责任,并注明受试者可以随时退出测试。

(3) 如果受试者是未成年人,需要其父母或监护人签署知情同意书。

(4) 知情同意书需要通过权威机构(如医院的风险管理机构、伦理委员会或法律顾问)认可其内容。

(5) 知情同意书应包含急救过程和急救设备培训内容,确保急救人员受过相关的急救培训,具有允许使用相关急救设备的权力。

六、运动测试说明书

运动测试说明书在运动测试前可对受试者进行相关指导、说明,以提高运动测试的有效性和数据的准确性。根据测试的类型和目的不同,运动测试说明书的内容有所不同，但主要包括以下内容：

(1) 在测试前 1 h 受试者应禁食，不吸烟、饮酒、饮咖啡。

(2) 测试前一天注意休息，避免从事大强度体力活动或运动。

(3) 穿着宽松、舒适的衣裤和适合走路或跑步的鞋袜。女性受试者不宜穿紧身内衣。

(4) 如果测试是为了诊断疾病，受试者最好停服心血管药物，但必须征得医生同意。服用中等或大剂量 β 受体阻滞剂的受试者，应该在测试前 2～4 天内逐渐减服药量，以减少肾上腺功能亢进的反跳现象。

(5) 测试前 24 h，受试者应摄入充足的水分，确保测试前水平衡。

(6) 如果测试是为了评价受试者心肺耐力或制订运动处方则不必停药，在运动测试中应着重观察主观疲劳感觉。受试者应提供服用药物的名称、剂量和次数，尤其是最后一次的实际服药量。受试者可以随身携带药物，以便测试人员记录。

第四节　健康体适能测试与评价

一、体适能概念

体适能，从字面上可理解为“身体适应能力”，它是指人体拥有或获得与完成体力活动能力相关的一组要素或特征。这些要素通常分为健康体适能和技能体适能两大类。健康体适能包括五大要素：心肺耐力、身体成分、肌肉力量、肌肉耐力和柔韧性。对健康体适能水平进行适宜的测试和科学评价，一方面可以了解自身的健康状况和运动能力，建立合理、可行的运动目标，有利于给出安全、科学、有效、个性化的运动处方，以便更好地指导运动实践；另一方面可以判断健身效果，帮助运动者调整目标并激励其参与运动，养成长期坚持运动的习惯。技能体适能包括六大要素：灵活性、协调性、平衡能力、做功能力、反应时间、速度。

受试者在体适能测试前，应进行运动前健康筛查，并提前告知其在测试前应注意事项。通常对受试者体适能测试环境和测试的组织要求如下：

(1) 准备好测试需要用的表格、评分表（如主观疲劳感觉表）等测试文件，并有序排列、整理。

(2) 每月应至少对所有仪器进行 1 次校准。仪器长期不用时，在使用前也应先进行校准，对要求每次测试前都需要校准的设备（如气体分析仪）应按说明书进行操作，仪器按测试顺序放置，避免同一肌群重复用力。

(3) 详细介绍知情同意书并请受试者签字，简单说明测试前的注意事项和测试步骤。

(4) 条件允许下的室温应保持在20℃～22℃，湿度应为40%～60%，空气流通，环境应尽量人性化设计，并注意测试时受试者的隐私问题和工作者的言谈举止。

(5) 测试顺序应以“先安静指标、后活动指标”为原则。例如，先测安静心率、血压、身高、体重、体成分，再测肌肉适能和心肺耐力(测试前保证心率和血压恢复到基础水平)。在受试者服用影响心率或血压等测量指标的药物时，要在测试文件中注明。

二、心肺耐力测试与评价

(一) 心肺耐力及其评价指标

1. 心肺耐力

心肺耐力又称心肺适能，是指持续体力活动中呼吸系统吸入氧气、循环系统运送氧气和骨骼肌利用氧气的能力，体现人的心肺功能和有氧耐力。心肺耐力是健康体适能的核心要素，可以作为预测疾病发病率与死亡率的重要指标。因此，心肺耐力测评是一级预防、二级预防和康复计划中的重要组成部分。

2. 评价指标

最大摄氧量或者峰值摄氧量是测试心肺耐力的重要指标。此外，当对心肺耐力进行前后对比时，除了可用最大摄氧量或者峰值摄氧量评价外，相同负荷下的心率反应下降也可提示心肺耐力得到改善。

最大摄氧量是指人体在进行大肌肉群参加的长时间剧烈运动中，心肺功能和肌肉利用氧的能力达到个体的极限水平时，单位时间内所能摄取的氧气量，通常用最大摄氧量的相对值[mL/(kg·min)]来表示，以方便在不同体重个体之间进行比较。

通常用递增运动负荷试验测定最大摄氧量，以反映个体真实的生理水平或心肺耐力极限。在最大强度递增运动负荷试验的最后2级测试中，有时可观察到摄氧量的平台期，用气体分析仪测定此时的摄氧量，即可直接测得最大摄氧量。但是，这一平台期在多数普通人中很难观察到，而且，最大强度运动测试发生意外的风险较大，也比较费时费力，并且直接测试所需仪器设备价格也比较昂贵，因此在实际中通常采用间接的次大强度运动测试测定不同负荷下的心率，再对最大摄氧量进行估算。对于普通年轻人，男性的最大摄氧量大约在45 mL/(kg·min)，女性不到40 mL/(kg·min)。对于世界级自行车运动员和长跑运动员，男子的最大摄氧量可以达到70～90 mL/(kg·min)，女子可以达到55～70 mL/(kg·min)。

峰值摄氧量为年老体弱、患病或存在亚健康问题的人群，其能表现出来的极限负荷下的摄氧量。峰值摄氧与其潜在的最大摄氧量有很大差距，因此，常用峰值摄氧量来描述这一类人群的心肺耐力。

3. 代谢当量与心脏功能能力

“代谢当量”英文为 Metabolic Equivalent of Energy，意思是“能量代谢当量”，中文音译名为“梅脱”是其英文缩写“MET”的译音，也是代谢当量单位。1 梅脱是指每千克体重从事 1 min 活动消耗 3.5 mL 的氧气所对应的运动强度，用公式表示为：

$$1\ \text{梅脱}=3.5\ \text{mL}/(\text{kg}\cdot\text{min})$$

1 梅脱的活动强度，相当于健康成年人安静坐位时的代谢水平，稍高于 3.3 mL/(kg · min)基础代谢水平。这是按平均体重 70 kg(美国标准平均体重)、安静时代谢率为 250 mL/min 制订的。即：

$$250\div70=3.57\ [\text{mL}/(\text{kg}\cdot\text{min})]$$

梅脱是由摄氧量计算而来，但其使用较摄氧量更为方便，不论运动是否需要克服自身体重，均可用梅脱来表示其运动强度。

心脏功能能力是指机体在尽力活动时，所能达到的最大代谢当量值。其对一般健康人来说，心脏功能能力相当于最大摄氧量对应的水平。但对年老体弱、患病人群来说，心脏功能能力只相当于在没有出现或出现异常即刻达到的峰值摄氧量水平所对应的梅脱值，即：

$$\text{心脏功能能力}=\text{最大摄氧量或峰值摄氧量}\div3.5$$

心脏功能能力评价心肺功能更具直观和可比性。在耐力运动处方的制订中，心脏功能能力是确定运动强度的依据。

(二) 运动负荷试验分类

若要了解受试者的心肺耐力水平，需要给予受试者一定的运动负荷，这种用来测定机体对运动耐受能力的试验，统称为运动负荷试验。按照不同的分类原则，运动负荷试验有不同的分类方法。

1. 按照试验过程中负荷是否中断分类

运动负荷试验可分为持续性试验和非持续性试验。持续性试验是指在试验中测定指标时不停止运动。非持续性试验是指在运动试验中有间断，可在运动间隙测定指标。

2. 按照运动强度是否改变分类

运动负荷试验可分为单级试验和多级试验。单级试验是指在整个运动试验中负荷强度不变。多级试验则是指采用 2 个及 2 个以上不同强度的负荷。

3. 按照试验中负荷强度分类

运动负荷试验可分为次大强度运动负荷试验和最大强度运动负荷试验。

(1) 次大强度运动负荷试验。次大强度运动负荷试验既是一种容易完成,节省时间、体力,测试费用较低,测试时危险性较小的试验,又是一种能够比较准确地评定受试者心肺耐力水平的方法。在测试中采用低于受试者所能承受的次大强度的负荷,然后推测其最大强度的运动水平,间接推算出最大摄氧量。

(2) 最大强度运动负荷试验。最大强度运动负荷试验要求测试终止于受试者所能达到的最大摄氧量和(或)最大心率水平。常用的是持续性、多级试验,称为“最大强度递增运动负荷试验”。递增运动负荷试验常用的记功器有跑台、功率车 2 种。

4. 按照不同测试手段分类

常用的心肺耐力测试手段包括场地测试、跑台测试、功率车测试和台阶测试 4 种,后 3 种测试手段均在实验室进行。测试时可根据受试者基本健康状况、环境、可用设备和操作人员熟练程度进行选择。

(三) 常用的心肺耐力场地测试方法

心肺耐力场地测试一般是在给定的时间内行走或跑动一定的距离,然后根据公式来推算最大摄氧量。其优点是可用于大量人群同时进行测试,设备简单;缺点是对于某些体适能水平低下或有疾病的个体而言,可能会成为一种最大强度运动测试,存在一定风险,而且场地测试不利于监测一些生理指标,个人主观动机和跑步技能对测试结果也有很大影响。

1. 跑步测试

最常用于评价心肺耐力的跑步测试是肯尼斯·库珀提出的 12 min 跑测试。12 min 跑测试是测定在田径场或水平地面上连续跑或走 12 min 所完成的最大距离,然后用此最大距离代入下面公式推算其最大摄氧量:

$$最大摄氧量=(距离-504.9)\div 44.73$$

其中,最大摄氧量单位为 mL/(kg·min);距离单位为 m。

例如,张××在田径场上连续跑 12 min 所得的最大距离(跑得最快时得到的距离)为 2 400 m,代入上述公式计算得到:

$$最大摄氧量=(2\,400-504.9)\div 44.73\approx 42.4\ [\mathrm{mL/(kg\cdot min)}]$$

张××完成 12 min 跑的最大距离或最后计算所得的最大摄氧量均可用于评价其心肺耐力。

2. 步行测试

1.6 km步行试验也是常用评估心肺耐力的场地测试方法。在此测试中，受试者在田径场或水平地面上以最快的速度步行1.6 km并测定最后1 min的心率。但相对于运动中测定的心率，测定运动后即刻的心率可能会使最大摄氧量评估结果偏高。该测试方法推算最大摄氧量的公式为：

$$\text{最大摄氧量}=132.853-0.169\,2\times\text{体重}-0.387\,7\times\text{年龄}+6.315\times\text{性别}-3.264\,9\times\text{时间}-0.156\,5\times\text{心率}$$

其中，体重单位为kg；年龄取实岁年龄（取整数），即（当前年份－生日年份）＋1（当前月数大于生日月数）或0（当前月数小于生日月数）；性别的值男性为1、女性为0；时间是用最快速度完成1.6 km步行的时间，单位为min；心率单位为次/min。该公式的估计标准误为5.0 mL/(kg·min)。计算所得的最大摄氧量可用于评价心肺耐力。

例如，某体重为58 kg的36岁女性在田径场上以最快速度步行1.6 km所用时间为15 min，步行结束即刻的心率为122次/min，她的最大摄氧量为：

$$\text{最大摄氧量}=132.853-0.169\,2\times58-0.387\,7\times36+6.315\times0-3.264\,9\times15-0.156\,5\times122\approx41\ [\text{mL}/(\text{kg}\cdot\text{min})]$$

3. 我国国民体质监测中的心肺耐力场地测试方法

在我国，学生体质健康测试中的心肺耐力测试也常用到场地测试方法，包括400 m跑（50 m×8往返跑），1 000 m跑（男）和800 m跑（女），测试方法详见《国家学生体质健康标准解读》。此外，我国的国家体育锻炼标准测试中也用场地测试来评价心肺耐力，包括300 m跑（50 m×6往返跑），400 m跑（50 m×8往返跑），1 000 m跑（男），800 m跑（女）和3 000 m快走，测试方法详见《国家体育锻炼标准》。

（四）常用的心肺耐力实验室测试方法

实验室、医院、康复中心或健康管理中心等相关机构进行心肺耐力测试的方式有跑台、功率车和台阶试验，具体的测试方案可以根据实际情况选用。

1. 次大强度运动负荷测试

次大强度运动负荷测试的基本日的是测试多级次大强度负荷下的心率反应，并通过心率与负荷的关系推算最大摄氧量，同时监测受试者对运动的其他反应，包括心率、血压、主观疲劳感觉、症状和体征（如呼吸困难、心绞痛疼痛等级等），这些信息可用于评价受试者对运动的功能性反应，以及在控制环境条件情况下受试者随时间变化对次大强度运动反应，使制订的运动处方更科学、有效、个体化。

一般来说，受试者达到以下5个条件，则可通过次大强度运动负荷测试中的心率反应准确评价最大摄氧量：

(1) 在每级运动负荷下达到稳定的心率；

(2) 心率与运动负荷之间存在线性关系；

(3) 尽量减少预测最大心率与实际最大心率之间的误差；

(4) 机械效率(即在给定工作负荷下的摄氧量)对每个人来说基本相同；

(5) 受试者不存在影响心率的因素，包括药物、高浓度的咖啡、心理压力、疾病或高温环境等。

次大强度运动下的心率反应容易受环境(如高温、高湿、寒冷)、饮食(如咖啡因、测前用餐至测试时的间隔时间)和行为(如焦虑、抽烟和测试前的体力活动)等因素的影响，测试结果在需要准确或用作参考标准时，必须对这些影响因素进行控制。此外，测试方式(如功率车、跑台或台阶试验)应与受试者常采用的或熟悉的运动方式相一致，以体现运动结果的特异性。一般来说只要会骑自行车的人都推荐使用功率车，一方面是便于小幅度增加负荷并监测生理指标，另一方面是对于肥胖或有骨关节异常、外周血管疾病和(或)神经疾病的个体而言要优于跑台，但要注意，如果因为下肢肌肉疲劳而较早地停止测试，将会导致最大摄氧量或峰值摄氧量的评估结果偏低 5%～25%。

(1) 测试流程。

① 运动前，受试者测试体位下的安静心率和血压。

② 受试者听讲功率车或跑台的使用方法和身体应保持的姿势，若使用功率车，受试者应保持身体直立，下肢在最大伸直位置时膝关节屈曲不超过 25°，手应握在把手的正确位置上。

③ 运动测试开始前进行 2～3 min 的热身运动，使受试者熟悉功率车或跑台及运动节奏，并适应第一级测试强度。

④ 特定的运动测试方案由适宜递增负荷的若干级组成，每级 2～3 min。

⑤ 在每级测试的 2 min 和 3 min 末监测 2 次心率，当心率大于 110 次/min 时，增加负荷前要达到稳定心率，即 2 次监测的心率相差要小于 5 次/min。

⑥ 在每级测试的最后 1 min 要测试血压，血压过低或过高时，应进行重复测量以确认无误。

⑦ 在每级测试的最后 1 min 应对主观疲劳感觉进行监测。

⑧ 监测并及时记录受试者的症状和体征。

⑨ 在受试者达到 70%最大储备心率(或 85%年龄预测最大心率)、不能按照运动方案继续完成测试、出现不良症状或体征、受试者要求停止或出现紧急状况时，应终止试验。

⑩ 需选用下列一种形式完成整理活动或恢复阶段：

a. 保持或低于运动方案第一阶段的运动强度；

b. 如果受试者出现不适体征或紧急情况，应进行被动活动完成恢复阶段。

在恢复期，所有观察指标（如心率、血压、症状和体征）需至少持续监测5 min，如果出现异常反应，应延长监测时间，持续进行低水平的运动直到心率、血压稳定，但不需要达到运动前水平。

（2）测试方案。

① 功率车测试方案。功率车测试常用 YMCA 功率车测试和二次功率车试验。

YMCA 功率车测试是应用比较广泛的用于次大强度运动测试仪器，其方案是每级运动 3 min，连续测试 2～4 级，使受试者至少在 2 级连续测试中的稳定心率达到 110 次/min 与 70%储备心率（85%年龄预测最大心率）之间，而且每一级负荷下应至少运动 3 min，记录 2 min 和 3 min 末 15～30 s 的心率，如果 2 次所测心率变化在 5 次/min 以上，此级功率下运动时间就应延长 1 min。测试人员要注意年龄预测最大心率与实测心率之间的误差，以确保测试方案为次大强度测试。应用范围最广的最大心率计算公式为（适用所有年龄段和体适能水平的成年男女）：

$$\text{最大心率} = 207 - 0.7 \times \text{年龄}$$

其中，最大心率单位为次/min，年龄取周岁整数年龄。

测试结束后，将受试者每级达到稳定状态后的最后 1 min 心率与其对应的功率在坐标纸上标记成点，然后计算各点的直线回归公式，用年龄预测最大心率代入直线公式计算出的功率即为受试者尽最大努力时所达到的最大功率，最后用下面的公式（功率在 300～1 200 kg · m/min 或 50～200 W 时最准确）推算出最大氧消耗量：

$$\text{最大氧消耗量} = 3.5 + 3.5 + 1.8 \times \text{最大功率} \div \text{体重}$$

其中，最大氧消耗量单位为 mL/(kg · min)，最大功率单位为(kg · m)/min；体重单位为 kg。

二次功率车试验也是国内比较常见的一种功率车次大强度运动负荷测试仪器，其测试原理与 YMCA 功率车测试相似，也是找到 2 级心率在 110 次/min 与 70%心率储备（85%年龄预测最大心率）之间的负荷，在每级负荷下用 60 rpm 左右的转速蹬 3 min 以达到稳定心率，记录每级 3 min 末 15～30 s 的心率，然后通过心率与运动负荷的直线关系推算最大氧消耗量（计算方法和公式与 YMCA 功率车相同，只是可以通过两点直接计算，计算起来更简单）。二次功率车试验与 YMCA 功率车测试的区别是二次功率车试验在 2 次负荷之间增加了 3～5 min 的休息时间，是一种非持续性的负荷测试，可以减小由于肌肉疲劳或其他原因难以长时间坚持完成多级运动测试而对测试结果产生的影响。

功率车的负荷大小取决于功率车设定功率和受试者的体重，当功率相同时，受试者体重越大，用代谢当量表示的强度越小；在选择 2 次不同的负荷时，除考虑受试者性别、年龄、运动习惯之外，还应当考虑其体重。二次功率车试验的第 2 级负荷强度，建议青年男子选取设定功率为 120～150 W，青年女子选取设定功率为 90～120 W；中年男子选取设定功率为 90～120 W，中年女子选取设定功率为 60～90 W；老年人可选取设定功率为 50～60 W。第 1 级负荷可取第 2 级负荷 1/2 左右。

② 跑台测试方案。跑台测试与功率车测试的最大负荷点（70％心率储备或 85％年龄预测最大心率）相同，测试的每一级也为 3 min 或更长时间，以确保获得稳定心率。然后根据测试中每级的速度和坡度按照下面的公式（速度大于 134 m/min 时最准确）计算出对应的摄氧量，用每级心率及其对应的摄氧量在坐标纸上标记成点，计算各点的直线回归公式，再用年龄预测的最大心率代入直线公式推算出的摄氧量即为最大摄氧量：

$$摄氧量=3.5+0.2\times速度+0.9\times速度\times坡度$$

其中，摄氧量单位为 mL/(kg · min)；速度单位为 m/min；坡度单位为％。

多种最大强度跑台测试方案均可用于次大强度跑台测试，但每级至少要持续 3 min。同样，跑台测试也可以使用二次负荷试验，测试方案推荐青年男子选取 Bruce 试验方案的 2 级和 4 级，女子选取 Bruce 实验方案的 1 级和 3 级，以上建议仅供参考。

③ 台阶试验方案。台阶试验是一种成本较低的群体试验方式，其试验方案有很多种，在实际应用时可针对不同人群对试验方案进行改良，特别是对于那些有平衡问题或体适能较差的人群，某些台阶试验所需的能耗是 7～9 梅脱，这可能超出了这些人群的心脏功能能力，因此，试验负荷应与受试者的体适能水平相适应。例如，国内常用的二次台阶试验是根据不同人群选择适宜的台阶高度（应在 4～40 cm，如老年人为 15 cm，普通健康人为 20 cm），让受试者先后以 2 种蹬台阶的频率（需在 12～30 次/min，如 20 次/min、30 次/min，每“上、上、下、下”4 步为 1 次）分别上下台阶 3 min。要求上台阶后膝关节要伸直，2 次负荷之间可休息 3～5 min。分别测试 3 min 末运动结束时的即刻心率（测 10～15 s，再乘以 6 或 4，换算成1 min的心率），记录为心率 1 和心率 2，再按照下列公式（蹬阶频率在 12～30 次/min 时最准确）计算每一频率蹬台阶时的每分钟耗氧量，分别记录为每分钟耗氧量 1 和每分钟耗氧量 2。

$$每分钟耗氧量=3.5+0.2\times蹬阶频率+1.33\times(1.8\times台阶高度\times蹬阶频率)$$

其中，蹬阶频率是指每分钟蹬台阶的次数，单位为次/min；台阶高度单位为 m。

再将所获取的数据代入下述公式，即可推算出最大摄氧量：

最大摄氧量=[(每分钟耗氧量2－每分钟耗氧量1)/(心率2－心率1)]×(最大心率－心率1)+每分钟耗氧量1

其中，最大心率为年龄预测最大心率。

例如，国家“十五”科技攻关项目中也针对60～69岁的老年人和40～49岁的中年人使用二次台阶试验，其方案为：老年人台阶高度为15 cm，第1阶段蹬阶频率为15次/min，第2阶段蹬阶频率为25次/min，每阶段持续3 min，2次台阶负荷间不休息；中年人台阶高度为20 cm，第1阶段蹬阶频率为22次/min，第2阶段蹬阶频率为30次/min，每阶段持续3 min，2次台阶负荷间站立休息3 min。记录安静站立时的心率和每阶段结束的即刻心率。要求受试者在试验当天不参加剧烈活动、不服用影响心率的药物(如降压药或β-阻滞剂)、试验前1 h内不吸烟，但可摄入适当量的碳水化合物和适量饮水(不要空腹和过多饮水)，在试验前一天可参加低强度、时间少于30 min的锻炼。

此外，马里茨等人使用高度为30.5 cm的单级台阶，用4级频率逐步增加负荷，测量每级负荷下的稳定心率，通过上述的台阶试验摄氧量计算公式计算出每级对应的摄氧量，用每级心率及其对应的摄氧量做直线回归，再用年龄预测的最大心率代入直线公式推算出的摄氧量即为最大摄氧量。

除了以数种不同次大强度负荷下的心率变化推算最大摄氧量以外，还可根据受试者进行标准试验后恢复期的心率进行心肺耐力测评。例如，YMCA的3 min台阶试验用30.5 cm高的台阶，24次/min的频率[推算耗氧量为25.8 mL/(kg·min)]进行试验，试验结束后让受试者立即坐下测量1 min的心率(心率计数必须在测试结束后的5 s内开始)，根据心率值推算受试者的体适能状态。

我国的国民体质测试中也使用台阶试验来测定心肺耐力，20～59岁的成年人，男子台阶高度为30 cm，女子台阶高度为25 cm，上下台阶频率为30次/min，持续3 min，完成后受试者立刻静坐在椅子上，测量并记录运动后1～1.5 min、2～2.5 min、3～3.5 min这3次脉率，如果受试者不能坚持运动3 min应停止运动，记录运动持续时间并以同样的方法记录3次脉率，可详见《国民体质测定标准手册(成年人部分)》。

(3) 测试终止指征。无论是最大强度还是次大强度递增运动负荷试验，只要经过严格的筛查并按标准流程和要求进行测试，其安全性都能得到很大保障。有时出于安全考虑，运动测试可能会在受试者达到之前测得的最大摄氧量或峰值摄氧量、主观感觉疲劳或预定终止点(即 50%～70%储备心率或 70%～85%年龄预测最大心率)时结束。但最大心率的个体差异很大,85%年龄预测最大心率对某些人可能是次大强度运动负荷测试,而对某些人却已是最大强度运动负荷测试,甚至超过最大强度运动负荷测试,因此,除了根据医生或心电监护提供的信息适时终止运动负荷测试外,在发生下列指征时也应终止测试工作(以下指征是没有医生和心电图监护的非诊断性测试的终止指征):

① 出现心绞痛或心绞痛样症状,呼吸困难、哮鸣音、下肢痉挛或跛行;

② 随运动负荷增加,收缩压下降大于等于 10 mmHg 或低于基线血压,或血压过度升高(收缩压大于 250 mmHg 或舒张压大于 115 mmHg);

③ 出现低灌注体征:轻度头疼、意识不清、共济失调、脸色苍白、发绀、恶心或皮肤湿冷;

④ 心率不随着运动强度增加而增加;

⑤ 触诊或听诊发现心律显著改变;

⑥ 受试者要求停止测试或受试者口头或身体表现出极度疲劳;

⑦ 测试设备故障。

2. 最大强度运动负荷测试

前文所述,递增运动负荷试验是测定最大摄氧量以反映个体心肺耐力的基本方法,考虑到成本、可行性和安全性,只在进行科学研究或某些特殊临床情况下采用最大强度递增运动负荷试验评估患者对递增强度有氧运动的承受力,并测定其最大摄氧量,但在身体虚弱和有疾病或健康问题(特别是心血管问题)的人群中,由于其能表现出来的极限负荷下的摄氧量与其潜在的最大摄氧量有很大差距,往往采用峰值摄氧量来描述这类人群的心肺耐力。

在临床上进行递增运动负荷试验时,为了监测心肌缺血、血流动力学或电压改变,以及其他相关症状或体征,需要根据具体情况选择对心电图、血流动力学和症状体征进行监测,有时还应进行气体分析,尤其是应用于充血性心力衰竭、疑似或确诊为阻塞性肺部疾病和(或)不明原因劳力性呼吸困难的患者。临床上递增运动负荷试验可用于诊断、预防和治疗疾病(如为患者出具运动处方并对效果进行评估)。当然,以开具运动处方为目的和以获得临床诊疗信息为目的的递增运动负荷试验并不完全一样,此处重点介绍以运动咨询、运动处方制订为目的的递增运动负荷试验。

(1) 运动测试方案。运动测试方案的制订应考虑评估的目的、期望得到的详细结果以及受试者的特点(如年龄、症状)。众多的测试方案中递增负荷(Bruce)跑台试验仍然是最常用的方案之一,但 Bruce 方案每级负荷增加幅度较大(每级增加 2～3 梅脱),可能会使生理反应的变化与增加的负荷不一致,而且通过运动时间和负荷来估算的运动能力也会偏高，特别是在用跑台测试使用把手的情况下结果更明显。因此，诸如 Bruce 跑台测试之类每级负荷增加较大的测试方案更适用于较为年轻和（或）有运动习惯的个体；而诸如改良心电图负荷（Naughton）跑台测试（在跑台上以 5.3 km 的恒定速度，从 1%的坡度开始，每级增加 1%的坡度，共 26 级，每级运动 1 min）之类负荷增加较小的测试方案（每级增加小于等于 1 梅脱）更适用于老年人、缺乏锻炼的个体和慢性病患者。

坡度（Ramp）跑台测试是一种以稳定和持续的方式增加功率的方案，它避免了大幅度和不均衡增加负荷，更具精确性、个体化和针对性，同时也是一种典型的适用于次大强度运动负荷测试方案，因而得到了广泛应用。个体化标准 Ramp 测试，如 Bruce ramp 是将 Ramp 测试标准化，将功率与 Bruce 方案的各阶段对应起来，但以 Ramp 形式增加负荷，可用于提高患者的耐受能力和测试质量。

(2) 运动测试方案的选择。测试方案都应该个体化，应考虑评估的目的、期望得到的结果以及受试者的特点（如年龄、症状）。因此，运动测试方案选择首先应当确定使用何种记功器，然后再根据以下几方面具体确定采用何种运动测试方案：

① 年龄和性别。年龄较大者可选用功率车，并选择起始负荷较低、负何递增较慢的运动测试方案。女性运动测试方案的负荷强度应低于男性，年纪较轻者用跑台测试，可以测到更准确的最大心率和最大摄氧量。

② 病史及运动史。测试方案应当与受试者的心脏功能能力水平相适应，功率增加的选择应该要将总的测试时间控制在 8～12 min 比较理想。由病史和运动史可以大致估计受试者心脏功能能力的水平：有症状的患者及病后恢复期的人，最大心脏功能能力约为 7 梅脱；脑力劳动者为 4～10 梅脱；经常参加体育活动的人心脏功能能力应在 7 梅脱以上；经过耐力训练的运动员其心脏功能能力可超过 16 梅脱，其他运动员的心脏功能能力在 10 梅脱以上。

表 4-3 所示心脏功能分级可大致了解心脏病患者心脏功能能力水平，有助于为康复患者选择适当的运动测试方案。

表 4-3　心脏功能分级

级别	最大代谢当量（梅脱）	临　床　症　状
1	6.5	可正常行走，快走引起呼吸困难。
2	4.5	只可慢走，正常行走引起呼吸困难。
3	3.0	稍一走动即出现呼吸困难。
4	1.5	只可静卧，坐位出现呼吸困难。

③ 体重。蹬功率车时功率相同，体重越大强度（以梅脱值表示）越小。所以，选择功率车方案时，还应考虑体重因素。男子体重超过 90 kg，女子体重超过 80 kg，可将运动测试强度适当提高。

④ 运动系统功能状况。下肢有功能障碍，走、跑不便时，可选用功率车；有膝关节慢性损伤、蹬功率车如果会引起疼痛，则可选用跑台测试；下肢有功能障碍者，可采用上肢功率车进行测试。

例如，用功率车进行测试时，心肺耐力较好的青年男性，可由设定功率为 50 W开始，每 3 min 增加 50 W；一般健康人群可采取设定功率自 25 W 或 30 W 开始，每 3 min 增加 25 W 或 30 W；没有运动习惯、老年人、疾病人群设定功率可由 15～25 W 开始，每 3 min 增加 15～25 W（或每分钟增加 10～15 W）；上肢功率车设定功率可自 0 开始，持续3 min，以后每 2 min 递增 12.5W 等。再例如，对没有运动习惯的人、老年人、疾病人群用跑台进行测试时，可以使用跑台坡度每分钟增加 1%～3%，速度保持在 2.4～4.0 km/h的方案。

(3) 测试终止指征。没有医生和心电图监护的非诊断性测试的终止指征见前文，临床测试的终止指征包括绝对指征和相对指征，出现绝对指征时必须终止测试，但出现相对指征时需要根据临床情况判断是否应终止测试。

① 绝对指征：

a. 随着负荷的增加收缩压下降大于 10 mmHg ，并伴有其他心肌缺血证据的存在；

b. 中等程度的心绞痛（3 级）；

c. 中枢神经系统症状（如共济失调、头晕眼花或接近晕厥）；

d. 灌注不良征（黄萎病皮肤或皮肤苍白）；

e. 监测心电图或收缩压有技术困难；

f. 受试者要求停止；

g. 持续的室性心动过速，或其他心律失常，包括运动期间影响正常心输出量的 2 度或 3 度房室传导阻滞。

② 相对指征：

a. 随着负荷增加，收缩压下降大于 10 mmHg（持续低于基线），但没有其他心肌缺血的证据；

b. 胸痛加重；

c. 疲劳、呼吸困难、哮喘、腿抽筋或跛行；

d. 除了持续性室性心动过速之外的心律失常，包括多病灶异位心律、室性三联律、室上性心动过速和可能变得更复杂或影响血流动力学稳定的心动过缓；

e. 显著的高血压反应（收缩压大于 250 mmHg 或舒张压大于 115 mmHg）；

f. 不能与室性心动过速区分的束支传导阻滞。

（五）心肺耐力测试中的监测指标

在心肺耐力测试中，应根据不同的情况选择监测力度，常用的监测指标主要有心率、血压、心电图、主观疲劳感觉、症状和体征、气体分析和通气反应等。

1. 心率

准确的心率测试是保证心肺耐力测试有效性的关键因素，心肺耐力测试前、中、后都要进行心率监测。触诊（桡动脉或颈动脉）是最常用的测量心率的方法，但其准确性依赖于测试人员的经验和技术。

安静心率的测试方法是：静坐 10 min 以上（注意测试前不要进行剧烈的体力活动），避免紧张，右前臂置于桌面，掌心向上，测量者食指、中指和无名指并拢，用 3 指指腹触压右手桡动脉（位于右手腕中间偏外侧），摸到脉搏跳动后开启秒表，记录 1 min 脉搏跳动的次数，也可以记录 15 s 或 30 s 内脉搏跳动的次数，然后将所得数乘以 4 或 2 即为安静心率。安静心率的正常值为 60～100 次/min，多数普通健康人安静心律在 70～80 次/min，运动、情绪紧张和激动均可使心率增加，休息和平静一段时间后心率可恢复到安静状态。运动员或经常进行运动的人安静心率可能会比较低，这是正常现象。

在运动过程中或运动后恢复期，也可以用与安静心率相同的心率测量方法，但当运动强度较大的时候或正在运动的过程中，可能会出现摸不清桡动脉搏动的情况，这时候可以用颈动脉搏动的脉率来代替。测试时，可用 1 只手的整个手掌轻轻放在颈前部外侧，在运动强度较大时可以清楚感觉到动脉搏动，数 10 s 的搏动次数再乘以 6，即是运动中的心率。当不能明显地感觉到颈动脉搏动时，仍然用桡动脉来测试，注意不要用力压迫颈动脉来测量脉搏跳动，这样会存在一定的危险。

若客观条件允许，选择使用心电图、心率监护仪或听诊器测心率会更加准确，也可在没有电磁干扰的情况下，用跑台和功率车配套的心率遥测仪（如心率表）进行测试。

2. 血压

血压也是运动测试中需要监测的重要指标。测量血压时，要求受试者手臂放松并与心脏水平，不要握扶手（跑台）或把手（功率车）。测试者用左手 4 指托在受试者肘后，使肘关节伸直，拇指固定听诊器头，这样可以得到较好的测试效果。为了确保读数准确，选择适当尺寸的袖带很重要。血压计袖带应至少包绕上臂的 80%。如果受试者的上臂较长，普通尺寸的袖带相对较小，就有可能导致读数偏高；相反，若袖带过大则会导致读数偏低。收缩压和舒张压的测量可用作终止运动测试的指征可参照安静血压测量方法测得准确的运动中血压。测量工具可选用立式水银血压计，如果运动测试中用动态电子血压检测系统，应注意其信度和效度，并定期对此自动检测系统进行校准以保证读数的准确性。

3. 心电图

运动中心电图的监测结果可为是否应该终止试验提供依据。对运动中心电图的监测，应选择高质量的心电图测试仪器，并且带有信号处理技术的系统（使心电图波形平均化并减少、消除电干扰或人为干扰）。测试前要进行适当的皮肤清洁（如酒精擦拭、去毛或用细砂纸或纱布轻轻磨去皮肤表面的角质），以减小皮肤电极接触面的电阻进而改善信噪比，必要时，用吸汗、排汗的紧身背心（或专用背心）加固电极。然后，按照标准的解剖学标志贴上电极。与安静心电图不同，运动心电图将四肢电极移至躯干部位，如左、右上肢电极移至左、右锁骨下窝；左、右下肢电极移至左、右锁骨中线与肋弓交界处下方。目前，虽然 12 导联心电图有助于监测评估运动中心电图，但也可监测 3 个导联（描绘心脏下壁、前壁和侧壁的导联）。在每一级测试最后 10 s 和达到最大运动强度时需记录或打印心电图。需要注意的是，电脑给出的心电图结果只能作为参考，不能代替人工判断，应对所有电脑自动给出的判断结果进行全面审核。

4. 主观疲劳感觉

主观疲劳感觉是监测个体运动耐受性的重要指标之一，它与运动时心率和负荷相关，存在较大的个体差异。伯格（Borg）主观疲劳感觉分级量表是通过运动者自述其运动中的感觉来分级，能反映个体的体适能水平和疲劳水平，该分级受心理、情感状态、环境条件、运动方式以及年龄等因素的影响。

目前，最常用的 2 种主观疲劳感觉分级量表为：6～20 分分级量表和 0～10 分分类分级量表（表 4-4）。在运动测试中，受试者提供主观疲劳感觉描述时，既可以是语言描述也可以做手势。例如，受试者可以说出对应其主观疲劳感觉的数字，但如果其使用了口罩或面罩而不能进行语言交流时，则可让其指向一个数字，同时测试人员应该重复这些数字以确定正确的等级。大多数健康受试者在主观疲劳感觉达到 Borg 分级量表中的 18～19 分（非常吃力）时，或者达到分类分级量表中的 9～10 分（强，非常强）时，即达到其主观疲劳极限。因此，主观疲劳感觉既可用于监测在运动测试中负荷增加时受试者疲劳程度的变化，也可作为终止运动测试的指征，但在运动测试开始之前，应清楚、简明地指导受试者学会使用所选用的标准。

表 4-4　Borg 主观疲劳感觉分级量表

主观疲劳感觉	毫不费力	非常轻松	很轻松	尚且轻松	有些吃力	吃　力	很吃力	非常吃力	竭　力
Borg 评分	6	7	8～10	11	12～14	15～16	17～18	19	20

5. 症状和体征

在运动测试中，受试者随时出现的主观不适感觉(症状)和观察到的客观表现(体征)，也是终止运动试验的参考依据之一。受试者的症状主要表现为有无头晕、头痛、耳鸣、恶心、胸闷、心绞痛、极度疲劳、腿部不适或疼痛等。例如，蹬踏功率自行车时，部分受试者常常因大腿肌肉疲劳无法坚持而终止试验。观察受试者的体征包括排汗、呼吸、步态、面色、表情等。

通常受试者心绞痛分级大于等于 3 级或胸部不适已达到无法进行普通日常活动的程度都是运动测试终止的指征，但呼吸困难或跛行的程度在运动测试中出现较高的等级是可以接受的。值得注意的是，出现呼吸困难或其他使运动受限的主观症状时，则提示远期负性事件发生的风险增加。

6. 气体分析和通气反应

气体分析可以克服由功率(如跑台速度和坡度)估算每分钟耗氧量造成的误差，直接测得的每分钟耗氧量，比通过跑台或功率车功率估算的值更可靠，重复性也更好。峰值摄氧量既是表示心脏功能能力最精确的指标，又是代表整体心肺健康的一个重要指标。测量每分钟耗氧量、二氧化碳生成量并计算呼吸交换率可用于评估递增运动负荷测试过程中的身体用力程度，比通过年龄预测的最大心率来判断用力程度更加精确。

由于心脏和肺部疾病经常会导致运动中通气和(或)气体交换异常，因此，对这些测试的综合分析对于鉴别诊断是非常有价值的，特别是目前多数气体分析系统同时也能进行肺功能测试，使这类鉴别诊断更加便利。

7. 运动测试中各指标的监测安排

在运动测试中，安排好各指标的测试方案是保证运动测试顺利进行并获得高质量测试结果的前提。

(六) 心肺耐力测试的结果分析与评价

由于心肺耐力测试的方法、方案不同，针对人群不同等原因，测试会有不同的评价标准，下面提供比较常用的年龄预测的最大摄氧量百分位数法、最大摄氧量分级评价标准(适用于可以计算最大摄氧量的步行、跑台和功率车测试)(表 4-5 和表 4-6)和 YMCA 次大强度功率车测试的最大摄氧量分级评价标准进行参考(表 4-7 和表 4-8)。

用年龄预测的最大摄氧量百分位数法、最大摄氧量分级评价标准来进行心肺耐力评价时，相同年龄和性别个体的最大摄氧量低于同年龄和同性别的 20%者，表明这些人常处于静坐少动的生活方式，且全因死亡率会大大增加。研究指出，在众多年龄预测的最大摄氧量公式中，退伍军人群体试验(预测梅脱=18－0.15×年龄)和史帝芬·詹姆斯心脏研究(预测梅脱=14.7－0.135

×年龄)中的预测公式能够提供较好的预后信息(即测得的最大摄氧量对应的预测值百分比越低就代表预后越差),但要注意年龄和性别的影响,一般较年轻的个体(40～60岁)预测值的百分比要低到60%～70%才提示预后较差、死亡风险迅速加大;而对年龄较大的个体(大于60岁),预测值百分比在一定范围内与死亡风险成反比。

表 4-5　年龄预测的男性最大摄氧量分级评价标准　[mL/(kg·min)]

百分位数(%)	评价	年龄(岁)					
		20～29	30～39	40～49	50～59	60～69	70～79
99	极好	60.5	58.3	56.1	54.0	51.1	49.6
95		55.5	54.1	52.5	49.0	45.7	43.9
90	优秀	54.0	51.7	49.6	46.8	42.7	39.5
85		51.8	50.0	48.2	44.6	41.0	38.1
80		51.1	48.3	46.4	43.3	39.6	36.7
75	良好	48.5	47.0	44.9	41.8	38.3	35.2
70		47.5	46.0	43.9	41.0	37.4	33.9
65		46.8	45.3	43.1	39.7	36.7	33.1
60		45.6	44.1	42.4	39.0	35.6	32.4
55	一般	44.8	43.9	41.0	38.1	34.9	31.6
50		43.9	42.4	40.1	37.1	33.8	30.9
45		42.6	41.2	39.5	36.7	33.0	30.1
40		41.7	40.7	38.4	35.5	32.3	29.4
35	弱	41.0	39.5	37.6	34.8	31.6	28.4
30		39.9	38.7	36.7	33.8	30.8	28.0
25		39.0	37.8	35.9	32.8	29.5	26.9
20		38.0	36.7	34.8	32.0	28.7	25.7
15	极弱	36.7	35.2	33.8	30.9	27.3	24.6
10		34.7	33.8	32.3	29.4	25.6	23.0
5		31.8	31.2	29.4	26.9	23.6	20.8
1		26.5	26.5	25.1	22.8	19.7	18.2

表 4-6　年龄预测的女性最大摄氧量分级评价标准　[mL/(kg·min)]

百分位数(%)	评价	年龄(岁)					
		20～29	30～39	40～49	50～59	60～69	70～79
99	极好	54.5	52.0	51.1	46.1	42.4	42.4
95		49.6	47.4	45.3	41.0	37.8	37.2

续表

百分位数（%）	评价	年龄（岁）					
		20～29	30～39	40～49	50～59	60～69	70～79
90	优秀	46.8	45.3	43.1	38.8	35.9	32.5
85		45.3	43.9	41.0	37.0	34.2	32.3
80		43.9	42.4	39.6	36.7	32.7	30.6
75	良好	42.4	41.0	38.6	35.2	32.3	29.8
70		41.1	39.6	38.1	34.2	31.1	29.4
65		41.0	38.5	36.7	33.3	30.9	29.4
60		39.5	37.7	35.9	32.6	29.7	28.1
55	一般	38.5	36.9	35.2	32.3	29.4	28.0
50		37.8	36.7	34.5	31.4	28.8	27.6
45		36.7	35.2	33.8	30.9	28.2	26.7
40		36.1	34.2	32.8	29.9	27.3	25.9
35	弱	35.2	33.8	32.3	29.4	26.6	25.3
30		34.1	32.4	31.1	28.7	25.9	24.7
25		33.0	32.0	30.2	28.0	25.1	24.2
20		32.3	30.9	29.4	26.8	24.6	23.5
15	极弱	30.9	29.4	28.2	25.8	23.9	22.2
10		29.5	28.0	26.6	24.6	23.0	21.5
5		27.6	25.9	25.1	23.0	21.8	19.6
1		23.7	22.9	22.2	20.1	19.5	16.8

表 4-7　YMCA 次大强度功率车测试中男性各年龄的最大摄氧量分级评价标准［mL/(kg·min)］

百分位数（%）	评价	年龄（岁）					
		18～25	26～35	36～45	46～55	56～65	＞65
100	极好	100	95	90	83	65	53
95		75	66	61	55	50	42
90		65	60	55	49	43	38
85	优秀	60	55	49	45	40	34
80		56	52	47	43	38	33
75		53	50	45	40	37	32
70	良好	50	48	43	39	35	31
65		49	45	41	38	34	30
60		48	44	40	36	33	29

续表

百分位数（%）	评价	年　龄（岁）					
		18～25	26～35	36～45	46～55	56～65	>65
55	一般	45	42	38	35	32	28
50		44	40	37	33	31	27
45		43	39	36	32	30	26
40	较弱	42	38	35	31	28	25
35		39	37	33	30	27	24
30		38	34	31	29	26	23
25	弱	36	33	30	27	25	22
20		35	32	29	26	23	21
15		32	30	27	25	22	20
10	极弱	30	27	24	24	21	18
5		26	24	21	20	18	16
0		20	15	14	13	12	10

表 4-8　YMCA 次大强度功率车测试中女性各年龄的最大摄氧量分级评价标准［mL/(kg·min)］

百分位数（%）	评价	年　龄（岁）					
		18～25	26～35	36～45	46～55	56～65	>65
100	极好	95	95	75	72	58	55
95		69	65	56	51	44	48
90		59	58	50	45	40	34
85	优秀	56	53	46	41	36	31
80		52	51	44	39	35	30
75		50	48	42	36	33	29
70	良好	47	45	41	35	32	28
65		45	44	38	34	31	27
60		44	43	37	32	30	26
55	一般	42	41	36	31	28	25
50		40	40	34	30	27	24
45		39	37	33	20	26	23
40	较弱	38	36	32	28	25	22
35		37	35	30	27	24	21
30		35	34	29	26	23	20

续表

百分位数（%）	评价	年　龄　（岁）					
		18～25	26～35	36～45	46～55	56～65	＞65
25	弱	33	32	28	25	22	19
20		32	30	26	23	20	18
15		20	28	25	22	19	17
10	极弱	27	25	24	20	18	16
5		24	22	20	18	15	14
0		15	14	12	11	10	10

三、肌肉力量和肌肉耐力测试与评价

肌肉力量和肌肉耐力是与健康相关的体适能的组成部分，肌肉力量、肌肉耐力和肌肉做功能力统称为“肌肉适能”。肌肉力量是指肌肉用力的能力，肌肉耐力是指肌肉持续收缩的能力或重复收缩的次数，肌肉做功能力是指肌肉单位时间内做功的情况（即功率）。肌肉适能与人们的生活和身体健康息息相关，提高肌肉适能有以下几方面作用：

（1）改善或维持骨量，它与骨质疏松的发生、发展相关。

（2）改善或维持人体糖脂代谢，如糖耐量，肌肉力量和肌肉耐力与糖尿病前期及糖尿病的发生、发展呈负相关。

（3）改善或维持肌腱完整性，它与较低的损伤风险（包括腰痛）相关。

（4）改善或维持完成日常活动的能力，它与精神健康中的生活质量认知和自我评价相关。

（5）改善或维持去脂体重和基础代谢率，它与体重控制相关。

（一）测试原理和原则

肌肉力量和肌肉耐力的测评可以为人们提供许多有价值的信息，如用肌肉适能测试结果与已知标准进行对比可协助判断特定肌群是否存在肌力弱或肌力失衡的情况，并依此确定运动训练计划的目标或设计个体化运动训练计划，在运动训练前后进行相同条件的测试可观察到运动干预的效果，并作为反馈信息，以促进坚持运动的长期性等。

肌肉适能的测试具有很强的针对性，应根据抗阻运动的目的测定需要锻炼的目标肌群的力量或耐力，设计相应的练习动作，再用设计的动作针对要锻炼的目标肌群的功能选用不同的测试方法进行测试。没有一种测试能够独立评价全身肌肉力量和肌肉耐力，原则上应让受试者用一些自己比较熟悉或习惯的动作进行测试以获得评价数据。下面主要介绍几种常用的肌肉力量和肌肉耐力测试方法并提供相应的评价标准做参考，这些测试方法在测试的原则、流程和注意事项上可满足多数不同目的测试需求，测试动作和规则可根据具体情况进行选择或调整，但相应的评价标准也应重新建立或修正。

（二）肌肉力量测试

肌肉力量是指某些肌肉或肌群所能承受的外力（主要用 N 表示）。力量可以是静力性（即某一关节或某一组关节无明显角度变化），也可是动力性（即外部负荷或身体某一部分运动使肌肉长度改变）。静力性力量或等长力量可以用多种设备进行测量，包括电子拉力计和握力计（详见仪器说明）。但静力性力量测试是针对特定肌群和关节角度，通常用最大随意收缩值表示峰值肌肉力量，其测试结果对肌肉力量水平的评价有限。尽管如此，如握力等常规测试仍可以评估老年人的死亡风险和功能状态。

动力性力量最为常用的测试方法是 1 次最大重复次数测试，1 次最大重复次数测试即在正确姿势和一定规则下、全关节活动范围内，能完成且仅能完成 1 次重复动作所对应的阻力值。1 次最大重复次数测试是反映肌肉力量的良好指标。

如果考虑安全性或获得 1 次最大重复次数有困难时，多次最大重复次数测试，如 4 次最大重复次数或 8 次最大重复次数（可根据锻炼目的决定）测试（即在正确姿势和一定规则下、全关节活动范围内、能且仅能完成 4 次或 8 次重复动作所对应的阻力值）也可作为肌肉力量的评价方法。例如，受试者以 6 次最大重复次数至 8 次最大重复次数的强度进行力量训练，其达到 6 次最大重复次数肌肉瞬时疲劳时对应的阻力可以作为肌肉力量随时间变化的评价指标，其疲劳出现独立于 1 次最大重复次数。研究认为，多次重复 4 次最大重复次数至 8 次最大重复次数区间内的测试可合理、准确地评估 1 次最大重复次数。此外，针对运动前健康筛查为高风险的个体应采取保守的方法评估最大肌肉力量，即接近训练推荐的 10 次最大重复次数至 15 次最大重复次数测试是比较合适的。

1. 基本步骤

通常选用熟悉的或习惯的动作进行 1 次最大重复次数（或多次最大重复次数）测试，测试的基本步骤如下：

（1）受试者通过完成多次次大强度的标准测试动作来进行准备活动。

（2）在 4 次测试内获得 1 次最大重复次数（或多次最大重复次数）值，2 次测试之间休息 3～5 min。

（3）在受试者预测能力范围内选择起始的阻力（50%～70%最大力量，无力量练习习惯者可选择较低的起始阻力，有力量练习习惯且熟悉测试动作者可选择较高的起始阻力)。

(4) 在起始重量的基础上逐渐增加阻力,直至受试者不能完成 1 次(或多次)重复动作为止,所有重复动作要保持相同运动速度和关节活动范围,并保持测试的一致性。

(5) 记录最后成功完成 1 次最大重复次数或多次最大重复次数时对应阻力的绝对值。

2. 测试动作

测试动作的选择可以多种多样,此处仅挑选代表上半身肌肉力量的测试动作——杠铃卧推和代表下半身肌肉力量的测试动作——卧蹬进行介绍。根据实际情况(如受试者的习惯,或需要针对进行训练的部位、肌肉等),可采用合适的动作进行针对性测试。

(1) 杠铃卧推测试过程。

① 起始姿势:仰卧于稳固的长凳上,在同伴的帮助下两手于胸前正握杠铃,两手间距略大于肩宽,肘部弯曲,上背部和臀部紧贴凳面。

② 上推过程:双手将杠铃向胸部正上方推起至直臂状态(约用 0.5 s 的时间,边推边呼气),停顿 1 s。

③ 下降过程:缓慢(约用 2 s 时间)屈臂收回至起始姿势,边收边吸气。

④ 整个过程注意力应放在胸肌上。

(2) 卧蹬测试过程。

① 起始姿势:坐卧于器械的长凳上,两手握紧两侧的把手,两脚放于踏板上同肩宽。

② 下降过程:在大腿肌肉的控制下,缓慢屈腿(约用 2 s 时间,边屈腿边吸气)至底端,停顿 1 s 。

③ 蹬起过程:两腿向上蹬至伸直状态,边蹬边呼气。

④ 整个过程保持挺胸、抬头和收腹姿势,身体不能摆动,注意力放在大腿肌肉上。

此外,等动力量测试可以测定全关节活动范围的某一恒定角速度下的最大肌肉张力,能控制关节旋转速度并测试不同关节(如膝、髋、肘)的运动能力,还可以测试峰值扭力或峰力矩,但等动肌肉力量测试仪价格昂贵限制了其广泛应用。

(三) 肌肉耐力测试

肌肉耐力是某肌肉群在一定时间内完成重复收缩至肌肉疲劳的能力或保持一次最大重复次数特定百分比的持续时间。简单的场地测试如连续完成仰卧卷腹的最大次数可用来评价腹部肌群的耐力,俯卧撑的最大次数可用来评价上半身肌群的耐力。需要注意的是，研究认为卷腹测试的敏感性不足以用于分级评价，并且可能会导致腰背部损伤，故应用时应多加注意。利用俯(跪)卧撑和仰卧卷腹测试肌肉耐力的过程如下：

1. 俯卧撑测试过程

(1) 男性用标准俯卧撑动作进行测试。

① 起始姿势：双臂伸直撑于肩部下方，手指向前，两手与肩同宽，躯干挺直，双腿并拢伸直，两脚撑地。头、双肩、腰、臀、腿保持在1条直线上。

② 下降阶段：吸气，有控制地屈臂下降，直至下巴贴于垫子上，腹部不能接触垫子。

③ 撑起阶段：呼气，发力将两臂撑直至起始姿势。

④ 从第1次由屈臂状态撑起开始计数，整个过程保持挺胸、收腹，使头、双肩、腰、臀、腿在1条直线上。

(2) 女性用跪卧撑动作进行测试。

① 起始姿势：双臂伸直撑于肩部下方，手指向前，两手与肩同宽，躯干挺直，双腿并拢，小腿着地跪于垫子上。头、双肩、腰、臀、大腿保持在1条直线上。

② 下降阶段：吸气，有控制地屈臂下降，直至下巴贴于垫子上，腹部不能接触垫子。

③ 撑起阶段：呼气，发力将两臂撑直至起始姿势。

④ 从第1次由屈臂状态撑起开始计数，整个过程保持挺胸、收腹，使头、双肩、腰、臀、大腿保持在1条直线上。

用正确的测试动作尽可能多地连续完成俯卧撑或跪卧撑。当感到肌肉僵硬疲劳，无法再继续下去或连续2次不能按照要求正确完成动作时，停止测试，并将停止时已完成的标准俯卧撑或跪卧撑的最大重复次数(不能按要求正确完成的俯卧撑不计算在内)记录下来，与相应评价标准进行比较。

2. 仰卧卷腹测试过程

将节拍器设为40次/min，受试者第1拍开始卷腹，第2拍达到结束姿势，第3拍回到起始姿势，第4拍达到结束姿势，以此类推。开始测试前，每个受试者均允许进行几次仰卧卷腹练习，然后用标准动作进行测试，每达到结束姿势时记为1次，完成75个标准仰卧卷腹或不能跟随节拍器节奏进行时，停止测试，并将停止时已连续完成的标准仰卧卷腹重复次数(不能按要求和节奏正确完成的不计算在内)记录下来，与相应评价标准对比进行评价。

① 起始姿势：仰卧于垫子上，背部挺直，膝关节屈曲成90°；双臂伸直，双手放于大腿上。

② 卷腹阶段：呼气，卷腹至双手触及髌骨，此时躯干与垫子约成30°。

③ 下降阶段：吸气，肩部下降至起始姿势，背部挺直。

受试者还可以在测试用的垫子上固定 2 条标记带，两者距离 12 cm（受试者小于 45 岁）或 8 cm（受试者大于 45 岁）。受试者仰卧于垫子上，膝关节屈曲成 90°，手臂置于身体两侧，手掌朝下，双手中指触及最近的 1 条标记带为起始姿势；卷腹直到双手中指触及第 2 条标记带为终止位置，或两臂交叉置于胸前，当卷腹使躯干与垫子成 30°时头部触及计数器。

我国的国民体质监测采取握力、俯卧撑（男）、1 min 仰卧起坐（女）和纵跳测试法来评价肌肉力量和肌肉耐力，详见《国民体质测定标准手册（成年人部分）》；学生体质健康测试中则采用立定跳远、1 min 仰卧起坐（女）、引体向上（男）来评价肌肉力量和肌肉耐力，详见《国家学生体质健康标准》；《国家体育锻炼标准》中则用立定跳远、1 min 仰卧起坐（女）、引体向上（男）、俯卧撑（男）、1 min 仰卧举腿、掷实心球测试来评价肌肉力量和肌肉耐力。

（四）测试注意事项

肌肉适能测试应注意以下几点：

（1）测试前，应进行适当热身运动，包括 5～10 min 低强度的有氧运动、轻微地牵拉并重复几次低强度的测试动作，以提高肌肉温度、增加局部血流并促进运动中的心血管反应。

（2）无论是做力量测试还是练习，姿势和动作正确（包括熟悉器械、身体姿势正确和做动作过程中完成要求的关节活动范围）是保障测试效果的前提，也是不受伤的前提，特别是在负荷比较大时，动作容易变形，此时应该放弃继续用变形动作完成测试或练习，避免受伤。

（3）重复动作时应注意每次完成动作时间的一致性（即速度相同）。

（4）必要时，应有监护人监护，避免将负重“抛弃”，避免“屏气”。

（5）注意力要放在要练习的肌肉上不要分心。

抗阻运动可以增强老年人的独立生活能力、减少功能障碍或损伤发生，但按前述的方法进行测试对大部分老年人来说可能比较困难，因此推荐使用 SFT（Senior Fitness Test）测试法来测定老年人的肌肉适能。例如，信度和效度都满足要求的 SFT 测试 30 s 坐站试验和单臂屈曲测试就是简单、易行的老年人场地测试方法，这些测试与其他肌肉适能测试方法（如一次最大重复次数测试）有良好的相关性。

儿童和青少年在 7～8 岁时也可以开始抗阻训练。增强其肌肉适能有益于改善身体姿态、减少受伤风险、改善身体成分、增强运动技能（如短跑和跳跃）、增强自信和自尊等。前述的运动测试方法在有人监管并操作得当时也可用于儿童和青少年。但要注意，测试前要请家长或法定监护人签署知情同意书，内容包括可能产生的益处和风险、受试者有随时退出的权利，同时签署保密协议。

（五）结果分析与评价

不同年龄段的人群，用于评价肌肉力量的测试参考值不相同，从客观上讲任何形式的力量练习都可能存在危险，从而造成肌肉损伤，因此，力量测试可以判断受试者的运动损伤危险情况，为其制订更科学客观和个性化的运动处方。

四、身体成分测试与评价

研究已充分证实过多的身体脂肪尤其是腹部脂肪与高血压、代谢综合征、2 型糖尿病、心脑血管疾病和血脂异常等相关。身体成分测量可以判断一个人是否肥胖。身体成分通常用脂肪组织和非脂肪组织对体重的相对率（即体脂率和瘦体重百分比）来表示。常用的身体成分测试方法有人体测量法、生物电阻抗法等。

（一）人体测量法

1. BMI

BMI 是用来衡量体重是否超重的常用指标。

BMI 与体脂率有一定关系，但它只能反映体重相对身高的大小，而不能准确反映人体内的脂肪含量是否过多。有些肌肉比较发达的人，BMI 可能达到超重的标准，但其身体中脂肪的含量并不高，也就是说他们只是“壮”而并不是“胖”；还有一些人 BMI 正常，但身体肌肉含量很少或是脂肪比例很高，属于“隐形肥胖”，因此在体适能测评中还应该使用其他身体成分测评方法综合评价是否肥胖。我国 18 岁及以上的成年人 BMI 的评价标准为：BMI 小于 18.5 kg/m^2 为“体重过低”；BMI 在 18.5～23.9 kg/m^2 为“体重正常”；BMI 在 24～27.9 kg/m^2 为“超重”；BMI 大于等于 28 kg/m^2 为“肥胖”。

身高和体重的具体测量方法和注意事项如下：

(1) 测量身高应光脚直立，两眼平视前方，注意脚后跟、臀部、肩部、枕骨接触标尺，忌松散随意测量。

(2) 测量体重前体重秤应显示在 0 刻度上，待指针或读数稳定后再读取结果。使用便携式小体重秤时，由于其面积小，脚比较大的人则会踩在体重秤的边缘，这样测量的结果会有误差，而且有些体重比较大的人用这种体重秤测量时也会出现较大误差，因此在选用体重秤的时候应考虑这些问题。

(3) 由于人在一天中的不同时间里，身高和体重都在变化。特别是体重，在饭前、饭后和运动前、后都会有较大的改变。因此，建议在监测 BMI 时，尽量在不同天的同一时间点，并保证进餐和运动情况一致的情况下进行身高和体重测量。

2. 围度

身体脂肪的分布情况也是健康和疾病预后的重要指标。如果属于向心性肥胖(腹型肥胖)，分布在内脏周围的脂肪较多(如有“将军肚”的人或是“苹果”型身材的人，腹腔内脏周围的脂肪就比较多)则高血压病、代谢综合征、2 型糖尿病、血脂异常和心血管疾病的发生率和早死率都比较高，严重威胁健康，而如果属于离心性肥胖，只是皮下脂肪较多但内脏脂肪不多(如一些女性臀部和大腿的皮下脂肪比较厚，但腰腹部并没有明显膨出，呈现“梨”型身材)，对健康的危害则相对较小。

围度测量可用于预测身体成分，并可体现脂肪分布情况，适用于不同性别和年龄的人群，在准确测试的前提下，围度测量的准确性与实际身体成分相差 2.5%～4.0%。其中，腰围和腰臀比是围度测量中用于衡量是否肥胖(特别是向心性肥胖)的常用指标。我国成年男性腰围小于 85 cm 为正常，成年女性腰围小于 80 cm 为正常。男性腰臀比大于 0.95，女性腰臀比大于 0.85 时，健康风险性较高。

围度标准测量姿势和部位，以及测试过程如下：

(1) 受试者采用标准测量姿势，测试者准确选取测量部位，详见表 4-9。

表 4-9　标准围度测量姿势和部位

围　度	标准测量姿势和部位
腹/腰围	受试者直立、放松，在髂嵴上方，即脐上 0.5～1 cm 处(肥胖者可选择腰部最粗处)沿水平方向围绕腹部 1 周。
上　肢	受试者直立；两臂自然下垂于身体两侧，掌心朝向大腿，在肩峰与尺骨鹰嘴连线中点处水平测 1 周。
臀　围	受试者直立，两脚并拢，水平测量臀部隆起最明显处。此测量用于腰臀比中的臀围测量。
小腿围	受试者直立(两脚分开约 20 cm)，测量膝与踝之间围度最大处，注意与小腿纵轴线垂直。
前臂围	受试者直立，两臂自然下垂稍离开躯干，掌心向前，垂直于前臂纵轴线测量围度最大处。
大腿围	受试者站立，两腿稍分开(不超过 10 cm)，水平测量靠近臀部(臀横纹下)或大腿围度最大处。
大腿中围	受试者直立，1 条腿踏在凳子上，使膝关节弯曲成 90°，在腹股沟皱褶处到髌骨上缘连线中点处测量，注意与大腿纵轴线垂直。

(2) 用皮尺置于皮肤表面，不能压迫皮下组织(皮尺测量能减轻皮尺对皮肤的压迫从而提高测量的准确性)。

(3) 同一个部位测量 2 次，并用轮流测量代替连续测量(即测量所有部位后，再按照之前的顺序重复测量)，或等该处皮肤恢复正常后再重复测量。如果 2 次测量值相差不到 5 mm，可取其平均值；若超过 5 mm 则要重测。此外，还可以用腰臀比来评价身体脂肪分布，判断内脏脂肪量。

（二）生物电阻抗法

生物电阻抗法是一种简单、安全、无创的测量身体成分的方法，实用性较强，在严格的测试操作下用多电极的体成分测试仪进行测量的结果是比较准确的。其测量原理是将微量电流通入人体内，通过测量电流阻抗的情况来推算身体内各种组织的含量。体内的水分大部分存在肌肉中，因此，体内去脂组织是良导电体，而脂肪组织的导电性能则较差。因此，根据电阻抗情况就可以计算出体内总的水分含量，从而推算出去脂体重和体脂率。多电极的体成分测试仪除了可以测量体脂率外，还可以通过不同电极间的通电来大致判断体内脂肪、肌肉的分布情况。具体的测试步骤和注意事项如下：

（1）测试前，需询问受试者体内是否有金属物或起搏器，育龄期女性要询问是否在妊娠期，这两类人群均不适宜用生物电阻抗法进行身体成分测试。

（2）测试前不宜剧烈活动、不能大量饮水，需排空大小便、着轻便衣物，并将随身物品放在身旁。

（3）定期对设备进行校准，测试前应先用酒精棉球（需拧干）擦拭电极区域。

（4）不同设备根据设备使用说明进行操作。

（5）测试时受试者不要讲话，放松心情，按照指示进行测试。

（6）测试完毕用柔软干布蘸中性洗涤剂或稀释的酒精对设备进行常规清洁维护。

（7）重复测试尽量保持在不同日的同一时间，穿着类似的衣服进行。

（三）其他方法

皮褶厚度测量法也可用于测量和估算身体成分，此方法测试成本比较低，是通过对身体某些部位的皮褶厚度进行测量，将所测结果代入公式，再计算体脂率的一种方法。测量时需要用皮褶厚度计，并在测试前进行校准（张力应设定在 12 g/mm^2），严格操作时准确性与生物电阻抗法相当。但由于此方法对测试人员的操作要求较高，受主观因素影响较大，可重复性不理想，现在较少使用。

其他可信度、精确度较高的身体成分测量技术包括双能量 X 射线和身体电阻抗法，但是因为这些技术测试成本高，而且要求技术人员经过严格培训，因而很少用于常规健康体适能测试中。

（四）结果分析与评价

尽管 BMI 不能区分身体脂肪和瘦体重，但研究发现，当 BMI 达到“超重”标准时，某些肥胖相关健康问题明显增加；当 BMI 达到或超过“肥胖”标准时，高血压、睡眠呼吸暂停综合征、2 型糖尿病、某些癌症、心血管疾病的发生和死亡的风险都会增高；当 BMI 低于“正常”时，死亡风险也会增加。因此，BMI 仍然有重要的临床价值，特别是跟腰围一起用来判断疾病风险时。由于腹部肥胖是最根本的问题，因此腰围也可作为一种健康风险评价指标单独使用，腰围增加，健康风险也会相应增加。BMI 和腰围与健康风险的关系见表 4-10 所示。

表 4-10　BMI 和腰围与健康风险关系

分　类	BMI（kg/m^2）	腰围（cm）		
		男性＜85 女性＜80	男性 85～95 女性 80～90	男性≥95 女性≥90
体重过低	＜18.5	无影响	无影响	无影响
体重正常	18.5～23.9	无影响	影响增加	关系大
超　重	24.0～27.9	影响增加	关系大	关系极大
肥　胖	≥28	关系大	关系极大	关系极大

青少年的 BMI 评价标准见表 4-11 所示。

表 4-11　青少年超重和肥胖 BMI 判断标准　（kg/m^2）

年　龄（岁）	超　重		肥　胖	
	男性	女性	男性	女性
7	17.4	17,2	19.2	18.9
8	18.1	18.1	20.3	19.9
9	18.9	19.0	21.4	21.0
10	19.6	20.0	22.5	22.1
11	20.3	21.1	23.6	23.3
12	21.0	21.9	24.7	24.5
13	21.9	22.6	25.7	25.6
14	22.6	23.0	26.4	26.3
15	23.1	23.4	26.9	26.9
16	23.5	23.7	27.4	27.4
17	23.8	23.8	27.8	27.7
18	24.0	24.0	28.0	28.0

目前，国内外理想体脂率的评判标准不一致．主要受到年龄、性别、种族、测试方法的影响，尚无普遍适用的身体成分标准。通常认为男性和女性体脂率分别在 10％～20％、17％～32％范围内对健康是有益的。体脂率的参考标准见表 4-12、表 4-13 和表 4-14 所示。

表 4-12　体脂率的标准　（％）

评　定	女　性	男　性
体脂率很低	14.0～16.9	7．0～9．9
低体脂率	17.0～19.9	10.0～12.9

续表

评　定	女　性	男　性
一般，正常体脂率	20.0～23.9	13.0～16.9
高于正常体脂率	24.0～26.9	17.0～19.9
体脂率很高	27.0～29.9	20.0～24.9
肥胖症	＞30	＞25

表 4-13　男性不同年龄体脂率评价　（%）

百分位数	评价	年　龄　（岁）					
		20～29	30～39	40～49	50～59	60～69	70～79
99	非常瘦①	4.2	7.3	9.5	11.0	11.9	13.6
95		6.4	10.3	12.9	14.8	16.2	15.5
90	出色	7.9	12.4	15.0	17.0	18.1	17.5
85		9.1	13.7	16.4	18.3	19.2	19.0
80		10.5	14.9	17.5	19.4	20.2	20.1
75	良好	11.5	15.9	18.5	20.2	21.0	21.0
70		12.6	16.8	19.3	21.0	21.7	21.6
65		13.8	17.7	20.1	21.7	22.4	22.3
60		14.8	18.4	20.8	22.3	23.0	22.9
55	一般	15.8	19.2	21.4	23.0	23.6	23.7
50		16.6	20.0	22.4	23.6	24.2	24.1
45		17.5	20.7	22.8	24.2	24.9	24.7
40		18.6	21.6	23.5	24.9	25.6	25.3
35	较差	19.7	22.4	24.2	25.6	26.4	25.8
30		20.7	23.2	24.9	26.3	27.0	26.5
25		22.0	24.1	25.7	27.1	27.9	27.1
20		23.3	25.1	26.6	28.1	28.8	28.4
15	很差	24.9	26.4	27.8	29.2	29.8	29.4
10		26.6	27.8	29.2	30.6	31.2	30.7
5		29.2	30.2	31.3	32.7	33.3	32.9
1		33.4	34.4	35.2	36.4	36.8	37.2
样本(人)		1 844	10 099	15 073	9 255	2 851	522

注：总样本为 39 644 人。

①非常瘦为男性不少于 3%的体脂率。

表 4-14　女性不同年龄体脂率评价　　(%)

百分位数	评价	年龄（岁）					
		20～29	30～39	40～49	50～59	60～69	70～79
99	非常瘦①	11.4	11.2	12.1	13.9	13.9	11.7
95		14.0	13.9	15.2	16.9	17.7	16.4
90	出色	15.1	15.5	16.8	19.1	20.2	18.3
85		16.1	16.5	18.3	20.8	22.0	21.2
80		16.8	17.5	19.5	22.3	23.3	22.5
75	良好	17.6	18.3	20.6	23.6	24.6	23.7
70		18.4	19.2	21.7	24.8	25.7	24.8
65		19.0	20.1	22.7	25.8	26.7	25.7
60		19.8	21.0	23.7	26.7	27.5	26.6
55	一般	20.6	22.0	24.6	27.6	28.3	27.6
50		21.5	22.8	25.5	28.4	29.2	28.2
45		22.2	23.7	26.4	29.3	30.1	28.9
40		23.4	24.8	27.5	30.1	30.8	30.5
35	较差	24.2	25.8	28.4	30.8	31.5	31.0
30		25.5	26.9	29.5	31.8	32.6	31.9
25		26.7	28.1	30.7	32.9	33.3	32.9
20		28.2	29.6	31.9	33.9	34.4	34.0
15	很差	30.5	31.5	33.4	35.0	35.6	35.3
10		33.5	33.6	35.1	36.1	36.6	36.4
5		36.6	36.2	37.1	37.6	38.2	38.1
1		38.6	39.0	39.1	39.8	40.3	40.2
样本(人)		1 250	4 130	5 902	4 118	1 450	295

注:总样本为 171 745 人。
①非常瘦为女性不少于 10%～13%的体脂率。

五、柔韧性测试与评价

柔韧性是活动某一关节使其达到最大关节活动度的能力。它与运动技能(如芭蕾、体操)密切相关,是日常生活活动中不可缺少的一种能力。保持所有关节的柔韧性有助于完成运动,而当某项运动使关节结构超出最大关节活动范围时,会导致组织损伤。柔韧性的大小与关节囊的伸展性、充分的准备活动、肌肉黏滞性以及其他组织(如韧带和肌腱)的顺应性(即致密性)有关。

（一）测试方法

在进行关节柔韧性测试前可先用目测进行最大关节活动度柔韧性筛查，测法相对于直接测量最大关节活动度的准确性要差，但可用于多个关节柔韧性的筛查和姿势评价。关节柔韧性的测试与肌肉力量的测试方法相同，没有一个简单的动作可以用来测试整个身体的柔韧性，全身不同关节的柔韧性要根据测试目的和受试者的具体情况用不同的动作进行测试。由于在全身各关节的柔韧性中，躯干和下肢柔韧性在日常体力活动和体育锻炼中相对比较重要，而且可能与肌源性腰痛的形成有一定关系，因此，推荐用坐位体前屈测试来测定和评价躯干和下肢的柔韧性，关节柔韧性测试过程如下：

1. 准备活动

准备活动为进行 5～10 min 中、低强度的有氧运动（如快走或慢跑），并用与坐位体前屈测试动作相似的动作轻轻地进行拉伸。

2. 测试设备

我国国民体质监测使用坐位体前屈测试仪进行测试。如果没有该设备，可以参照加拿大坐位体前屈测试方法，找一个旅行箱大小的箱子或其他代替物（高约 30 cm）放在墙边，上面放一个 50 cm 左右的长直尺（或直木棍之类的代替物）固定住，直尺“0”刻度（或代替物起始端）超出箱子边缘 26 cm。

3. 测量方法

测试时，受试者坐于垫子上，双腿伸直、脚跟并拢、脚尖自然分开，全脚掌蹬在测试仪平板（箱子）上，然后掌心向下，双手并拢缓慢向前平伸（不要突然发力），头下垂于两臂之间，上体前屈，达到最大极限为止。测试 2 次，取最大值，记录以 cm 为单位，保留小数点后 1 位。

实验室测试通常用最大关节活动度量化柔韧性，用度数表示。常用的测试仪器包括多种量角器、Leighton 曲率计、倾角计及测量尺等，严格按照标准测量方法进行测试并学会正确使用量角器，可增加最大关节活动度测量的准确性，因此测试人员熟练掌握骨骼、肌肉和关节的解剖知识，并具备丰富的管理评价经验是评价关节柔韧性的重要基础。

（二）结果分析与评价

坐位体前屈测试结束后，对躯干和下肢的柔韧性进行评价，评价应注意其正常范围是采自零点设在 26 cm 标记处的坐位体前屈测试箱。我国国民体质测定标准和国家学生体质健康标准中，坐位体前屈测试的评价标准参考《国民体质测定标准手册（成年人部分）》。

六、健康体适能综合评价

在对健康体适能进行分项测评后，应对总体健康体适能水平进行总结，也可以根据健康体适能各组成成分对健康影响的重要程度分别赋予权重并予以综合评价，全面的健康体适能综合评价包括以下内容（也可以根据情况额外增加项目，如老年人可增加平衡测试）：

（1）前期筛查和危险分层的结果，及需要重点注意的信息。

（2）安静心率、血压、身高、体重、心电图（必要时）。

（3）身体成分或皮褶厚度、腰围。

（4）心肺耐力：次大强度或最大强度功率车或跑台测试。

（5）肌肉力量：上半身、下半身等肌肉力量测试（1次最大重复次数或特定多次最大重复次数表示）。

（6）肌肉耐力：上半身、躯干等肌肉耐力测试。

（7）柔韧性：坐位体前屈或单个解剖学关节的量角器测量。

评价结果中的相应数据应由专业的健康体适能或临床运动专家向受试者进行说明和详细解释。这些数据可以帮助运动者确定短期或长期运动目标、制订运动处方并监测和跟踪运动效果。

第五节　心肺耐力运动处方

一、心肺耐力运动处方概述

（一）概念

心肺耐力也称有氧耐力，是指人体长时间进行有氧工作的能力，是评价人体健康水平或体质强弱的重要标志，是健康体适能的核心要素。

（二）意义

心肺耐力与机体的心血管系统、呼吸系统功能密切有关，是反映由心脏、血液、血管和肺部组成的血液循环系统和呼吸系统向肌肉运送氧气和能量物质，维持机体从事运动的能力。心肺耐力与各人群全因死亡率及心血管疾病死亡率高度相关，心肺耐力水平的心血管系统疾病的发病率会显著增加，心肺耐力水平高，人们的生活质量、运动能力提高，同时还可降低由于静坐少动等不良生活方式引起的心脑血管疾病、代谢性疾病等。

（三）运用范围

心肺耐力运动可运用于健身、预防、治疗、康复4个方面。

1. 健身

心肺耐力运动主要用于提高机体心血管机能水平，可为不同年龄、性别、身体状况和体适能水平的健康人提供科学的健身指导、使运动者通过合理的运动有效地达到提高心肺耐力水平、提高身体素质和强身健体的目标。

2. 预防

心肺耐力运动处方可用于适当的有氧运动指导，针对慢性疾病高危人群（如肥胖症、静坐少动、吸烟、家族史等），改变其不良生活方式，起到预防各种慢性疾病发生（如冠心病、糖尿病、脂代谢异常、肺部疾病、癌症等）和延缓衰老的作用。

3. 治疗

心肺耐力运动处方可以用于辅助治疗冠心病、糖尿病、高血压病。科学的运动既可辅助治疗疾病，又可减少药物摄入、提高药效，以及克服慢性疾病患者心理障碍。

4. 康复

在康复医学领域，心肺耐力运动主要用于指导冠心病、高血压病等心脑血管系统疾病、呼吸系统疾病、慢性阻塞性肺疾病以及因伤病而长期制动和卧床导致全身耐力下降的患者进行康复锻炼。心肺耐力运动处方的运用可明显缩短住院时间，减少医疗费用负担，加快恢复生活自理和劳动能力的进程，促使患者更快回归社会，并能自主愉快生活。

二、有氧运动的特点

有氧运动是指运动时以有氧氧化系统供能为主的运动项目。运动时能够得到充足的氧气供应，供能的主要物质——糖可以完全分解为二氧化碳和水，并释放大量能量，保证人体长时间运动。

有氧运动主要包括以下 4 个特点。

1. 中低强度的运动

在单位时间内需要的氧量较少，低于机体的最大摄氧量。运动时可以得到充足的氧气供应。

2. 可维持较长时间

由于速度慢，时间长，运动时以有氧代谢为主，糖和脂肪可以充分氧化分解，生成二氧化碳和水，避免乳酸堆积，降低肌肉疲劳感，能完成较长时间的运动。

3. 周期性运动

有氧运动中的大多数项目为周期性运动，如健步走、慢跑、骑自行车、游泳和划船等。周期性运动在活动时重复同样的动作，这些动作技术简单，容易掌握及被广泛使用。

4. 全身大肌肉群参加的活动

有氧运动大多会被动员上肢、下肢、躯干的主要肌群同时参与，以提高运动时的摄氧量，达到增强心肺耐力的目的。

三、心肺耐力运动处方的制订

心肺耐力运动处方应包括运动频率(Frequency)、运动强度(Intensity)、运动时间(Time)、运动方式(Type)、运动量(Volume)和运动处方实施进度(Progression)，简称为 FITT-VP 原则。

(一) 运动频率

美国运动医学会为大多数成年人推荐的运动频率是：

每周进行 5 天中等强度的有氧运动，或每周至少进行 3 天较大强度的有氧运动，或每周进行 3～5 天中等和较大强度相结合的运动。

有些人以每周仅从事 1～2 次中等到较大强度、大强度的运动来促进健康。这种人被称为“周末勇士”。尽管 4 种运动频率会为某些人带来一定益处，但是对运动不规律、不习惯运动的大多数人来说，会增加肌肉骨骼损伤和心血管事件的风险，所以不建议向大多数人推荐每周仅进行 1～2 次的运动频率。

(二) 运动强度

有氧运动强度与获得的健康体适能益处有着量效关系，低于最小强度或阈值的运动无法刺激机体各项生理指标(如最大摄氧量)发生变化。大多数研究结果显示，人们通过运动获益的最小阈强度与多种因素有关，如运动者的心肺耐力水平、年龄、健康状况、生理差异、遗传、日常体力活动水平和社会心理因素等。美国运动医学会推荐的有氧运动强度如下：

(1) 大多数成年人应进行中等(40%～60% 储备心率或储备摄氧量)到较大(60%～90%储备心率或储备摄氧量)强度的有氧运动。

(2) 身体健康状况不好的人推荐进行小强度(30%～40%储备心率或储备摄氧量)到中等强度(40%～60%储备心率或储备摄氧量)的有氧运动。

(3) 运动员通常采用 80%～100%储备心率或储备摄氧量的次大强度到最大强度的有氧运动。

(三) 运动时间

运动时间是指一段时间内(每次、每天或每周运动的时间)进行有氧运动的总时间。美国运动医学会为大多数成年人推荐的运动时间为：

(1) 每天至少应累计进行 30 min(每周不少于 150 min)的中等强度运动。

(2) 每天至少应进行 20 min(每周不少于 75 min)的较大强度运动，或中等和较大强度相结合的运动。

(3) 如果运动训练的目的是降低体重，则需要更长时间(每天至少 60～90 min)的运动。

完成上述推荐量可以是连续的，也可以是在一天中多次累计完成达到 30 min。对于经常处于静坐少动的人群，即使运动时间低于最小推荐量，也会为其带来益处。

对于体适能水平极低的个体，或许不足 10 min 的活动也能产生一定的益处，但尚需更多的研究来证实这种短时间运动的有效性。

(四) 运动方式

提高心肺耐力常用的运动类型是有氧运动。表 4-15 是根据强度和所需要掌握的技巧对有氧运动进行的分类。A 类运动可以推荐给所有的成年人，B 类运动属于运动强度较大的运动，可推荐给那些具有中等或更高体适能水平者、有规律运动习惯的人群。C 类运动需要有一定的技巧，才能完成此类运动，在充分保证安全的前提下，主要推荐给已掌握较好运动技巧和具有较高提升水平的人群。

表 4-15　根据强度和所需要掌握的技巧对有氧运动进行的分类

运动分类	运动类型	推荐人群	常见运动项目
A	技巧少、运动强度容易调整。	所有成年人。	健步走、骑车、水中走、慢舞。
B	技巧少、运动强度较大。	有规律运动和(或)中等及以上体适能水平的成年人。	慢跑、快跑、健身操、动感单车、台阶、快舞。
C	技巧要求高。	有运动技巧和(或)中等及以上体适能水平的成年人。	游泳、越野滑雪、滑冰、网球、羽毛球、篮球、足球。

(五) 运动量

运动量是由运动频率、运动强度和运动时间共同决定的，即运动处方原则中的 FIT。运动量对健康的重要促进作用已被证实，其对身体成分和体重管理的重要性尤为突出。

运动量常用梅脱 · min/周和 kcal/周来表示。许多研究结果已证实，不低于 500～1 000 梅脱 · min/周的运动量与更低的心血管发病率、死亡率密切相关。因此，为大多数成年人推荐的合理运动量是大于等于 500～1 000 梅脱 · min/周，此运动量相当于每周 150 min(或消耗 1 000 kcal)的中等强度运动。

计步器是一种能够促进体力活动增加的有效工具，可以通过记录每天行走的步数来估算运动量。2016 年，中国营养学会推荐的步数是每天 6 000 步，为达到每天 6 000 步的目标，可以采用下述方法来估算运动量：

（1）100～120 步/min 的步行速度相当于中等强度的运动。

（2）每天以中等强度步行 30 min，相当于每天步行 3 000～4 000 步。

（3）每天走 1 km 相当于行走 1 200～1 300 步。

如果以维持正常体重为目的，男性运动者需要每天步行 11 000～12 000 步。女性运动者需要每天步行 8 000～12 000 步。但是，使用计步器估算运动量存在一定的误差，因此最好的做法是将步速与目前推荐的运动时间结合起来使用，如每天以 100 步/min 的速度步行 30 min，或者以此速度每周步行合计 150 min。

（六）运动处方实施进度

运动的进度取决于运动者的健康状况、体适能、运动反应和运动计划的目的。美国运动医学会为大多数成年人推荐的运动进度是：

（1）当运动开始的 4～6 周内，每 1～2 周将运动时间延长 5～10 min。

（2）当运动者规律运动 1 个月以后，在 4～8 个月内逐渐增加运动量直到达到推荐的总量。

专业人员在制订运动处方的 FITT-VP 原则中，需要遵循循序渐进原则，避免某段时间内大幅度增加 FITT-VP 中任意一项，将运动中的风险（如肌肉酸痛、损伤、过度疲劳、过度训练等）降到最低。同时，专业人员在调整运动处方时，需要密切监控运动者的反应，观察运动者是否发生了因为运动量增加而产生的不良反应，如运动后的呼吸急促、疲劳和肌肉酸痛。当运动者无法忍受运动方案时，应及时减少运动量。

四、心肺耐力运动强度的评定

评价有氧运动强度常用的客观指标有心率、摄氧量和梅脱，主观指标是主观感觉疲劳等级。

（一）心率

用心率来评价运动强度是最简便易行的方法，在国内外被广泛运用。随着运动强度的增加，心率会逐渐上升，一般两者呈正比例的线性关系。在运动中，达到和保持心率称为靶心率，可以采用靶心率来代表运动强度的大小。靶心率的计算方法有以下 2 种：

1. 最大心率百分比法

通过年龄利用相关公式推算最大心率，然后选择最大心率的百分数计算靶心率范围（表 4-16），采用最大心率百分数计算靶心率的优点是简单易行，缺点是不具有个性化。

$$靶心率=最大心率\times预期强度$$

表 4-16 最大心率的常用推算公式及适用人群

公式	适用人群
最大心率=220−年龄	年轻、健康的男性、女性。
最大心率=207−0.7×年龄	所有年龄段和体适能水平的成年男性、女性。

例如,1位30岁男性,身体健康,预期运动强度是50%～60%,则:

靶心率=[207−(0.7×30)]×50%/60%=93−112(次/min)

2. 储备心率百分比法

人体在运动达到力竭状态时的最大心率与安静心率的差值,称为储备心率。在确定运动强度时,可以用储备心率百分比的方法计算靶心率,具体公式是:

靶心率=(最大心率−安静心率)×预期强度+安静心率

例如,1位40岁的男性,身体健康。安静心率为70次/min,预期运动强度是60%～70%,其靶心率范围是:

最大心率=207−(0.7×40)=179(次/min)

靶心率=(179−70)×60%/70%+70=135～146(次/min)

采用储备心率百分比法推算靶心率的优点是简便、易行、具有个性化,一般多采用此种方法计算靶心率。

(二) 摄氧量

随着运动强度的增大,机体摄取的氧气量也越多,两者之间也呈一定的正比例线性关系。所以,在制订心肺耐力运动处方时,可根据摄氧量来评价运动强度。

1. 最大摄氧量百分比法

由于每个人最大摄氧量不同,因此个体在同一摄氧量水平运动的强度也不尽相同,在制订运动处方时,常以最大摄氧量的百分比来表示运动强度,具体公式为:

目标摄氧量=最大摄氧量×预期强度

2. 储备摄氧量百分比法

人体在运动达到力竭状态时的最大摄氧量与安静状态下的摄氧量[3.5 mL/(kg·min)]的差值,被称为储备摄氧量。在确定运动强度时,可以用储备摄氧量百分比法计算实际运动目标摄氧量。具体公式是:

目标摄氧量=(最大摄氧量−安静摄氧量)×预期强度 +安静摄氧量

(三) 梅脱

梅脱来自摄氧量,又称代谢当量,其使用较摄氧量更为方便,是一种有效、便捷、标准的描述多种体力活动强度的方法。根据梅脱大小，体力活动水平可分为低、中、较大体力活动3个等级。

由于人体心肺耐力水平会随着年龄增长而下降，相同年龄不同身体状况也会有很大差别，因此当不同年龄、不同身体状况的个体在同一梅脱水平运动时，相对运动强度也有不同。可以将体力活动强度按照不同心肺耐力水平进行相对和绝对运动强度划分。

（四）主观疲劳感觉等级

主观疲劳感觉等级是对运动中机体的适应能力、外界环境影响、身体疲劳情况等的整体自我感觉，而不是对身体某一方面感觉的反映，如感到有点腿酸、气喘等。主观疲劳感觉等级是监测个体对运动负荷适应能力的一个有价值、可靠性较高的指标，被广泛用于评价运动强度。

1970年，瑞典生理学家伯格(Borg)首次提出主观疲劳感觉等级的概念，并制定了主观疲劳感觉等级的分级标准，将运动强度的自我感觉分为6～20级，共15个级别。其中，等级6和等级7相当于机体安静坐位的主观感觉情况，主观疲劳感觉等级与运动强度的对应关系见表4-17所示。

表4-17　主观疲劳感觉等级与运动强度之间的关系

主观疲劳感觉等级	主观疲劳感觉	体力活动强度分级	储备摄氧量(%)
6～7	毫不费力	低	<20
8～9	非常轻松	低	<20
10～11	很轻松或轻松	较低	20～39
12～13	有些吃力	中等	40～59
14～16	吃力	较大	60～84
17～18	很吃力	大	84～89
19	非常吃力	次大	90～99
20	力竭状态	最大	100

第六节　肌肉力量和肌肉耐力运动处方

一、肌肉力量、肌肉耐力概述

肌肉适能(包括肌肉力量、肌肉耐力和爆发力等功能指标)的提高将会促进人的健康。规律的抗阻运动可以改善身体成分、血糖水平和胰岛素敏感性，降低血压，减少心血管危险因素、降低全因死亡率，并改善躯体功能障碍以减少非致死性疾病的发生风险，如预防和治疗“代谢综合征”。抗阻运动不仅可以增加肌肉力量和体积，还可以有效增加骨的骨量及骨密度和骨矿含量和骨强度，进而预防、减缓甚至逆转骨质疏松症患者的骨质流失，并减轻其疼痛和改善活动不便程度。此外，抗阻运动还可以预防和减轻抑郁、焦虑，增强活力并缓解疲劳。

任何一种肌肉适能的提高，都需要进行合理的抗阻运动，有目标、有计划并准确地完成练习动作。虽然肌肉的爆发力对多种运动项目（如铅球、标枪、羽毛球等）的表现都会产生重要影响，但是对于以获得健康体适能益处为主要目的的人来说，发展肌肉力量和肌肉耐力更为重要。对于 65 岁以上老年人来说，除了要进行肌肉力量和肌肉耐力的练习，还可以通过练习爆发力使身体获益。这是因为随着年龄增长，此项肌肉适能下降最快，而爆发力不足又会增加意外跌倒的风险。

因此，对于成年人来说，与健康相关的抗阻运动目标应该是：

(1) 降低日常生活中的体力活动（如爬楼梯和提杂货袋）的生理应激。

(2) 有效管理、缓解，甚至是预防慢性疾病发生，如骨质疏松症、2 型糖尿病和肥胖症。

抗阻运动处方旨在促进健康，一般来说应先确定 2 个问题：①需要锻炼的目标肌群。例如，健身人群在锻炼初期，可从某些肌群开始锻炼，逐渐增加锻炼部位，最后达到对全身主要肌群进行锻炼、提高身体成分中肌肉百分比的目的。康复对象锻炼目的是重点锻炼肌力下降、出现萎缩的肌群，恢复肌肉的体积和力量。②需要发展何种肌肉适能。例如，肌肉适能要发展的是爆发力、肌肉力量，还是肌肉耐力。

二、肌肉力量和肌肉耐力运动处方的制订

（一）抗阻运动频率

对于无抗阻运动习惯或进行业余抗阻运动的人，以促进健康为目的抗阻运动的频率是每周对全身主要大肌肉群（即胸部、肩部、上背部、腰部、腹部、臀部和下肢）训练 2～3 天，并且同一肌群的练习时间应至少间隔 48 h。

在具体实施时，可根据运动者的时间，在一次训练课中练习所有大肌群（即整体法），或者将身体“分化”成若干部分，每次训练课仅对部分肌群进行练习。例如，运动者在周一和周四锻炼下半身肌群，在周二和周五锻炼上半身肌群。采用这种分化训练，运动者每周将用 4 天的时间把每个肌群练习 2 次，但每次训练课的练习时间要比一次完成全部肌群练习的时间短。有了不同的选择，运动者可以更灵活地安排时间，这样也有助于提高运动者对抗阻运动计划的依从性。

需要训练的全身主要大肌肉群包括：

(1) 躯干。腹肌(腹直肌、腹内斜肌、腹外斜肌、腹横肌)、腰背肌(竖脊肌、背阔肌、腰大肌、腰方肌等)和胸肌(胸大肌等)等。

(2) 上肢。肩带肌(三角肌等)、屈肘肌(肱二头肌等)、伸肘肌(肱三头肌等)屈腕肌群和伸腕肌群等。

(3) 下肢。屈髋伸膝肌群(股四头肌)、伸髋屈膝肌群(腘绳肌等)、髋关节外展肌群(臀中肌等)、髋关节内收肌群(大收肌等)以及小腿后群肌(小腿三头肌)等。

(二) 抗阻运动方式

很多抗阻练习器材都可有效地提高肌肉适能,包括自由负重(哑铃、弹簧力量练习器、沙袋和弹力带等)和外加负重片或气压阻力调节的健身器械等(常用的器械,自由负重、徒手力量练习)。抗阻练习应包含多关节练习或复合练习,即能调动多个肌群参与的运动,如卧推、下拉、臂屈伸、仰卧起坐或屈膝两头起,卧蹬和深蹲,同时还应包括单关节练习,如肱二头肌弯举、小腿背弯举和提踵等。由于肌肉不平衡会引起损伤,因此为了避免肌力失衡,在进行抗阻练习时应同时练习相对肌群(即主动肌和拮抗肌),如腰部和腹部(用"小燕飞"和仰卧起坐分别锻炼腰部肌肉和腹部肌肉),股四头肌和腘绳肌(用卧蹬和小腿背弯举同时锻炼)。

抗阻运动方式的选择主要在实现锻炼目的的基础上,根据个人健康体适能状况、客观条件等进行。

(三) 抗阻运动量

抗阻运动量主要包括组数强度、重复次数、组间间隔和动作速率,以提高肌肉力量和体积为目的。抗阻练习过程中,每一个肌群都应练习 2～4 组,同一肌群锻炼组锻炼 4 组动作比锻炼 2 组动作的效果要好。但对于初学者,即便做 1 组锻炼动作,也可以提高肌肉力量。练习时可以用同一动作来完成这些组数,也可以用同一肌群的不同动作(增加多样性和趣味性,预防"精神疲劳",提高依从性)完成。例如,在锻炼胸肌时可以进行 4 组卧推练习,也可以进行 2 组卧推练习,加上 2 组臂屈伸练习。在实践中,为了让运动者能够长期坚持锻炼,应根据其日常时间安排确定抗阻训练中每一肌群的训练组数。

抗阻练习的强度和每组动作的重复次数呈负相关,也就是说,抗阻练习的强度或阻力越大,运动者能够完成的重复次数越少。如果抗阻练习的目的是提高肌肉的力量和体积,以及一定程度的肌肉耐力(即肌肉适能),那么抗阻练习中,每组动作的重复次数应该为 8～15 次,组间休息 2～3 min,换算成阻力,即约为最大重复次数的 60%～80%。如果运动者用同一动作做多组练习,在第 1 组练习中出现瞬时疲劳前,所完成的重复次数应达到或接近 15 次,在最后 1 组练习时，这个数值可下降至 8 次。运动者完成每组动作时都应感到瞬时疲劳（暂时无法再完成下一个动作，适当休息后可重复），而不要使肌肉过度疲劳。因为当肌肉达到一定的疲劳程度之后继续训练可能会增加肌肉损伤和酸痛的发生率，尤其是初学者。

如果抗阻练习计划的主要目的是提高肌肉耐力，而不是力量和体积，那么练习的重复次数应该比较多（如每组 15～25 次），组间休息较短（约 1 min），且组数较少（即同一肌群练习 1 组或 2 组动作）。这种练习的强度和阻力以不超过 50%的 1 次最大重复次数为宜。对于老年人和体适能水平极低的人来说，由于他们很容易发生肌肉肌腱损伤。因此，在抗阻练习计划开始阶段，推荐的运动量是多重复次数（即每组10～15 次），60%～70%的 1 次最大重复次数的中等强度或主观疲劳感觉等级表为 12～13 分的练习。当他们经过一段时间的抗阻练习适应之后，可以选择按照年轻人的计划进行锻炼，即增加负重，重复每组 8～12 次锻炼动作。

不同人群常用的抗阻运动强度如下：

(1) 初学者以 60%～70%的 1 次最大重复次数（中等到较大强度）间歇训练，提高力量。

(2) 有力量练习习惯者以 80%的 1 次最大重复次数（较大到大强度）提高力量。

(3) 老年人以 40%～50%的 1 次最大重复次数（低到较低强度）为起始强度提高力量。

(4) 久坐人群以 40%～50%的 1 次最大重复次数（低到较低强度）为起始强度，可能对力量增加有益。

(5) 老年人以 20%～50%的 1 次最大重复次数提高爆发力。

一般来说，以提高肌肉力量并适当增加肌肉体积、锻炼肌肉耐力（即提高肌肉适能）为目的的抗阻练习，完成动作的速率，以中等速度（约向心 0.5 s＋停留 0.5 s＋离心 1 s）为佳。但如果要锻炼爆发力或速度力量，则应减少强度，加快动作速率。如果要增加肌肉体积或锻炼最大力量，则应适当加大负荷，减慢动作速率。

锻炼除了使用上述的动力性抗阻运动处方外，有时候需要锻炼静力性力量和耐力，具体处方原则如下：

(1) 强度。静力性力量练习负荷强度应达到锻炼者尽最大努力，也只能坚持 10 s 左右（5～10 s 偏重发展力量，10～30 s 偏重发展力量耐力）。一般达到适合重量时，肌肉会出现轻微的颤抖。为了在全关节活动范围内提高力量，应在不同角度进行练习，并分别确定负荷重量。

(2) 持续时间。每次锻炼时间一般为 10 s。最后一次锻炼时间要求尽量坚持。经过锻炼，持续的时间延长后，应及时提高负荷重量。

(3) 重复次数。锻炼重复次数由少到多，一般 3～5 次即可。

(4) 完成组数。一般只做 1 组锻炼动作。如果定为 2 组锻炼动作，可与动力性练习穿插进行。

(5) 间隔。静力性练习每次之间的间隔约为锻炼时间段 2 倍。当持续时间为 10 s 时，间隔时间为 20 s。

此外，对于儿童和青少年来说，抗阻训练的原则又有其他要求。

(四) 提高或保持

在通过抗阻运动适应了原有负荷之后，应该用更大的刺激来继续增加肌肉力量和体积，这种“递增超负荷”原则可以由多种方法实现，最常用的方法是增加训练负荷(即强度)。例如，某人用 50 kg 的负荷进行抗阻练习，当其肌肉适应达到能够轻松完成 12 次的重复次数时，就应该加大负荷，使其在采用新负荷进行 1 组练习时最多能够重复完成的次数不超过 12 次，并且练习到每组的最后 1 次重复时，产生瞬时疲劳没有明显不适。其他的递增负荷方法还包括增加每个肌群的训练组数以及每周练习的频率。通常在递增负荷时，先增加次数和组数，再增加强度比较安全。增大强度的方法除了增加外界负重或阻力外，还可以通过加大动作难度等其他方法实现，如：①改变动作开始姿势，如仰卧起坐由直腿仰卧改为屈腿仰卧；②改变支撑点，如坐位伸膝练习由整个大腿支撑在座位上，改为臀部支撑在座位上；③加长负荷力臂，如下肢力量练习，将重物由小腿近端移至远端；④提高练习的密度，缩短组间休息时间。

如果肌肉力量和体积已经达到预期目标，并且只需维持这一肌肉适能水平，那么就没有必要进一步增大训练刺激。也就是说，保持肌肉适能的抗阻运动计划不需要额外增加练习阻力、组数或频率，只要以原有的练习强度或阻力，每周进行 1 天的练习就可以保持肌肉力量。

(五) 注意事项

为了最大化获益健康并尽量减少运动损伤发生，不管训练水平高低或年龄大小，任何抗阻练习都应按照正确的技术动作要求完成，包括：①控制动作速率，缓慢且有控制地重复动作；②练习时应在全关节活动范围内活动肢体；③采用适当的呼吸方法(即向心阶段呼气、离心阶段吸气)，并且避免深吸气后屏气，再用力做呼气动作。不建议运动者进行单纯大强度(如 100%1 次最大重复次数)的离心收缩或拉长收缩练习，因为这样可能会大大增加肌肉损伤和肌肉严重酸痛的发生率，甚至导致横纹肌溶解(即由于肌肉损伤导致肌红蛋白进入血液而引发的肾脏功能损伤)等严重并发症。初学者在进行抗阻训练时，应该由有资格的健康或体适能专业人士(如经过认证的健康体能专家或私人教练)对抗阻训练课中每一个动作进行指导。

第七节 柔韧性运动处方

柔韧性运动处方的目的是根据个性化训练目标发展大肌群或韧带群的柔韧性。所有年龄段的人都可以通过柔韧性练习提高关节活动幅度或柔韧性。关节活动幅度在柔韧性练习后会立即增加,每周2~3次,坚持3~4周规律的拉伸练习之后,关节活动幅度还会长期增加。柔韧性练习还能提高肌肉韧带的稳定性和平衡性,特别是与抗阻训练结合进行时效果更好。规律的柔韧性练习会减少肌肉韧带损伤的发生率,预防腰痛,缓解肌肉酸痛。

一、柔韧性练习的方式

柔韧性练习应针对机体主要的肌肉、肌腱单元,包括肩带、胸部、颈 部、躯干、腰部、臀部、大腿前后和脚踝。提高关节活动幅度或柔韧性的练习方法如下:

(1) 弹震式拉伸或“跳跃”拉伸。利用肢体运动所产生的势能而进行的拉伸。

(2) 动力性拉伸或慢动作拉伸。通过多次重复动作,使身体从一个体位逐步过渡到另一体位,同时逐步增加关节活动幅度。

(3) 静力性拉伸。缓慢拉伸肌肉或韧带到某一位置后静止不动,保持一段时间(10~30 s)。静力性拉伸包括主动静力性拉伸和被动静力性拉伸。主动静力性拉伸是利用主动肌的力量使身体保持某一拉伸姿势,这种拉伸最常见的就是瑜伽。被动静力性拉伸是指在同伴或设备(如弹力带或芭蕾扶杆)的帮助下,抬高肢体或身体其他部位到某一设定位置。

(4) PNF练习。PNF(Proprioceptive Neuromuscular Facilitation)意译为神经肌肉本体感觉促进法。PNF练习有多种方法,但常用的是在肌肉或肌腱群等长收缩后,对此肌肉或肌腱再进行拉伸(即收缩后放松),通常需要一个同伴协助才能完成。

虽然弹震式拉伸常被看作是训练的“禁忌”,但成年人可以适当进行这种练习,特别是在需要进行诸如篮球等需要弹跳力的运动时。弹震式拉伸与静力性拉伸对提高关节活动幅度的效果是一样的,静力性拉伸比动力性拉伸或慢动作拉伸更有效。

二、柔韧性练习的量(时间、重复次数和频率等)

拉伸练习进行时,应在感觉到肌肉轻微紧张后再保持 10～30 s,延长拉伸的时间只对老年人更有益。每个柔韧性练习都应重复 2～4 组,累计达到 60 s(可以拉伸 2 次,每次 30 s;也可以拉伸 4 次,每次 15 s),按照上述安排，多数人不超过 10 min 即可完成柔韧性练习。

柔韧性运动处方的“FITT-VP”原则总结如下：

(1) 运动频率。每周至少练习 2～3 次,每天练习效果最好。

(2) 运动强度。拉伸练习感觉肌肉拉紧或轻微不适状态。

(3) 运动时间。推荐大多数人静力性拉伸练习保持 10～30 s;老年人拉伸练习保持 30～60 s 获益更多。在进行 PNF 练习时,先进行 3～6 s 低强度到中等强度的收缩(即 20%～75%最大随意收缩),再立即由同伴进行辅助拉伸练习 10～30 s。

(4) 运动方式。建议对所有主要肌肉、肌腱、韧带与组织进行一系列的柔韧性练习。静力性拉伸(即主动拉伸和被动拉伸)、动力性拉伸、弹震式拉伸以及 PNF 练习都是有效方法。

(5) 运动量。合理的练习量是每个单元柔韧性练习的总时间为 60 s;每个柔韧性练习都重复 2～4 次。

(6) 运动处方实施进度。尚无最佳进阶建议。

注意事项:肌肉温度升高时进行柔韧性练习的效果最好。通过主动热身或热敷、洗澡等被动方法都可以提高肌肉温度。拉伸活动会导致肌肉的力量和爆发力发生即刻的、短期的降低。特别是当运动者在拉伸后进行以力量和爆发力为主的运动时,这一负面影响尤为明显。建议将柔韧性练习安排在心肺耐力或抗阻训练之后,或者单独进行。

三、常用拉伸练习

(一) 颈部拉伸练习

1. 颈屈伸运动

站立位或坐位,尽量低头,停留,还原;慢慢抬头,停留,还原。

2. 颈左右旋转运动

站立位或者坐位,收下颌,头尽量左转,停留,还原;头尽量右转,停留,还原。

3. 颈侧倾运动

站立位或坐位,尽量侧头,停留,还原;做另一侧运动。

4. 颈回旋运动

站立位或坐位，头顺时针、逆时针各转动 3～4 周。

5. 颈部助力练习

头左侧倾时，用左手施加助力；头右侧倾时，用右手施加助力；左手放在头后，右手放在下颌部位，在双手助力的帮助下，做颈部向右旋转，再做反方向练习。

（二）肩、上臂部拉伸练习

1. 肩前屈练习

两手平放在地面上，尽量前伸，臀部靠近双足。

2. 肩前屈助力练习

右手将左臂拉向背部的中心线，左右交换练习。此方法常用于拉伸肩关节和肱三头肌。

3. 肩后伸练习

坐位，两手放在体侧，掌心向下，指尖向后；上体向前移动，感到牵拉后停留；两手后移，加大牵拉程度，此练习主要部位是肱二头肌。

4. 转肩练习

双手握小毛巾或纸卷，向后向上移动。

5. 肩内旋、外旋练习

左手掌心向后，右手掌心向前，两手尽量握住；如果柔韧性较差，完成练习有困难，可借助小毛巾，逐渐缩短两手之间的距离。肩周炎患者在做此练习时若有肩关节内旋功能障碍，健康侧手臂可伸肘上拉毛巾，帮助患侧臂肩关节做内旋、内收动作。

6. 肩关节转动练习

站立位或坐位，两臂下垂；两肩上提，向后转肩，同时吸气；两肩下降，放松，同时呼气；按相反方旋转，交替进行。

7. 肩背部拉伸练习

坐位，两手放在肩上，含胸，两肘尽力靠拢，使背部有牵拉感觉，停留，还原；两手放下，放松。

8. 爬墙练习

面对墙（或肋木）站立，做手指爬墙运动。尽量达到所能达到的高度（不要耸肩，上体保持直立）做 10 次；身体稍侧转再做 10 次，再稍侧转又做 10 次，直至身体侧对墙壁。此练习可作为肩周炎患者的常规练习。

（三）背部拉伸练习

1. 背部拉伸练习一

取跪立位，两手放于足跟，然后臀部后坐，尽量接触足跟，当背部感到牵拉时停留。这是背部肌肉比较缓和的拉伸练习。

2. 背部拉伸练习二

准备姿势后坐位低头含胸屈膝抱腿，保持这个姿势反复前后摇摆 8～10 次。这是一个很好的准备活动练习。

3. 背部拉伸练习三

由仰卧位开始两足并拢，举腿尽量后伸，两臂支撑背部会感到舒服一些，尽量达到两足尖接触地面。随背部柔韧性的逐步提高，可将两臂平放在地面上，踝关节跖屈，足尖进一步后伸，可以加大拉伸强度。

4. 背部拉伸练习四

这个练习与背部拉伸练习三的区别在于，两足分开，两手放在头部，然后两臂伸直，两手握住双脚，两手慢慢将两腿分开，上体进一步抬起。这个练习在拉伸背部肌肉的同时，大腿内收肌也受到拉伸。

5. 背部拉伸练习五

坐在硬椅上，体前屈，低头，弯腰，头尽量靠近膝部，停留，还原。躯干、下肢柔韧性很差的人，做直腿体前屈时，由于大腿后群肌紧张，会影响对背肌的拉伸作用，可采用这个方法牵拉背部肌肉。

（四）胸、腹部拉伸练习

1. 胸、腹部拉伸练习一

两手撑地，使躯干向后撑成弓形，头尽量后仰，感到胸腹部受到拉伸后，停留。

2. 胸、腹部拉伸练习二

准备姿势为俯卧，双手握住踝关节处将双足拉向头部方向，使身体形成弓形，身体感到拉伸后，停留。

3. 胸、腹部拉伸练习三

跪立位，两手放在腰部，上体后屈，在柔韧性提高后，身体可进一步后倒，两手撑地停留。柔韧性很好的人可以进一步后仰，直至头部着地。

（五）髋外侧、体侧拉伸练习

1. 髋外侧、体侧拉伸练习一

站立位，两臂上举，两手握拢，身体侧倾感到拉伸后停留。练习时一定要注意避免出现躯干前屈动作。用同样的方法做另一侧练习。

2. 髋外侧、体侧拉伸练习二

由两臂体后撑地的半坐位开始，双腿屈膝倒向一侧，尽量接近地面，感到拉伸时停留。向对侧做同样练习。

3. 髋外侧、体侧拉伸练习三

坐位，将左脚放在右膝关节的右侧，将右臂放在左膝环节的左侧，用右臂将左膝向右侧推，头尽量向左转，感到拉伸后，停留。向相反方向做同样练习。

4. 髋外侧、体侧拉伸练习四

坐位，两腿尽量分开，左手上举过头，同时身体尽量向右侧倾，感到拉伸时，停留。柔韧性很好者，可以用手触到右足。这个练习常常需要同伴帮助进行练习，向另一个方向做同样练习。

5. 髋外侧、体侧拉伸练习五

站立位，左下肢踏在高度适当的物体上，右臂上举，同时上体向左侧倾，感到身体被拉伸时，停留。向反方向做同样练习。

6. 髋外侧、体侧拉伸练习六

两手扶床站立，头及双足位置不动，髋关节尽量侧移，拉伸大腿外侧肌群，停留，还原。向相反方向做同样练习。

（六）股四头肌拉伸练习

1. 股四头肌拉伸练习一

开始姿势采用左腿跪立位，用右手握住左脚，将左脚尽量拉向左臀部，感到股四头肌的拉伸后停留。用同样方法做另一侧练习。

2. 股四头肌拉伸练习二

侧卧位，准备姿势，用左手握住左足，并尽量向后拉伸，停留。用同样方法做另一侧练习。

3. 股四头肌拉伸练习三

与股四头肌拉伸练习二要点相同，但准备姿势为站立位，单手扶椅背或把杆，柔韧性很好者能够达到脚高过头顶。用同样方法做另一侧练习。

4. 股四头肌拉伸练习四

准备姿势为坐位，左腿屈膝在身后，右手向身体后面移动，身体慢慢向后躺到地板上。开始时允许左膝关节抬起，最后要求左膝关节完全平放在地板上。当感到拉伸时，停留。用同样方法做另一侧练习。

5. 股四头肌拉伸练习五

准备姿势为跪坐位，两脚分开，两手慢慢后移，身体后倒，但膝关节始终保持平放在地板上，尽量后倒，感到拉伸时，停留。如能完成平躺姿势，可用双手将双足推向臀部，增加拉伸的强度。这是股四头肌拉伸练习中难度比较大的练习。

6. 股四头肌拉伸练习六

弓箭步，上体正直，身体重心尽量下压，停留，放松。左右交换进行。练习时如上体前倾，则达不到牵拉髋关节前面关节囊、韧带的作用。用同样方法做另一侧练习。

7. 股四头肌拉伸练习七

仰卧位，臀部以床沿齐，两腿屈膝、髋，两手抱膝；一侧腿保持屈曲，另一侧腿慢慢伸直，借重力作用尽量后伸，停留，还原。左右交替进行。这个练习可在康复锻炼中使用。

（七）腘绳肌拉伸练习

1. 腘绳肌拉伸练习一

这是腘绳肌拉伸练习中最容易的一种。仰卧位，双手抱一侧膝关节，使其尽量靠近胸部，感到拉伸时，停留。进一步，使膝关节尽量接近头部。有时需要同伴帮助完成练习。用同样方法做另一侧练习。

2. 腘绳肌拉伸练习二

准备姿势为坐位，右脚尽量靠近身体，上体前屈，两手前伸，握住左足，腘绳肌感到牵拉后，停留。柔韧性提高后上体可继续前倾。两手交叉握住足部，可以加大牵拉强度。如果完成动作比较困难，可用带子或毛巾套过足底，两手握住带子或毛巾的两端，帮助上体前屈。也可请同伴帮助在背部施加压力。练习时膝关节保持伸直，用同样方法做另一侧练习。

3. 腘绳肌拉伸练习三

仰卧位，左腿屈曲，右腿伸直，双手（放在大腿处）拉右腿向躯干靠拢，感到拉伸后，停留。如果踝关节背屈，可以增加对腘绳肌的拉伸；将双手移至小腿处，进一步拉伸。左腿放平在地板上，拉伸右腿，使其尽量靠近头部，也可以在同伴帮助下完成练习。用同样的方法做另一侧练习。

4. 腘绳肌拉伸练习四

这个练习由坐位开始，利用不同程度的躯干前屈达到拉伸腘绳肌的目的。每当感到拉伸后，停留。柔韧性较差时，利用带子或毛巾帮助完成练习。不同的姿势，可以使腘绳肌受到不同程度的拉伸。如果双手在前脚掌处用力使踝关节背屈，则可进一步加大拉伸力度。

5. 腘绳肌拉伸练习五

由站立位开始，体前屈，双手抱住膝关节后面，感到拉伸时停留，两手逐渐下移，能达到头部靠近双腿的姿势，说明柔韧性很好。

6. 腘绳肌拉伸练习六

准备姿势为坐位，左腿屈膝，左足放在右腿下面，左臂支撑身体，防止后倾，右手在外侧抱在右腿膝关节下方，用力时右腿靠近身体，感到拉伸时，停留。进一步使右腿靠近身体，提高拉伸强度。右手也可以由右腿内侧抱住小腿。用同样方法做另一侧练习。

7. 腘绳肌拉伸练习七

面对同伴站立，抬腿由同伴托住左腿足跟；上体由左腿内侧前屈，左臂伸向地板，感到牵拉时，停留。右臂越过头部握住左足，可以加大牵引强度。练习时两腿都必须保持伸直。用同样的方法做另一侧练习，没有同伴时，可将足跟放着适当的器械上。

8. 腘绳肌拉伸练习八

开始姿势为站立位，抬腿，双手握右足，保持平衡，右腿由屈曲到完全伸直，感到拉伸时，停留。难度最大的姿势为上体前屈，使头部靠近右腿。用同样方法做另一侧练习。

9. 腘绳肌拉伸练习九

呈跨栏坐的姿势，双手前伸，上体尽量前倾，感到拉伸时，停留。争取达到双手可握到足部，用同样方法做另一侧练习。

10. 腘绳肌拉伸练习十

做站立位体前屈练习时，为避免膝关节弯曲，可采取双腿左右交叉的站立位进行。

11. 腘绳肌拉伸练习十一

仰卧位，臀部对墙壁，两腿向上伸直，靠在墙壁上，两腿交替屈髋，利用重力拉伸大腿后肌群，感到拉伸时，停留。回到靠墙位置，左右交替练习。这个方法可以用于康复训练。

（八）腹股沟部位拉伸练习

1. 腹股沟部位拉伸练习一

两足分开下蹲，上体前倾，两臂放于两腿内侧；两臂向外用力，使两腿尽量分开。感到拉伸后，停留。练习时身体尽量下压。

2. 腹股沟部位拉伸练习二

准备姿势为盘腿坐，两足底相对，足跟尽量靠近臀部，上体前倾，大腿内侧感到拉伸后，停留。可以在同伴帮助下完成练习。

3. 腹股沟部位拉伸练习三

练习由弓箭步开始，但后腿足背着地，后腿慢慢向后滑动，上体向前下方压，感到拉伸后，停留。左右交替进行。

4. 腹股沟部位拉伸练习四

准备姿势类似侧压腿，左踝关节背屈，足跟着地，慢慢向外侧滑动，同时上体向下尽量接近地面，感到拉伸后停留。用同样的方法做另一侧练习。

5. 腹股沟部位拉伸练习五

两腿尽量分开站立，体前屈；上体下压，感到拉伸时，停留。能够轻松完成后，上体进一步前屈，两手握踝关节，两腿再慢慢向外分开。感到拉伸后，停留。练习时应注意防止因地面过滑引起损伤。

6. 腹股沟部位拉伸练习六

两腿分开，上体前屈，两手撑地，两腿慢慢向外分开，身体重心下降，感到拉伸后，停留。柔韧性很好者，能够达到上体完全接触地面。

7. 腹股沟部位拉伸练习七

练习由单腿跪立开始，前脚向前滑动，感到拉伸后，停留。最终达到劈叉动作。左右交换练习。

8. 腹股沟部位拉伸练习八

坐位，两腿尽量分开，上体前倾，感到拉伸后，停留。柔韧性提高后，可由两手撑地姿势分开，握住两踝关节，上体接触地面。练习时可由同伴在背部施加适当压力。

9. 腹股沟部位拉伸练习九

开始姿势呈跨栏坐，上体前倾，感到拉伸后，停留。柔韧性提高后，两手由撑地姿势分开，上体接触地面。用同样方法做另一侧练习。

（九）小腿部拉伸练习

1. 小腿部拉伸练习一

两手扶墙或扶在同伴身上，动作要求为前腿屈膝，后腿伸直，足跟不得离地，上体与后腿保持在1直线上，与地面呈大约45°，停留。左右交替进行。

2. 小腿部拉伸练习二

可利用木块、砖头、台阶、楼梯等进行练习。将1个脚掌踏在选定的物体上，伸膝，身体重心向上，足跟向下，感到拉伸后，停留。用同样方法做另一侧练习。

3. 小腿部拉伸练习三

背对墙站立，足跟靠墙，足尖下垫1木块或垫1底面长、宽各30 cm、高15 cm的三角木盒，停留3～5 min，休息。练习时，随三角木盒与墙之间的距离由远到近，拉伸的力量由小到大。

4. 小腿部拉伸练习四

在康复锻炼中，若下肢不能负重时，可采取坐位，两腿伸直，两手握毛巾两端，将毛巾中部套于患足前脚掌，两手用力拉毛巾，帮助患足背屈。长期卧床、跟腱手术后的康复，常用这个练习保持或恢复踝关节的活动幅度。

（十）加大膝关节活动幅度的练习

对下肢功能障碍的康复，需要加大膝关节活动幅度，可采用以下练习方式：

1. 加大膝关节活动幅度练习一

俯卧位，用健侧足在患侧足上加力，帮助患侧膝关节屈曲。

2. 加大膝关节活动幅度练习二

俯卧位，两手握毛巾两端，中间套装患侧踝关节处，手拉毛巾，帮助患侧膝关节屈曲。适用于膝关节屈曲接近 90°或超过 90°的患者。

3. 加大膝关节活动幅度练习三

跪立位，身体重心向下压，借自身重力帮助膝关节屈曲。这个练习方法只能用于膝关节活动幅度超过 90°以后的患者。

四、常用 PNF 练习

根据 PNF 练习的原则，各种练习方法均为在达到最大活动限度后，做肌肉抗阻静力性收缩练习，持续 10 s 左右，重复 3～5 次。常用 PNF 练习方法如下：

1. 腘绳肌 PNF 练习

仰卧位，一侧下肢平放，在同伴帮助下，另一侧下肢尽量直膝抬腿至最大限度后，同伴用力顶住时，练习者用力下压（伸髋），做伸髋肌群的静力性收缩，放松。这时下肢可以很容易地抬高到一个新的最大限度，再用力下压，反复进行。

2. 肩关节 PNF 练习

坐位，同伴位于练习者身后，练习者在同伴的帮助下，上肢屈肘上举（肩关节屈曲）到最大限度后，练习者向前下方用力（肩关节伸），左手用力对抗，持续 10 s 左右，放松。上肢上举到新的最大限度，再用力下压，重复练习。

3. 背肌 PNF 练习

直腿坐在床上，面向床脚，同伴拉住练习者的双手，在同伴的帮助下，练习者上体尽量前屈，达到最大限度后，用力将上身抬起（躯干伸），着手给予阻力。做背机的静力性收缩，放松。上体进一步前屈后，重复练习。

4. 大腿外展 PNF 练习

盘腿坐，两足底相对，足跟靠近身体，同伴可跪立于练习者对面，在同伴的帮助下，大腿尽量外展，使膝关节接近地面，达到最大限度后，练习者用力内收两腿，助手在两膝关节处给予阻力，练习者做静力性收缩，放松。大腿进一步外展，重复练习。

课程思政案例四

◆案例名称

体育，不仅仅是胜利。

◆**教学目标**

引导学生养成诚信、公平竞争的世界观、人生观、价值观。

◆**案例简述**

2003 年中国香港“贺岁杯”，在伊朗队和丹麦队的足球比赛中，伊朗队球员误将球场外的野哨当作裁判的哨声，以为比赛暂停便用手接球，结果被裁判果断吹罚点球。但丹麦队球员故意将球射偏，他认为比赛不管输赢都要公平，最终丹麦队却输在了 1 个点球上，以 0∶1 告负。但他的这一举动感动了球迷，赢得了全世界的球迷和对手的尊敬。

2019 年英格兰冠军联赛，利兹联队主场迎战阿斯顿维拉队。比赛进行到第 71 分钟，阿斯顿维拉队球员受伤，队友们放弃防守。利兹联队乘机打进 1 球，这引发了阿斯顿维拉队球员不满，双方球员爆发了冲突。随后，利兹联队主教练贝尔萨向队员要求：开球后全队不许防守，还给对手这个进球。最终利兹联队 1∶1 战平阿斯顿维拉队，这场平局使他们丧失了争夺“英冠”第 2 名直接升上“英超”的可能。在随后的附加赛中，他们遗憾输给德比郡队无缘“英超”。但这种载入史册的风度，远比胜负与金钱更珍贵。

作为国际足联的公平竞赛大使，意大利球员西蒙尼·法里纳来到了“诚实体育研讨会”。提起他的名字，大家可能不熟悉，但分享了他的足球故事，大家便会对这位年轻人肃然起敬。

“2011 年，我是意大利乙级球队古比奥队的后卫。1 场‘意大利杯’的比赛前，我的 1 名前队友找到我，希望我和他合作，将会有 20 万欧元的报酬。”西蒙尼·法里纳平静地诉说这件往事。“当时我有过犹豫，但最后还是站了出来。这违背了足球运动理念，包括公平竞赛、尊重队友与对手。我从小的梦想就是成为职业球员，梦想在杂志上看到自己的照片，从小就知道作弊违背足球运动的信念。”

西蒙尼·法里纳最终抵制住诱惑，向国际足联举报，20 个涉案人员因此被逮捕，其中包括他的队友。事后，意大利国家队主帅征召他进入了国家队，让他和国脚共同训练了 3 天，以表彰他的正义行为。意大利足协和国际足联分别聘请他为公平竞赛形象大使，西蒙尼·法里纳成了国家的正面人物。

但风波过后，西蒙尼·法里纳却遭到了意大利俱乐部的排斥，古比奥队选择和他解约，没有球队再敢用他，31 岁的他只能黯然退役。迫于压力西蒙尼·法里纳背井离乡，在英格兰开始了新生活。直到 2012 年，西蒙尼·法里纳在“英超”阿斯顿维拉俱乐部谋得社区教练职位，得以继续足球事业。“我现在是阿斯顿维拉队的青训教练，教的孩子为 6～10 岁，向孩子们传授职业生涯的第一课：诚实。我希望孩子们能够学会诚信、勇敢以及正确的价值观。”西蒙尼·法里纳说。

“西蒙尼·法里纳最终还是得到了国际足坛的认可，他的事迹给很多人以鼓舞，我们需要这样的正义卫士。”国际足联安全主管拉尔夫说，他的举动激励更多球员向假球、赌球的违法行为说“不”。

◆背景介绍

国际足联公平竞赛奖是由国际足联颁发的奖项，给予在竞赛中经常保持公平竞技或在指定事件中体现公平竞技的个别球员，或者对抗种族歧视的个人或团体。首届奖项颁发给邓迪联的球迷，以表扬其同年于球队在欧洲“联盟杯”决赛负于哥德堡队后对2支球队同样支持的体育精神。

◆科普知识

公平竞争既是竞争群体利益的要求，也是国家规制竞争活动的指导思想。

奥林匹克精神强调竞技运动的公平与公正。“公开、公平、公正”原则，为“更快、更高、更强”的奥林匹克口号起到了“保驾护航”的作用，它让世界上最优秀的运动员信服地站在奥林匹克运动会五环旗下。

◆主要观点

公平竞争是对运动员、教练员、裁判员等参与者的最基本要求，原因极其简单，如果体育竞赛连起码的公平竞争都不能实现，就无法保证比赛的顺利进行，比赛结果也就没有什么意义。

现实社会中，做人、做事都有规则和道德底线，要树立正确的世界观、人生观、价值观，做到诚实、公平、公正。

◆思考一下

结合诚信，试谈一谈体育竞赛的公平、公正对践行社会主义核心价值观的意义。

复习思考题

1. 运动处方的概念与内容是什么？
2. 心肺耐力运动处方的制订包括什么？
3. 常用PNF练习有哪些？

第五章 运动与体重管理案例分析

第一节 减脂运动案例分析

减肥就是减脂，体脂率是影响身材的关键。体脂率是指身体里脂肪的含量占总体重的比率。同样身高体重之人，体脂率越高体内脂肪含量就越多，看起来越胖，体脂率越低体内脂肪含量就越少，看起来越结实健壮。正常成年人的体脂率男性为10%～20%，女性为17%～32%。若体脂率过高，且体重超过正常值的20%以上就可视为肥胖。为什么在同样体重的情况下，体脂率却有不同？从美学角度来讲，肌肉含量多的身材要比脂肪含量多的身材形体更加纤细，视觉上也更加美丽。

一、减脂运动原则

(1) 能量负平衡原则：能量消耗应大于能量摄入。

(2) 循序渐进原则：锻炼内容、方法和运动负荷等的顺序安排，由易到难，由简到繁，逐步深化提高。

(3) 力量训练原则：除了每周至少进行150 min中等强度有氧运动外，还要进行2次或2次以上肌肉力量训练。

二、减脂运动方案

预防肥胖以每周3～5次有氧运动，每次运动30～60 min，每周运动至少累计150 min最为适当。

开始减肥的运动方案与预防肥胖的运动方案相同。

减肥和预防反弹措施为每周5次有氧运动，每次运动50～60 min，每周运动累计250～300 min。

三、减脂运动案例

（一）大学生运动与饮食结合减脂范例

王××，女生，20 岁，身高 160 cm，体重 80 kg，腰围 93 cm，计划减肥，设想 4 周减轻体重 3.6 kg。这里为她制定的减肥方案如下：

1. 计算 BMI 值

$$BMI=80\div 1.6^2=31.25(kg/m^2)$$

王××腰围 93 cm，判断其为中心型肥胖。

2. 计算每天需要亏空的能量（每月 4 周 28 天计）

0.9 kg 体脂约含热能 7 000 kcal，3.6 kg 体脂约含热能 28 000 kcal。

$$28\ 000\div 28=1\ 000(kcal)$$

王××每天需要多消耗的能量为 1 000 kcal。

3. 食谱编制

建议王××每天饮食少吃 600 kcal 热量。

王××标准体重＝160－105＝55(kg)

每天应该摄入的热量＝55×30－600＝1 050(kcal)

采用实物交换份法编制食谱。王××每天总热量为 1 050 kcal，按 1 050 kcal查附录得知王××每天食物总份数为 12 份；各类食物份数分别为谷类 5.5 份，蔬菜类 1 份，肉蛋类 2 份，奶类 1.5 份，水果类 0.5 份，油脂类 1.5 份，再将各类食物份数换算成各类食物重量为：大米 137.5 g、青菜 50 g、肉蛋 100 g、牛肉 250 g、苹果 100 g、油脂 15 g。

4. 减脂运动方案设计

王××每天应运动多消耗 400 kcal 能量。减脂运动处方为：

运动目标设定每天运动消耗 400 kcal 能量。

有氧运动类型为走路、游泳。运动强度宜每分钟快走 100 m 为最宜，游泳宜每分钟 30 m 为最佳。运动持续时间以每天快走 30 min，分 2 次完成为最宜；游泳以每天每次60 min，每周 2 次为最佳。

运动频率最好每周快走 7 日，游泳 2 次。

相关数据表明快走总能量消耗系数为 0.076 kcal/(kg · min)，游泳能量消耗系数为 0.17 kcal/(kg · min)。

运动消耗的能量＝运动时间×体重×能量消耗系数

其中，运动消耗的能量单位为 kcal；运动时间单位为 min/d；体重单位为 kg；能量消耗单位为 kcal/(kg · min)。

将有关数据代入上式：

平均每天运动消耗的能量＝(30×80×0.076×7＋60×80×0.17×2)/7＝415.5(kcal)

王××平均每天运动要达到消耗 400 kcal 能量的运动目标，每周运动消耗总能量为 2 909 kcal。建议其充分利用上、下课时间和课间休息的时间进行运动，遵循循序渐进原则，逐渐增加运动量，通过 6 周的时间达到每天消耗 400 kcal 的推荐量，按每周 10%～20%的速度递增运动量。建议王××的具体运动指导方案如表 5-1 所示。

表 5-1　王××减脂运动指导方案

运动项目	第 1 周		第 2 周		第 3 周		第 4 周		第 5 周		第 6 周	
	时间(min)	天数(天)	时间(min)	天数(天)	时间(min)	天数(天)	时间(min)	天数(天)	时间(min)	天数(天)	时间(min)	天数(天)
快　走	20	3	20	4	20	5	20	6	30	6	30	7
慢　跑	20	1	30	1	30	2	40	2	50	2	60	2

注意事项：膳食热量总摄入与机体总能量消耗要达到负平衡，体重才能下降；循序渐进原则，若初期运动持续时间较短，可间隔累计运动持续时间；跑步时注意保护膝关节与踝关节，避免不必要损伤。

(二) 男大学生减脂运动范例

吴××，男生，20 岁，身高 175 cm，体重 81 kg，体脂率 28%，腰围 105 cm。该学生运动后的最佳减脂方案如下：

运动类型为走、跑为主的有氧运动，居家锻炼可用跑步机或跳绳代替。运动强度为：①以每小时走 5～6 km 的速度走 5～10 min；②以每小时跑 8 km 的速度跑 5～10 min；③以每小时跑 10 km 的速度跑 5～10 min；④以每小时跑 12 km 的速度跑 5～10 min；⑤以每小时跑 8 km 的速度跑 5～10 min。运动频率为每周 5 次，每次持续时间为 30～60 min。

(三) 女大学生减脂运动范例

胡××，女生，20 岁，身高 160 cm，体重 56 kg，体脂率 24%，肝脏脂肪超标 13%(正常为小于 5.6%)，××高校学生，该学生运动后的最佳减脂方案如下：

运动类型为北欧式行走。北欧式行走源于北欧滑雪运动，它是在健步走或者快步走的速度下，双手配合使用步行杖，全身协调用力的 1 项步行运动，使人们下肢得到锻炼的同时，上肢也得到锻炼，增加了运动负荷，在同样的时间内锻炼可以达到事半功倍的效果。运动初始强度为最大心率的 60%，渐近至 75%。运动频率每周 2～3 次，每次持续时间 30～60 min。

(四) 中年男子减脂运动范例

刘××，男，40 岁，体重 70 kg，工作繁忙。运动目标为每天运动能量消耗量

240 kcal，为他制订的运动处方如下：

(1) 运动目的：体重管理，提高人体心肺功能，每天运动能量消耗 240 kcal。

(2) 运动项目：走路、游泳。

(3) 运动强度：快走 110 m/min，游泳 30 m/min。

(4) 运动持续时间：快走 30 min/d，分 2 次完成；游泳 70 min/周。

(5) 运动频率：快走 6 日/周，游泳 1 次/周。

(6) 注意事项：走路选择适当的运动鞋。

经查表得到快走能量消耗系数为 0.076 kcal/(kg · min)，游泳能量消耗系数为 0.17 kcal/(kg · min)，并计算刘××平均每天运动消耗的能量为：

$$\text{平均每天运动消耗的能量}=(30\times70\times0.076\times6+70\times70\times0.17\times1)\div7=255.8\ \text{kcal}$$

刘××达到平均每天运动消耗 240kcal 能量的运动目标，每周运动消耗总的能量为 1 791 kcal。建议刘××充分利用上下班和工作间歇时间进行运动，遵循循序渐进原则逐渐增加运动量，通过 6 周的时间达到每天消耗 240 kcal 能量的目标，每周应按 10%～20%的速度递增运动量，建议的运动减脂指导方案见表 5-2。

表 5-2 刘××减脂运动指导方案

运动项目	第 1 周		第 2 周		第 3 周		第 4 周		第 5 周		第 6 周	
	时间(min)	天数(天)	时间(min)	天数(天)	时间(min)	天数(天)	时间(min)	天数(天)	时间(min)	天数(天)	时间(min)	天数(天)
快走	20	3	20	4	20	5	20	6	25	6	30	6
慢跑	20	1	30	1	40	1	50	1	60	1	70	1

第二节 增肌运动案例分析

少运动或不运动的危险就是会导致肌肉衰减。肌肉衰减能危害人体基础能量代谢、骨骼肌质量和导致力量下降，跌倒损伤概率增加，机体活动功能降低，疾病风险增加。增肌运动对于维持人体正常的生理功能和减缓衰老的进程有重要意义。

一、增加骨骼肌的力量训练原则

(1) 大肌群参与：每周进行 2～3 次大肌群参与的力量训练。大肌群指的是胸、腿、背、腹四大肌群。

(2) 分组负荷：各肌群应进行 2～4 组力量运动。

(3) 负荷强度：可重复 8～12 次的负重。

(4) 组间间歇：每组练习间可间隔 2～3 min(不同肌群交替训练)。

二、增加肌肉的运动方法

增加肌肉的运动采用抗阻力量训练法，为保证肌肉修复和预防肌肉疲劳，抗阻力量锻炼一般隔日进行。抗阻力量训练 1 周运动方案如表 5-3 所示。

表 5-3　抗阻力量训练 1 周运动方案　(min)

时　间	星期日	星期一	星期二	星期三	星期四	星期五	星期六
运动方案	休　息	练习 30 放松 10	休　息	练习 30 放松 10	休　息	练习 30 放松 10	积极休息或骑自行车、做家务、散步等

三、增加骨骼肌的运动范例

(一) 女大学生低体重增肌范例

1 名 20 岁女大学生，身高 167 cm，体重 50 kg，BMI 为 17.9 kg/m^2，她想坚持锻炼，保持身材。

瘦体重也称去脂体重，指身体除脂肪以外其他成分的重量，主要包括骨骼、肌肉等，瘦体重可以反映身体强壮程度。

为该女生制订的锻炼计划为：

运动组合：蹬椅上下＋深蹲起立＋椅臂屈伸＋平板支撑。

运动频次：1 周 3 次，每次 3 组，每组 10～15 个动作，组间休息 3 min。

(二) 男大学生低体重增肌范例

1 名 22 岁男大学生，身高 178 cm，体重 73 kg，体脂率 18%，他想坚持锻炼，保持体型。

为该男生制订的锻炼计划为：

运动组合：开合跳＋靠墙深蹲＋俯卧撑＋仰卧起坐。

运动频次：1 周 3 次，每次 3 组，每组 10～15 个动作，组间休息 3 min。

第三节　健骨运动案例分析

一、健骨运动

人的年龄在 40 岁以后，骨密度开始减少，骨组织微结构退变，骨的脆性增加，以至于易发生骨折等全身性骨骼疾病，即骨质疏松。骨质疏松有三大危害：

(1) 疼痛。腰背酸痛或周身酸痛,负荷增加时疼痛加重或活动受限,严重时翻身、起坐及行走均有困难。

(2) 脊柱变形。骨质疏松严重者有身高降低和驼背的风险。椎体压缩性骨折会导致胸廓畸形、腹部受压,影响心肺功能等。

(3) 骨折。非外伤或轻微外伤发生的骨折为脆性骨折,是低能量或非暴力骨折,如从站高或小于站高跌倒或因其他日常活动而发生的骨折。脆性骨折发生常见部位为胸、腰椎、髋部、桡骨、尺骨远端和肱骨近端。

二、增加骨密度的运动原则

人的骨骼在人的一生中始终进行着新陈代谢,也就是骨重建,直至生命结束。人体骨骼中有三类细胞即产生有机成分的成骨细胞、产生无机成分的骨细胞和作用于骨吸收的破骨细胞。在骨重建活动中,破骨细胞活性加强,旧骨吸收破坏,随后成骨细胞活性加强,分泌骨基质,骨基质矿化形成成熟的骨基质,即形成了新骨。虽然成年以后骨密度等健康指标很难提高,但是仍然可以通过锻炼提高骨健康的水平。专一性原则、超负荷原则、边际效应递减原则和可逆性原则是通过锻炼提高骨密度的 4 条原则。

(一) 专一性原则

锻炼提供定位的成骨效应。不同于肌肉锻炼,锻炼对骨骼的成骨效应只体现在锻炼部位本身,所以要增强全身骨骼就要进行全身锻炼。

(二) 超负荷原则

逐渐增加锻炼强度不断促进骨健康。负重和阻力练习对骨骼最有利。负重练习迫使在重力作用下锻炼。重力负荷(冲击)可刺激骨骼,对骨骼造成压力。这个压力向身体传递了一个信号:骨骼需要变得更强壮。这样骨骼就会生长出新的细胞从而变得强壮。仅仅是普通程度的负荷是无法促进骨健康的,只有超负荷的强度才行。

(三) 边际效应递减原则

对大多数人来说,骨量在 30 岁左右达到峰值(最大骨密度和强度),之后,骨量开始逐渐减少。当达到骨密度的最高生物学上限时,骨密度进一步增加需要更大的努力。骨骼的增长并非无限的,骨密度越高,增长所需的努力越多。

(四) 可逆性原则

间断性超负荷的锻炼反而会改变锻炼的成骨效应。和肌肉一样,骨骼也是通过变得更强来对运动做出反应的活组织。经常运动的人通常比不经常运动的同龄人骨密度要高。运动还可以帮助人们保持肌肉力量、协调和平衡,防止跌倒和相关骨折。

但是，我们要注意的是运动仅是骨质疏松症治疗计划的一部分。富含钙和维生素 D 的饮食与运动有助于增加任何年龄的骨密度。但适当的运动和饮食可能不足以阻止因疾病、更年期、吸烟或过度饮酒等生活方式造成的骨密度丢失。

三、增加骨密度的运动方法

(1) 冲击负荷运动：如跳绳、打球、跳舞、爬楼梯、健步走和慢跑。

(2) 抗阻运动：如举重、蹲伸、推拉。

(3) 其他运动：如游泳和骑自行车，这些运动不是增强骨骼的最好方式，但是有助于建立和保持强壮的肌肉，以及有利于心血管健康。

四、增加骨密度的运动范例

(一) 绝经期女子增强骨质运动范例

1 名 45 岁绝经妇女，绝经后有骨量流失和骨密度下降现象，该怎么办？

她所有的运动检测和方案制订在医务监督下进行：

(1) 具有冲击负荷的简易运动是绝经后妇女维持和改善骨密度的 1 种安全有效的运动方法。

(2) 每周 2 次有指导的混合训练加每周 4 天在家中进行自我锻炼。锻炼方案包括 5 个训练期，为期 8～11 周。

(3) 每次锻炼都进行 10 min 的热身，最后进行伸展运动。

(4) 在前 2 个训练周期，进行 3 次循环，分别为原地跳（10 次）、跨越软栏（13～16 cm 高）、下落跳跃（10～15 cm 高）和单、双脚跳（在第二训练期间增加双脚 10 次，单脚 10 次）。

接下来的 3 个周期，进行 4 次跳跃（19～25 cm 高）、下落跳跃（20～25 cm 高）、单脚跳跃（每条腿各 10 次）和双脚跳跃（10 次）。

(5) 所有混合训练应包括 3～4 次上身抗阻练习（胸部、上肢屈伸等）。

(6) 家庭锻炼计划为混合训练，包括 3 次跳绳（30 s）、跳跃（每条腿 10 次）和下落跳跃（15 cm）的循环。此外，还包括加强腹部和下背部的练习。

(二) 老年人增强骨质运动范例

1 名 70 岁老年男子，身高 168 cm，体重 75 kg，体脂率 26%，有高血压、骨质疏松症，该怎么运动？

抗阻运动增加骨密度原理为：施加于骨骼的肌肉力量，在肌腱附着处能够产生促进骨反应的有效刺激，增加骨密度，并可能抑制骨吸收。为此该老年男子设计中等负荷至大负荷抗阻训练方案为：

(1) 负荷重量:70%～90%1 次能完成的最大重量。

(2) 重复次数:70%1 次能完成的最大重量,重复 11 次,90%1 次能完成的最大重量,重复 4 次。

(3) 重复组数:3～4 组。

(4) 练习频率:2～3 次/周。

第四节 慢性病运动案例分析

一、2 型糖尿病患者的运动处方

(一) 干预目标

2 型糖尿病患者的运动干预目标是提高心肺功能,改善胰岛素敏感性,控制血糖和体重,保持或增加肌肉体积,控制病情,预防并发症。在没有运动禁忌,即运动能力没有受到特殊限制的情况下,糖尿病患者身体活动的推荐量与普通人相同,日常活动较少或风险较高的患者宜选择适宜强度来制定身体活动目标。总活动量的设定也应以个人病情和体质为基础。

(二) 运动原则

(1) 运动频率。有氧运动每周至少 3 天,连续间断不超过 2 天。抗阻运动每周至少 2 次。鼓励糖尿病患者从事各种肌肉力量训练。可以从中低负荷开始,每组肌肉练习 8～10 次。随着肌肉力量的增强,负荷和重复次数可以逐渐增加。练习负荷较大时,同一组肌肉的练习应隔日进行。

(2) 运动强度。中等强度(50%～70%最大心率),主观疲劳感觉等级表的 12～13 级;较大强度可以获得更多效益。

(3) 持续时间。每周累计至少进行 150 min 中等强度运动,有氧运动每次至少进行 15 min,每周活动累计达到 300 min 可以获得更多健康效益。

(4) 运动方式。强调大肌肉群参与有节律的持续性有氧耐力运动和肌肉力量练习。

(5) 静坐。限制静坐时间,持续静态行为时间不超过 30 min。

(6) 进度。与健康成年人一致,强调循序渐进原则。

(三) 运动注意事项

(1) 血糖大于 16.7 mmol/L 应禁忌大强度耐力运动。

(2) 出现严重或增生性视网膜病变时,应避免大强度耐力活动、中高负荷抗阻力运动、冲击用力和爆发用力。

(3) 出现血糖控制不稳定、血糖大于 16.7 mmol/L 合并酮症、视网膜出血或感染、不稳定心绞痛时应禁止各种运动。

（4）预防低血糖。

① 运动前的胰岛素应避免注射于运动肌肉，最好选择腹部。

② 在初次运动和改变运动量时，应监测运动前和运动后数小时的血糖水平，如运动时间长，还应考虑运动中的监测。根据监测血糖变化和运动量，可酌情减小运动前胰岛素用量或增加碳水化合物的摄入量。

③ 运动前血糖水平若小于 5.6 mmol/L，应进食碳水化合物 20～30 g 后再运动。

④ 有些患者运动后低血糖的影响可持续 48 h，必要时应在运动后进行更多监测。

⑤ 运动量和强度增加应合理安排进度，以保证运动安全。对于运动伤害风险低的患者，一般需要 1～2 个月逐步达到目标运动量和强度；风险较高的患者则需要至少 3～6 个月才能达到目标运动量和强度。

⑥ 运动时的足部出现破溃、感染时，应避免下肢运动。除了每天检查足部之外，为避免发生足部皮肤破溃和感染，参加运动前要做足部检查，特别要选择合适的鞋子和柔软的袜子。病情严重者建议从事足部无负重运动，如骑自行车、游泳、上肢锻炼等。

二、原发性高血压的运动处方

（一）干预目标

原发性高血压运动干预的目的是提高心肺和代谢功能，稳定血压，控制体重，预防并发症，缓解精神压力，改善心理平衡。

（二）运动原则

（1）运动频率为每天都应进行有氧运动，每周 2～3 天的抗阻运动。

（2）运动强度为中等强度（40%～60%最大心率）的有氧运动，以 60%～80%的 1 次能完成的最大重量强度进行抗阻运动。

（3）有氧运动每天至少进行 30 min，每次至少进行 15 min。抗阻运动每次至少做 1 组，每组 8～12 次重复。

（4）运动方式以大肌肉群参与的有氧运动为主，抗阻运动仅限于病情较轻和运动伤害风险较低者，推荐所有大肌肉群的中低负荷抗阻力训练。

（5）运动处方进度与健康成年人一致，但应结合血压控制情况、药物治疗情况和并发症等，尤其强调高血压患者运动处方进度的循序渐进原则。

（三）注意事项

（1）β 受体阻断剂影响运动中的心率反应，应采用主观疲劳感觉等级表等指标综合判断运动强度。

(2) α_2受体阻断剂、钙通道拮抗剂和血管舒张药物可诱发运动后低血压,因此运动后的放松过程需延长,逐渐降低运动强度。

(3) 利尿剂可诱发低钾血症,使发生心律失常的风险增加,应酌情适量补钾。

(4) 运动中血压上限建议设定在 220/105 mmHg。

(5) 抗阻训练时避免憋气,特别是用力时别憋气。

(6) 耐力运动作为治疗方案的一部分时要酌减用药剂量。

(7) 湿热天气和运动中出汗多时,应注意身体水分状态的监测和水的补充。

课程思政案例五

◆案例名称

刘翔夺取金牌,为国争光。

◆教学目标

通过学习刘翔夺冠事迹可以鼓舞学生努力奋斗,打破他人常规思想,用自己的努力去拼搏,为国争光。

◆案例简述

刘翔是中国运动员的骄傲,他在 2004 年雅典奥运会上以 12 秒 91 的成绩平了由英国名将科林·杰克逊保持的男子 110 m 栏世界纪录。这枚金牌是中国男选手在奥运会上夺得的第 1 枚田径金牌,书写了中国田径新的历史。在 2006 年 7 月的洛桑田径大奖赛上,刘翔又以 12 秒 88 的成绩打破了世界纪录,再次震惊世界。2007 年 8 月,刘翔夺得田径世锦赛冠军,成为集奥运冠军、世锦赛冠军和世界纪录保持者于一身的大满贯得主,这也是中国男选手在世锦赛上获得的第 1 个世界冠军。

刘翔是我国体育界的人才,是中国人民的骄傲。他给祖国增添了光彩,填补了国内田径夺冠多年缺失的空白,给祖国和人民带来了自信和欢笑,带来了精彩的一幕。

◆背景介绍

110 m 栏项目一直是欧美人的天下,在 2004 年以前,这个项目的高手都在国外,2004 年刘翔在雅典奥运会上获得冠军,中国 110 m 栏项目逐渐兴起。2014 年 5 月 19 日,在国际田联钻石联赛上海站中,谢文骏夺得 110 m 栏冠军。

◆科普知识

110 m 栏是 110 m 跨栏的简称,属于田径中的径赛项目的 1 种,也是奥运会项目。作为田径运动的跨栏跑，是由跨越障碍物的基本技能发展演变而来的。目前，奥运会的田径项目中，100 m 栏只设置了男性竞赛项目，暂无女子 110 m 栏参赛项目；世锦赛有男子 110 m 栏和女子 100 m 栏项目。

◆主要观点

刘翔带给我们的是一个奇迹。在刘翔夺冠之前，人们一直认为，110 m 栏是欧美人的天下，中国人在这个项目上基本不可能得到金牌，刘翔打破了人们常规思维，向世人证明：只要努力，一切都可以成为现实。当然，取得金牌不是一件容易的事情，在训练中刘翔经常受伤，在忍受损伤疼痛的情况下去比赛，更是不容易，需要有超强的毅力。有了这种超强的毅力和为国争光的热情，刘翔才一次又一次创造了奇迹，给祖国增添了光彩，给人民带来了自信，让人们看到在田径赛场上也会有中国选手，以后还会涌现出越来越多的中国选手。

刘翔虽然创造了奇迹，但也不能够忘记，失败是成功之母，刘翔也是经过一次又一次的失败之后取得了成功，关键是我们面对困难时是否能够重新站起来。刘翔的事迹可以使年轻人看到拼搏和坚强的重要性，只有不畏惧困难的人才能够成功，为祖国贡献自己的力量。同时人们也应该看到突破自己极限的重要性，人只有突破自己的极限，才能发挥出最大的潜能，但突破极限要以自身的坚强毅力为前提，要以顽强拼搏为前提。

◆思考一下

你认为要突破个人极限，什么因素是最主要的？

复习思考题

1. 骨质疏松的三大危害是什么？
2. 结合自身体重控制目标，为自己设计 1 份科学运动方案。

第六章 体重管理指导技巧与自我管理

第一节 体重管理阶段模型

减肥者通过所掌握的健康管理基础知识，自己寻找使之有效的方法来解决其饮食模式和体力活动问题，是减肥者维持自身健康的最大挑战所在。减肥者应当掌握体重控制基本技巧，学习体重管理的基本原理，了解体重控制变化过程的知识，并认识营养与运动干预的个性化。

一、体重管理的阶段模型

体重管理的阶段模型分 5 个阶段：愿望前期、愿望期、准备期、行动期和维持期。在愿望前期中，减肥者没有改变的意图，可能甚至没有认识到问题的存在。例如，某人体重正在增加，但还没有患上高血脂或高血压病；或某女性骨骼正在逐渐疏松，但还没有骨折或者没有检查骨密度。愿望期的特点是减肥者已经认识到问题，但是没有做出改变。例如，某人知道自己胆固醇高，但还没有决定采取什么措施。准备期的人已经承诺要做出改变，疾病的症状可能迫使患者进入这个时期。例如呼吸急促和疼痛令人害怕，结果减肥者决定做出改变。在行动期，减肥者做出努力来改变行为，并观察自己某些努力的结果。维持期对行为进行稳定化，设法避免出现反复。已经减轻体重的减肥者在维持期往往面对极大的困难，但是做出任何一种改变的人都会遇到挑战。这些挑战可能加强维持的努力，也可能削弱维持的努力。

在以上的每个时期中，减肥者所使用的策略都有所不同。在愿望前期和愿望期，减肥者对问题的认识开始提高，在准备期建立承诺的过程中进行了自我评价。在行动期充填着的行为改变的各种技巧，包括设定目标、做出决策、评判风险和改变行为的益处，建立支持系统等。维持需要把变化永久地整合到价值和信念系统当中，也需要建立预防反复的方法。

在开始的步骤中，减肥者可能没有准备好采取行动。然而，体重管理者使用的大多数策略(提供信息、给出建议、设计膳食等)只适合那些准备好采取行动的减肥者。当体重管理者给那些没有准备好采取行动的减肥者使用这些方法之后,通常会感觉到非常沮丧,因为花费大量时间和精力来指导这些减肥者,告诉他们该吃什么,不该吃什么,然而减肥者还是没有任何改变。

体重管理者只能通过使用有效的倾听技巧,创造一个相互信任的气氛,才能评价减肥者对体重问题的意识和看法。

体重管理者和减肥者之间的互动质量如何对其起着重要作用。良好的互动会增加指导的满意度。研究发现,减肥者遵循体重管理者的专业建议和调理方案情况很差,通常减肥者只会采用那些与自己生活方式相适应的措施,因此,必须让减肥者参与制定自己的治疗方案。

二、体重管理的动机过程分析

体重管理者的动机过程分为3个水平:服从、认同和内在化(成为自己主观信念的一部分)。当减肥者参加一个治疗程序以获得奖励或逃避惩罚的时候(例如降低体重、降低胆固醇水平、避免心脏病发作等),他们选择服从。减肥者按照要求行动,以避免消极事件发生(如发病住院);当紧急情况消失之后,服从也就消失了。因此,减肥者从服从起步很少能够长期坚持。

稍高水平的动机过程是认同。减肥者接受治疗要求的行为,已得到体重管理者的赞许,或者是因为他们喜欢或尊重这位专业人士。当体重管理者不再发挥影响的时候,如何继续坚持下去就成为问题;也就是说,当减肥者结束治疗程序,不再与专业人士联系之后,降低体重便难以持续下去。

最高水平的动机过程是内在化。当减肥者建立并采用了体重管理者的方法之后,才会达到这种水平的动机。因为减肥(低体重)治疗的基本原理与他们的价值体系相一致。减肥者从内心深处认为这种变化是值得的,因此,他们会在千差万别的环境中采用各种策略进行继续维持变化。针对肾脏疾病的膳食调整研究发现,能把膳食调整维持下去的都是那些喜欢新饮食模式的人;访问那些体重减轻至少9 kg,而且维持体重至少3年的人,发现他们的成功与“为自己减肥”的决定有密切关系。

三、体重控制行为改变

(一)体重控制行为改变的思路、方法和步骤

非常普遍的情况是,减肥人士或低体重人士常局限在他们所体验到的问题中,而不是把注意力放在他们要追求的积极结果上。反过来。体重管理者又倾向于详细论述这些问题和不足。实际上体重管理者应将注意力放在鼓励个人发

展和增强个人力量上。要传达的信息是:减肥者或增肌者应当在改变生活中发挥更积极的作用,而体重管理者应当教会他们牢牢地掌握自己的生活。

虽然在自己生活中发挥积极作用的想法非常好懂也容易接受,但是做起来却并非易事,途中还有很多障碍,减肥者会找出很多阻碍因素,如家人的压力、社交的聚餐、在外就餐、时间太紧等,这些因素使得行为改变非常困难,但这些绊脚石并非不可克服,虽然它们看样子常常很难克服。当人们认识到消灭障碍是他们力所能及的事情,他们就会改变行为。当然,他们必须学习新的技巧,学习新的知识,而且要冒险的。当减肥者知道怎么设定目标时,他们就会知道可以用一种积极的方法来生活,这就产生一种自信心和控制力。他们也会知道,他们所做出的选择和实行的计划确实给人生带来改变。未来的问题可以用一种更精心设计的面向目标的方式来处理。实际上,这样一个自我引导的个人计划提前预防了未来可能出现的问题。这样,自我发展就成为一种常规的、积极的过程,而不是仅仅对某一问题的反映。

体重控制的行为改变步骤包括以下内容:①目标评价,就是对体重控制所达到的目标或结果进行测定和考核;②知识获取,就是减肥者掌握与体重相关的系统知识和技能的学习过程;③制定决策,就是实现体重管理目标的方针、战略,在一定高度上达到目标的途径和方法,是每一项具体干预的指导思想;④风险评估,就是一种将基础的流行病学数据与个人数据比较,以推测个人患病或死亡风险的运算过程,是监测、分析、评估、预测及提供健康咨询和指导减肥者的健康风险因素,并干扰健康风险因素的全过程;⑤获得社会的支持,就是指来自个人之外的各种支持的总称,如家庭、朋友、同事、社区等对减肥者的尊重、理解及支持等;⑥发展技巧,就是指在体重管理的过程中通过不断学习,获取运动、营养等方面精巧的技能,并将所学知识灵活运用;⑦目标达成,就是减肥者克服障碍,通过发展新技能、获取新知识、学会承担风险和建立有效支持系统可以努力实现的目标。

（二）目标设定

目标设定是必不可少的第一步。一旦体重管理者通过使用继续应答,对减肥者的问题有了明确的认识,就可以鼓励减肥者说出他们自己想怎么处理这些问题,从而帮助减肥者确立明确目标。目标设定是鼓励减肥者走向自我引导的一个核心方法。通过对目标的评估,体重管理者帮助减肥者把复杂的行为变化分解成为一系列的小的、连续的步骤,从而辨明、设立和达成目标。积极的目标定位要结合减肥者的能力和意愿,因为减肥者有权利自由决定自己的目标是什么,而且减肥者要在设定目标的过程中处于积极地位,鼓励他们实现对行为改变做出承诺。目标评估由 4 个部分组成:①目标认定;②目标重要性评估;③目标障碍分析;④目标达成。

1. 目标的认定

目标评估的第一步是目标认定。此处所说的目标是指那些达到理想结果所需要采取的行动而不是结果本身。目标与结果这两个概念有差别。目标是一些减肥者能够控制的行动。减肥者通常对他们所希望得到的结果只有部分控制能力,也许甚至根本无法控制。例如,假设减肥者上一次减肥的努力已经失败了,他可能会告诉你说,他想减去 13.5 kg 的体重,然后把这个新体重维持 1 年时间。这不是目标而是结果。你可询问减肥者:“你能采取什么行动?”可以帮助他们将注意力集中在目标上而不是结果上。减肥者可以设立目标,学习如何积极地与自己交谈,如何从暂时的挫折中重新奋起。比如,对一个高血压患者来说,目标设计是低钠食谱,而结果可能降低血压。同样,减肥者可以设定与他们自己行为而不是别人行为有关的目标。如果减肥者说:“我希望我的爱人别买饼干了”,要让他认识到这个目标是为别人的,而不是自己的,达成这个目标的可能性就不会实现。

减肥者除了要达到自己的目标,还必须用积极的方式来表达他们的目标,并把他们的目标落实到行动上。如果目标不是用积极的方式说出来,那么就可能会在“不要做什么”上面浪费很多精力。比如,一个积极的目标是“我每周中的 5 天要吃 5 份蔬菜和水果”,而一个消极的目标是“我一点冰激凌都不吃。”这时,消极的目标可以被调整为积极的目标。例如,“我每周有 1 天可以吃 1 份冰激凌。”设立消极的目标总会带来消极的结果,消极的结果让人们遵嘱膳食的时候心理上太注意“可以吃”和“不许吃”的食品清单。当减肥者看见自己不能吃那么多东西时,还没有开始行动就已经气馁,即使他们本来就很少吃那些被禁止的东西。他们马上开始把注意力放在哪些东西不能吃,而不是哪些东西该吃上面。目标里面的“禁止”、“避免”和“限制”之类词汇应当换成积极的表达方式,这样目标的形象看起来就是一个要努力争取的成就。想象 2 位希望减肥的人士,1 位人士的目标是按照食物金字塔的指导来安排 3 餐,另外 1 位人士是禁止吃甜食以限制脂肪和精制糖。得到积极目标的肥胖者觉得自己形象更为积极,成功的可能性更大。

目标应当从行为上定义清楚。“我想少吃一些,控制我吃夜宵习惯”这个目标并没有确切地包含减肥者为达到目标所必须实行的特定行为。“控制夜宵习惯”和“少吃一些”是什么意思并不清楚。模糊的说法不能让减肥者切实了解目标有没有达到,缺乏这种清楚的反馈,通常会产生烦躁情绪,而且经常半途而废。目标越是面向行为,定义越是清楚,减肥目标就越有可能实现。体重管理者的任务是帮助减肥者准确描述为了实现目标应当做什么。

确立以行为表述为目标的第一要点是回答下面这些问题:需要采取什么行动,这种行动要进行多少次,什么时候采取行动。例如,“我要把夜里进餐专用的容器做上记号,如果饥饿的话,每周 4 次在晚上 9 点进食”。假设通过使用继续应答方式,确定到晚上减肥者确实感到饿了,要帮助他们计划好要吃什么零食。这样肥胖者会认为,控制夜食就是意味着把零食计划好。那么吃计划好的零食,就成为需要采取的行动。减肥者相信,下周可以吃 4 次零食(多少次),在晚上 9 点(什么时候),在他或她觉得饥饿的时候(在什么情况下)。如此,减肥者的目标可以变得更加具体:“下周当中有 4 个晚上,我会在晚上 9 点吃计划好的零食”。“控制”的目标就这样转化为计划的目标。

2. 目标重要性评估

目标评估过程的第二个要素是目标重要性评估。体重管理者需要问“这个目标对谁最为重要?”。如果目标对体重管理者比对减肥者更加重要,那么达到目标的希望就不大。让减肥者设定他们自己的目标非常关键,因为改变膳食行为需要自己遵守诺言和花费精力。

不重要的目标很少能够成功。膳食目标通常包括这类词汇,如“应当”或“必须”;“我应当保持自己的体重”“我确实必须开始锻炼”。“应当”或“必须”目标通常结果不如减肥者“想要”达到的目标那么容易遵守。当减肥者设定目标之后,体重管理者可以帮助他们确定目标是一个“应当”的目标还是一个“想要”的目标。体重管理者或者帮助减肥者把“应当”的目标改变成为“想要”的目标,或者帮助减肥者明确“想要”的目标是什么。当体重管理者与减肥者在“想要”上达到目标一致的时候,成功实现希望就比较大了。

评价目标的重要性设定了减肥者肩负实现目标的责任。当减肥者体重没有改变的时候,体重管理者通常觉得恼火而且自责。然而人们经常忘记,改变的最终责任是在减肥者一方。

3. 目标障碍分析者

能够设定目标是一回事,能够达到目标则是另一回事。目标评估的第三方面是分析阻碍目标实现的障碍。有时候,没有什么障碍妨碍目标的实现。体重管理者可以在辨明目标之后立刻帮助减肥者设计出接近目标的步骤。然而,多数情况总有些绊脚石会妨碍目标的实现。达不到目标的一个常见的理由是:“我就是没有动力。”当减肥者辨明一个特定的目标(目标认定)并确信这个目标对他们很重要(目标重要性评估)之后,缺乏动力不会成为障碍。目标实现主要障碍有 4 种,缺乏知识、缺乏技巧、不能承担或害怕适度的风险,以及缺乏足够的社会支持。

(1) 缺乏知识。缺乏知识意味着减肥者缺少对他们实现目标非常必要的一些信息。假设减肥者不知道怎样给自己搭配营养丰富的零食，这样的障碍就是缺乏知识。

当减肥者改变膳食的时候，通常的障碍并不仅仅是因为缺乏知识。然而，体重管理者很少使用提供信息之外的方法。提供信息的方法建立在2个并不坚实的假设基础上：①如果已经传达给减肥者足够的知识，减肥者就应当知道怎样去做，行为就会发生改变；②如果减肥者认识到某些做法会威胁到他们的健康，他们的行为就会改变。多数时候这些假设根本不正确。必须认识到提供信息是重要的，但是仅仅是在缺乏知识妨碍减肥者实现目标的时候这种做法才是重要的。然而，通常缺乏知识仅仅是阻碍减肥者发生行为变化的障碍之一。此外，甚至当知识不足确实成为减肥障碍的时候，也要认真考虑提供信息的数量。减肥教育研究表明，在5 min之内，减肥者已经把传给他们的信息遗忘了一半，而且传达的信息越多，遗忘的比例也越大。

(2) 缺乏技巧。缺乏技巧既可以指身体上的技巧，也可以指心理上的技巧。当减肥者不知道该“怎么办”的时候，可以确定他们的障碍是缺乏技巧。例如，减肥者可能不知道怎样安排时间提前制作零食，也可能在实现目标之前需要学习一些时间管理的技巧，可能需要教授给减肥者其他的技巧还包括增强对自己的信心、增强决策能力、学会积极地与自己对话、增强自我控制能力等。

(3) 不能承担或害怕适度的风险。如果障碍是不能接受风险或害怕适度的风险，减肥者是在担心某些事情，因有过去控制食物摄入的经历而害怕失败，害怕因为拒绝朋友请吃饭而伤害朋友的感情，害怕这些方法可能对家人有负面影响等。帮助减肥者评价真正的风险，需要让他们在出现上面这些情况下更坚定有力坚持减轻体重信念。如果在评价风险之后发现需要付出的代价比达成目标所带来的好处还大，那么减肥者可以决定放弃这个目标。体重管理者可以帮助减肥者评价风险，从而帮助他们增加行动可能带来的好处，减少所需要付出的代价。

(4) 缺乏足够的社会支持。当减肥者缺乏社会支持时，他们必须确定他们需要什么样的支持。例如，不是所有减肥者家人都持支持态度。有些减肥者家人可能担心如果减肥者的行为发生改变，他们之间的关系可能变得更糟。支持有2种类型：具体的支持，如帮家人购物、刷碗等；或者是情感上的支持，如倾听家人对能不能减肥成功的担心。

4. 目标达成

体重管理者需要帮助减肥者制定决策，详细列出不减肥的害处、减肥的风险和困难、减肥的好处、克服困难的有效方法等对决策有用的信息，辅助减肥者做出正确决策。

如果没有障碍,体重管理者可以帮助减肥者确定他们计划实现目标的具体步骤。当减肥者鉴别出一个或多个障碍时,体重管理者干预的一部分就是扫除这些障碍,让减肥者可以朝着目标进行努力。扫除障碍本身就可以成为目标,体重管理者所做的事情就是个别或成批地指导其他人如何设立目标、如何找出和克服障碍,如何通过发展新技能,获得新知识,学会承担风险和建立有效知识系统来达到目标。

达成目标需要建立一个特定计划、一个目标阶梯才能更容易达到目标。目标阶梯把大的目标分解为可以达到的小目标。非常普遍的情况是人们试图一蹴而就,如果目标分解为一系列的小目标,比如 8～10 个小目标,实现目标的可能性就会大很多。

一旦减肥者达成了第一个小目标,就可以继续努力实现其他的目标。多数时候,要达到总的目标需要实现许多个小目标。例如,一个有超重问题的人可能设立以下一些目标:控制自己吃零食的行为、开始体育锻炼、在社交场合控制饮食、判别自己的感觉,以及应付无聊和焦虑的情绪等。

(三) 将体重控制技巧运用于实践中

体重管理者对应用本章讨论的技巧所持的最大保留是没有足够时间。任何新的技巧都需要在开始的时候花费一些时间然后才能得心应手。也就是说,这些技巧成为体重控制咨询指导内容一个自然而然的组成部分。虽然时间限制确实是实实在在的问题,但体重管理者现在应当重新评价自己的角色,认识到除去提供信息之外,还有很多事情应当去做。

每个人都能提供信息,但是并非每个人都能与人打交道,让人们实现膳食的变化。给人们提供他们已经知道的知识,或者是提供一些他们消化不了的知识,又会浪费多少时间呢?很显然,应当用更加开阔的眼光来看待体重控制咨询指导的内容,鼓励体重管理者和所有的健康工作者更加严格地评价自己的咨询指导活动,即:

(1) 在一次体重控制咨询指导中,谁说的话最多?

(2) 减肥者对你所拥有的继续应答是怎样做出反应的?

(3) 你能不能把任意封闭式问题换成开放式问题?

(4) 肥胖者在你提供劝告的时候是否回答“是啊,但是……”。

(5) 在活动过程中,注意力是否一直放在减肥者身上?

(6) 如果影响目标达成的障碍不是因为缺乏知识,你是有选择地提供信息,还是根本不提供信息?

(四) 总结

减肥者改变行为绝非易事,特别是饮食行为。行为改变不可能是一个快速的过程。体重管理者帮助减肥者设立和达成目标可能是一个充满困难的任务，但也是极有价值的任务。体重管理者应用各种体重控制技巧鼓励减肥者改变行为并把这种改变维持下去，才会真正地完成作为膳食行为变化推动者的使命。体重控制咨询技巧对于与体重控制有关的体重管理者都至关重要。

第二节　体重自我管理的重要性

一、自我管理的重要性

有效体重管理必须要学会自我管理并落实自我管理措施。减肥者必须在生活方式上发生一些明显改变，如果他们不能接受这些改变，就可能会导致体重管理效果不佳。与减肥相关的心理障碍，如焦虑、抑郁和缺少自信心，已经被证明与体重控制不良相关。这些都需要自我调适、自我改变，也就是自我管理。

减肥者一般不懂得自我管理。没有学会自我管理的瘦不是真瘦，不是成功的瘦身。这种情况减轻的体重，可能是水分和肌肉，而且很容易反弹。只有学会了自我管理，才能真正管理好体重。

二、自我管理教育

减肥者自我管理的知识、意识和能力可通过教育来获得。自我管理教育是减肥者治疗计划中不可缺少的一部分。如果没有系统的自我管理教育，对减肥者的有效干预会非常困难。

（一）体重自我管理教育的作用

研究显示，通过对减肥者实施健康知识与技能的宣传、培训与指导，使减肥者得到良好教育非常重要。只有将教育融入减肥治疗中才能把体重管理的益处发挥至极限。减肥教育能增长相关知识和改善自我管理行为，还在如下方面一定程度上影响心理状态：

（1）能使减肥者掌握自己的情况，将每天日常的自我监测和训练与其生活相结合，而不让这种情况压倒他们并制约其生活。

（2）自我管理中的教育可训练减肥者采取必要的措施改善代谢控制，这对维持健康，减少肥胖症并发症有帮助。

（3）教育能提高减肥者体重和自我管理的实践技能。研究报道，教育组和对照组人员在知识程度上的差异较小，但 2 组人员在技能和自我管理行为上却差异较大。

（4）接受过良好教育的减肥者还能降低相应的费用。教育在肥胖并发症的预防和早期发现中起重要作用。减肥教育能改善减肥者体重控制，降低发生肥胖并发症的风险。体重管理教育是整个治疗方案的一个重要部分，能减少治疗费用和提高生活质量。

(5) 单独的教育不能达到这些目标，作为完整治疗方案一部分的减肥教育才能达到这些目标。一定要让所有的减肥者都能得到体重管理教育服务。

(二) 体重管理教育计划的内容和形式

体重管理教育是多层面体重管理的一个延伸部分，由有技能的体重管理团队提供，它能帮助减肥者做到有较好的依从性和满意度，使减肥者能更积极地参与自我管理。

体重管理教育计划的宗旨是帮助减肥者增长知识和增加其自我管理的技能，并改变其态度，使减肥者能改变自己的行为。此时，一般由体重管理者担任教员。

(1) 教育内容包括阐明治疗方案，传授成功管理减肥所需的知识和技能。

(2) 教会有用的实操技术。科学技术的进步，对减肥者教育的实施和范围产生了越来越大的影响。人体成分分析、体脂含量测定、内脏脂肪 B 超检查、自我血压监测等基本监测技术的实施，使体重管理有效指标的及时监测成为可能。

(3) 开展心理教育。一个设计良好的教育计划不仅仅是阐述事实，还应该了解减肥者的情感反应。减肥者如果仅在知识和技能方面略有提高，不能保证身体代谢指标的改善和某些影响体重控制心理因素的变化。在将知识和技能转变成理想代谢结果的过程中，心理教育起着重要作用。

那些愿意和能够做到所有必要生活方式改变的个人必须具备知识和技能，并对他们的肥胖症有正面积极的情感认识，相信他们所做的改变会带来体重和健康状况的显著改善。

(4) 教学形式可以包括讨论、演讲和互动学习，这些教学形式属于实操教育，应重视基本技能的掌握。

(三) 体重管理教育效果的评估

一项成功的教育计划可使减肥者有机会表达自己对所学知识的态度，以及懂得将其运用到每天的生活中。

体重管理教育效果的评估要看对减肥者教育后有没有加深对肥胖症的理解、转变态度和提高体重管理的技能。有效的教育计划促使减肥者根据其个人情况，做到合适的自我管理。

一个好的教育计划不可能凭空出现，而是由体重管理团队详细筹划，并由该团队针对减肥者个体具体的实施，使教育成为治疗的一部分。大多数成功的体重自我管理教育都是个体化且融入治疗计划之中的。

三、体重管理中自我管理的内容

（一）营养教育和学习管理

体重管理知识架构和实操技能掌握是需要减肥者认真学习的。减肥者需要学习体重管理的系统知识，学习自我管理饮食的方法，训练自我管理饮食的能力，明确体重管理的目的；学习自我管理运动、生活方式和心态的有效方法。比如当减肥者减轻体重后，若还是什么都不懂，那么体重就很容易反弹，减肥肯定无效。

（二）体重控制饮食管理核心内容

1. 合理控制 1 天摄入的总能量

选用适合的减肥膳食模式，每天摄入的能量为 1 000～1 500 kcal，运动每天消耗 300～500 kcal。每天基础代谢需要的能量为1 100～1 200 kcal，但不能过分节食。

2. 食物多样化是健康减肥的基础

每天摄入 12 种、每周 25 种以上食物，膳食结构合理，做到平衡膳食。

3. 以低升糖指数食物为主

低升糖指数饮食，餐后血糖不会剧烈升高，身体不需加速释放胰岛素，反而会加速释放胰高血糖素。胰岛素是体内一种合成和储存脂肪的激素，是增肥激素。体内胰岛素太多，就很容易发胖。胰高血糖素可以利用脂肪减少三酰甘油，降低低密度脂蛋白胆固醇，是促进脂肪分解的激素，胰高血糖素是减肥激素。低升糖指数膳食模式血液中胰高血糖素水平会高于胰岛素水平，减肥激素水平高于增肥激素水平，体内脂肪才能得以分解，才能持续有效减肥。成功的营养减肥饮食管理一定要通过饮食控制体内胰岛素水平，提高胰高血糖素水平，这才是真正的饮食减肥。

4. 高蛋白饮食

蛋白质是细胞代谢的基础，增加蛋白质摄入，可以增肌、抵饿，修复细胞。世界上许多经典减肥方案都是高蛋白饮食，每日蛋白质摄入量达到或超过每日总能量的 20%。研究发现，采用高蛋白膳食更有利于减轻体重以及改善血脂情况，并有利于控制减重后体重反弹。优质蛋白可采用如动物蛋白、大豆蛋白，它们可以做成牛肉干、鱼干、豆干、鸡胸脯肉，方便携带和食用。

5. 适量脂肪摄入

适量摄取脂肪不会让机体肥胖。脂肪能够控制食欲，减少饥饿感和暴饮暴食，而摄取过量碳水化合物和饱和脂肪才容易让人长胖，科学摄取脂肪还能有效减肥。摄入脂肪酸构成比很重要，最佳比例是饱和脂肪酸：单不饱和脂肪酸：

多不饱和脂肪酸＝1∶1∶1。多不饱和脂肪酸、单不饱和脂肪酸均能加速身体脂肪燃烧，降低血脂，减少身体脂肪堆积，促进身体产生能量。所以，人们每天需要使用3种食用油才最为合理：①亚麻籽油或紫苏油，每天8 mL；②茶籽油或橄榄油，每天10～12 mL；③其他油，每天6～8 mL。

6. 少食多餐

每天5餐，每餐按量吃。少食多餐也就是将1天可摄取的热量分成5餐来吃，预防身体因饥饿而降低代谢率，也可避免一次性食量太大，热量摄入过剩而造成脂肪囤积，并借由多次进食，提供较高的饱足感。研究证明，少食多餐能帮助稳定体内基础代谢率，有助于维持血糖稳定，预防暴饮暴食。除此之外，少食多餐还有心理安慰作用，正餐之外的时间还可以来份点心，心理上也会觉得愉快舒坦许多，可以增加减肥的成功率。

可供加餐的食物有：1杯黑豆浆，1杯黄豆浆，1个鸡蛋，2小块豆腐干，1碗豆腐脑，4颗牛肉粒，4个鹌鹑蛋，2个鸡蛋白，1盒豆奶，1杯酸奶，1盒低脂牛奶及代餐包等。

7. 常吃新鲜蔬果或喝新鲜蔬果汁

一般肥胖的人爱吃肉，酸性体质多，而新鲜蔬果都是碱性食物，有助于改善肥胖人的酸性体质，减少对香口食物、成瘾食物的依赖，有利于其成功减肥，也有助于维持体内维生素、矿物质的平衡，有助于维持减肥者的身体健康。

（三）运动管理内容

身体活动过少可引起肥胖。适量且规律性的体育运动，特别是慢跑、骑自行车、游泳等，有助于促进人们新陈代谢，增加热量消耗，减少脂肪沉积，降低体重。

肥胖者应该在体重管理者的指导下进行体育锻炼，运动量要逐渐增加，运动强度应从轻度开始逐渐加大，运动时间也应逐步延长，但无论如何都不要勉强。体重管理者需要对肥胖者强调的是身体活动和体育锻炼，要不拘泥于形式和时间，任何引起体力消耗的活动均有效，均有减肥效应，如快走、上楼梯、打球等。其中的有氧运动对改善机体代谢功能更好。《中国居民膳食指南（2022）》提倡人们每天步行6 000～10 000步，要通过教育和训练把运动变成习惯。

运动是一把双刃剑，长期不运动体质会下降，容易导致肥胖，但运动过量对身体也有害。运动完后人的精神更好、脸色更佳、胃口大开，此时，运动量就掌握得比较好。运动完后人的精神更差、脸色苍白、胃口不好，运动就可能过量了。世界卫生组织的一个研究发现，每周步行超过4 h与少于1h的人相比，心血管病发病率减少69％，病死率减少73％，由此可见，运动的作用非常显著。钟南山院士曾表示，如果人们把锻炼看成跟吃饭、工作、睡觉一样，是生活中不可缺少的一部分，那么人们的健康状况将会达到一个新的高度。

运动有益健康的教育可提高人们经常进行运动的意识，改变其久坐不动的不良生活方式，增强人们自己的运动管理能力。

（四）生活方式管理内容

生活方式对人体体重及健康的影响很大，而且靠自我改变就能产生直接效果，因此人们一定要重视生活方式的管理。人们如果不重视生活方式管理，那不管花多少金钱和时间，体重管理均可能无效或效果更差。

良好生活方式应为：早睡，每天晚上 11 点前睡觉；多喝水，不酗酒；规律用餐，减慢进食速度，看电视不进食，睡前不进食，不吃油炸食品等。要让肥胖者在减肥的过程中逐步改变以前不良生活方式，逐渐养成良好的生活习惯和饮食习惯。没有养成良好生活方式的瘦不是真瘦且极易反弹。

每天保证 6～8 h 高质量的睡眠，对健康非常重要。每天的生活工作压力、不健康饮食、高强度运动等，它们都会对人们的身体造成伤害，晚上睡眠的时间是修复身体的最好时间。中国一句老话“天天失眠，少活十年”，讲的就是睡眠的重要性。

肥胖者的健康生活方式教育，就是要让其知道生活方式对健康和体重管理的重要性，自觉进行生活方式管理，做到不熬夜、酗酒、过劳，睡眠充足，这种生活方式将有利于减肥和健康。

（五）心态/心理支持和管理内容

生活方式干预作为基础治疗，是一种包含营养、运动、认知、行为及心理多方面的综合干预模式。认知行为及心理干预是通过调整肥胖者的生活环境及心理状态，帮助肥胖者理解和认识体重管理、肥胖及其危害，从而做出行为改变的过程，这其中包括自我监控、控制饮食、刺激控制、认知重建和放松技巧等。

1. 研究证据

肥胖者常见的心理因素如压力、沮丧、抑郁容易导致过度进食，并引起罪恶感而陷入恶性循环中。精神心理支持需要专业人员能识别干扰体重管理成功的心理或精神疾患，并进行适当治疗。肥胖者可能会因为各种心理社会原因而拒绝寻求减重帮助。此时，应对肥胖者表达充分尊重，仔细倾听并建立信任，通过健康教育提高其对肥胖加重疾病危险性的认识，不应忽略任何细微进步，给予及时、适当的奖励和称赞。

2. 心理干预推荐意见

(1) 对超重和肥胖者进行心理干预和认知行为干预能够达到减重效果，干预时间不少于 6 个月，若同时附加体力活动和饮食行为干预，减重效果将会更加明显。

(2) 对肥胖者进行心理治疗和认知行为干预有助于减重并维持减重效果。

研究发现，人的心理状态和情绪与体重密切相关，工作、生活、学习中导致的长期紧张、焦虑、烦恼等不良情绪，以及生活的无规律，会导致自主神经功能失调、肥胖。

一个人如果有积极乐观的心态，其自主神经功能和内分泌功能易维系正常，抵抗力、免疫力会明显增强，从而有助于健康，有助于保持良好的体重。

日常生活中人们要积极乐观，尽量不因鸡毛蒜皮的小事而生气；不生怨气，抱怨解决不了问题；不生闷气，闷气对健康的影响最大。学会减轻精神压力，保持心理平衡。

体重管理者需要知道及理解肥胖者的苦与痛，以及可能遇到的不公平待遇；应该采取各种措施帮助肥胖者预防和缓解压力性肥胖病。有高压倾向的人应修身养性，陶冶情操，保持良好的心理状态和情绪，养成良好的生活习惯，多参与一些富有情趣的体育和文化娱乐活动，丰富自己的业余生活。对一些主要因心理因素而导致肥胖的肥胖者，可能需要进行一些针对性的心理辅导，必要时可以额外补充B族维生素、维生素C和钙镁片，协助及时释放压力，走出心理困境，助于减肥和保持健康。

（六）教练监督管理

教练是从日常生活和对话、运动心理学及教育学等发展出来的一种新兴的、有效的管理技术。教练员凭借专业的理论知识和较高的技术水平，掌握先进的教学和训练方法，对体重管理者的训练思想、身体、技术、方案等进行全面设计、培训、引导与督促，促使他们的专业水平得到较快提高。

就像优秀运动员往往需要优秀教练来培养一样，肥胖者也需要优秀的减肥教练指导才能出效果，才容易取得减肥成功。

教练指导是一种广义的认知行为干预。研究发现，认知行为干预配合体力活动和饮食调整，能够明显降低体重，且超过6个月的行为干预比低于6个月的效果更明显。美国对女性健康研究发现，进行6～54个月的认知行为干预后，干预组人员的体重和腰围较对照组人员的体重和腰围明显下降。行为干预对人们减重后体重的维持也有明显作用。研究证明行为干预提升了肥胖者的理论认识，包括对其激励、支持，指导自我监督（饮食、运动和情绪管理），从而更有利保持减重效果。小组和面对面个人辅导的干预，可以从不同方式进行指导，以维持远期减重效果。

减肥是一件极不容易坚持的事情，甚至有人还说减肥是一辈子的事情。因为许多喜欢吃的人好吃“成瘾”，有心瘾很难改变，即使学了减肥的科学方法也做不到，还需要专门的教练来经常督促、指导、提醒和鼓励。体育教师可以担任减肥教练的角色，其作用可以有以下几点：

（1）制定针对性的减肥方案；

（2）协助减肥者实施方案，不断提醒和鼓励；

（3）评估减肥效果，必要时调整方案；

（4）教会减肥者自我管理的方法；

（5）对减肥者进行体重管理教育。

有效的体重管理涉及营养学、运动学、医学、心理学和行为学等多个学科，需要采取综合措施才能达到降低体内脂肪、增加肌肉的效果，让肥胖者成功减重。

课程思政案例六

◆案例名称

要想打好枪，先要做好人——许海峰。

◆教学目标

本案例通过对中国历史上第1枚奥运金牌的获得者许海峰事迹的讲述，使学生深切感受到1位世界冠军、奥运金牌的获得者立德为先、踏实肯干、爱岗敬业的职业道德和对自己所从事事业的责任意识。

◆案例简述

“要想打好枪，先要做好人。”这是许海峰对自己的要求。作为中国历史上第1枚奥运会金牌得主，他对中国射击事业所做出的贡献，使他在中国射击界有很高的威望和知名度。但他从未以此炫耀过，而是在射击事业上默默耕耘。他经常告诫自己：“在待遇和荣誉面前要满足，但对事业和工作上要永远不要满足。”众所周知，中国射击队并不是1支备受社会和媒体关注的队伍，得到的赞助不多，教练员和运动员的待遇也不高。近些年，不时有一些国家出重金聘请许海峰到国外执教，但都被他婉言谢绝了。他说的道理很简单：“我很爱国，我不想带着其他国家的运动员来打我们自己的运动员。”凡到过许海峰宿舍的人都会发出惊讶：“这是您的宿舍吗？”很难想象这是一个国家队总教练的房间，因为实在是太简陋了。10 m^2 左右的房间既是宿舍，又是办公室。房间里1张简易单人床，1张最普通的木办公桌，1个20世纪70年代的大衣柜，1台电脑，就是他的全部家当。屋子里挤得满满当当，桌子上摆满了数据报表。唯一的装饰物就是墙上悬挂的1幅1位中国画家送给他的油画，画面是当年许海峰获得第1枚奥运会金牌时，前国际奥委会主席萨马兰奇和他交谈时的场面。许海峰非常喜欢这幅画。“工作就是快乐的。”这是许海峰经常说的一句话。为了心爱的射击事业，他放弃了所有的业余爱好，射击已成为许海峰生活的全部。2003年，许海峰在“中国体育电视奖”的评选中获得“最佳教练员奖”，并被推选为全国政协委员。他自己并不满足，“我眼前永远是一座座的高峰，登上一个高峰后，还要有新的高峰去攀登”。喜欢迎接挑战的许海峰，做任何事情都有一种永不言败的情怀。

◆背景介绍

许海峰1957年出生，著名射击运动员，中国第1个在奥运会上获得冠军的运动员。1983年，在第5届全国运动会射击比赛中，许海峰获得自选手枪慢射和气手枪2块银牌。1984年，许海峰进入国家射击队，任训练中心射击队助理教练兼运动员。同年7月29日，在第23届奥运会射击赛场，27岁的许海峰夺得首项冠军，也是中国人在奥运会上夺得的第1块金牌，它是中国奥运史上零的突破。许海峰在1984年、1986年被评为“全国十佳运动员”，还获得过“全国新长征突击手”“全国劳模”等荣誉称号。

◆科普知识

射击比赛为绝大多数奥运会的比赛项目(1904年、1928年除外)。在奥运会的历史上，射击比赛的项目变化很大，1908年、1912年、1920年、1924年射击比赛曾经包括很多项目，但是经历了1928年这届奥运会无射击比赛项目之后，1932年的这届奥运会射击比赛则只剩手枪和步枪这2个项目，第二次世界大战之后射击比赛的项目设置才相对固定下来。

◆主要观点

能把自己喜欢做的事情变成自己的职业本身就是一件幸福的事情，更难得的是还取得了很好的成绩。最为可贵的是在许海峰身上体现出老一代体育人做人的态度和对祖国的忠诚，以及对自己所干事业的责任意识。

◆思考一下

许海峰先做人后做事的故事，对你的学习、生活有何启示？

复习思考题

1. 体育管理的阶段模型有哪些？
2. 体重自我管理教育的作用有哪些？
3. 体重管理中自我管理的内容有哪些？

第七章　运动与体重管理方案

第一节　运动与体重管理方案制定

一、体重管理的目标

我国的公众体重控制工作已经取得了一些成绩，尤其是我国一直坚持“预防为主”的卫生与健康工作方针和当前大力推动的“健康中国”建设，这些都为肥胖、低体重人群的预防控制工作提供了良好支持。同时，另一个重要现状是我国在预防和控制肥胖、低体重人群方面尚有很多科研和实际工作迫切需要进一步推进。这包括完整的肥胖、低体重人群干预项目的设计、实施、指导和评价。

对全人群而言，肥胖、低体重人群预防项目的相关目标应该包括：①健康的身体形象；②健康的饮食习惯；③合理的运动量及运动方式。总体目标是预防肥胖与低体重人群新发病例的产生，降低现有流行率，提高全人群的总体健康水平。群体体重管理的策略包括：①健康讲座；②定期健康通讯；③尽量开展经验交流会；④建立比赛竞争机制；⑤建立奖励机制。

（一）体重管理目标的制定原则

《中国成人超重和肥胖症预防控制指南》指出：期望短期恢复到所谓的“理想体重”往往不现实，但是即使在 1 年之内比原有体重减少 5%～10%，也会对健康有极大好处。通过减重预防和治疗肥胖相关性并发症可改善肥胖者的健康状况，肥胖者体重减轻 5%～15%或更多可以显著改善高血压、血脂异常、非酒精性脂肪肝、2 型糖尿病的血糖控制，降低 2 型糖尿病和心血管并发症的发生率。美国运动医学会从专业的立场出发，提出 6 项体重控制的指导原则：①摄取的能量，成年人每日不得低于 1 200 kcal，不能过度限制能量摄取，以免无法获得足够的营养素；②提供的食物要让肥胖者能接受，故要考虑社会文化背景、一般饮食习惯、味道、价格、食物来源等因素；③摄取的能量要低于所消耗的能量，要达到能量的负平衡，但每周减少体重最多不能超过 1 kg，要逐渐地减轻体重；④配合行为改变法辨认和去掉那些导致肥胖的不良饮食习惯；⑤从事规律有氧运动（如快走、游泳、慢跑、登山、骑车等），每日运动要消耗 300 kcal 以上的热量（跑或快步走每天 1 500 m，大约能消耗 100 kcal 热量）；⑥提供的饮食和运动计划，要使减肥者能够持续不断地实施，使他们的身材能够维持在理想的体重上。

（二）体重管理目标的制定方法

单一方式的减肥或减重效果比不上多种方法的联合应用，加之体重控制是一项长期性的任务和工作，因此良好的生活方式（像有规律的运动、合理的饮食），都要经过长期培养与重视。

1. 制定长远目标

制定目标能够帮助肥胖者面对挑战。目标要实事求是，不要好高骛远。目标可以是一个理想体重，这个体重一定要以有利于健康为原则，依据个人的具体条件制定（减轻原有体重的 5%～10%不但可行，而且有利于健康）；目标也可以是一个运动计划，如每星期走路 20 km。

2. 制定行动计划

目标只是行动计划的一部分，更重要的是在计划中明确列出可行性方案。必要时把长远目标分为阶段性短期小目标，从小目标做起，逐渐实现长远目标。

3. 制定跟进计划

计划要落实到行动，每天记录计划完成情况，写明当天吃的食物及做了哪些运动……这些记录可以督促计划落实，还可以帮助肥胖者了解自身的生活规律（比如一天中何时吃自己常吃的食物）。

二、运动与体重管理方案

通过健康状况检查、身体活动水平调查、运动能力评价，结合个人兴趣和生活方式，人们可减少缺乏运动和运动不足的危害，指导合理运动，避免运动伤害，预防和辅助治疗疾病。运动处方通常提供 1 周的锻炼方案，针对有氧、力量、柔韧度练习给出相应的运动方式、强度、频率及目标的建议，并针对减肥者的具体情况提出运动中的注意事项。运动处方通常为多个阶段循序渐进的锻炼方案，提倡将身体活动融入日常生活方式。运动处方制订步骤通常包括：①运动训练前的常规体格检查；②收集有关信息（包括运动史、兴趣，运动禁忌证、运动环境）；③运动量的选择；④运动内容的选择（耐力、肌肉力量、灵活和柔韧性活动、日常生活中的身体活动）；⑤运动进度安排，在实施过程中应定期做调整。

（一）制订原则

运动是体重管理中不可或缺的一部分，长期规律运动有利于减轻腹型肥胖、控制血压，进而降低心血管疾病风险；有利于低体重者增重，维持健康体重。运动管理体重应在体重管理者指导下进行，运动前需进行必要的评估，尤其对心肺功能和运动功能的医学评估与运动复合实验等。

（二）基本内容

减肥者运动项目的选择应结合其兴趣爱好，并与年龄、存在的并发症和身体承受能力相适应。记录运动日记有助于提升运动依从性，同时要养成健康的生活习惯，培养积极向上的生活方式，如增加日常身体活动，减少静坐时间，将有益的体育运动融入日常生活中等。

（三）制订方法

减肥者运动量和强度应当逐渐递增，最终目标应为每周运动 150 min 以上，每周运动 3～5 天。如无法做到 1 次 30 min 的运动，短时的体育运动（如 10 min），每天运动累计 30 min 也是有益的。建议中等强度的运动（最大心率的 50%～70%，运动时稍微用力，心跳和呼吸加快但不急促），包括快走、打太极拳、骑车、打乒乓球、打羽毛球和打高尔夫球等。如无禁忌证，建议每周进行 2～3 次抗阻运动（2 次锻炼间隔大于等于 48 h），锻炼肌肉力量和耐力。锻炼部位应包括上肢、下肢、躯干等主要肌肉群，训练强度为中等。抗阻运动和有氧运动联合进行可获得更大程度的代谢改善。

增加体力活动与适当控制膳食总能量和减少饱和脂肪酸摄入量相结合，促进能量负平衡，是世界公认的减重良方，即使在用药物减肥情况下，二者仍是不可缺少的主要措施。提倡采用有氧活动或运动，有氧运动多为动力型，并有大肌肉群（如股四头肌、肱二头肌等）参与的运动，例如走路、骑车、爬山、打球、慢跑、跳舞、游泳、划船、滑冰、滑雪及舞蹈等。

因为中等或低强度运动可持续的时间长，运动中主要靠燃烧体内脂肪提供能量，没有必要进行剧烈运动。在上述运动时的中、低强度活动能使机体的氧消耗量增加。运动后数小时内氧消耗量仍比安静水平时的氧消耗量大，表明运动可以增加能量代谢。不同运动水平增加的能量消耗占总能量消耗的比例有差别，极轻体力劳动能量消耗占总能量消耗仅为 3%，而重体力劳动或剧烈运动可达 40%。采用增加体力活动与限制饮食相结合的减体重措施，其总体效益优于单独限制饮食（表 7 1）。

表 7-1　不同减体重措施对健康指标的影响比较

指　标	单独控制饮食 （极低热量饮食）	适量控制饮食结合运动 （适当限制总能量）
最大摄氧量	降　低	改　善
瘦体重	损　失	增加或保持
体脂肪	丢失少	丢失多

续表

指　标	单独控制饮食（极低热量饮食）	适量控制饮食结合运动（适当限制总能量）
营养缺乏	容易发生	一般不会发生
胰岛素敏感度	—	改　善
肌肉和韧带力量	降　低	肌肉张力和韧带力量改善
体　力	降　低	改善，耐久力提高
静息代谢率	降　低	保持或增加
精神状态	压力大	改善，对减体重有自信心
高密度脂蛋白胆固醇	降　低	上　升
减体重计划	不易坚持	容易执行和坚持
减体重后反弹	容易发生	一般不会发生

第二节　运动与体重管理方案实施

一、体重管理的监测和评估

（一）体重相关指标

1. 风险因素评估指标

体重相关风险因素为：BMI大于等于24 kg/m^2且腰围男性大于等于90 cm或女性腰围大于等于85 cm合并高血压、高血糖、高血脂、睡眠呼吸暂停综合征中任何1项，或生物电阻抗法检查结果显示肥胖（体脂过多，男性大于25%，女性大于30%）。

2. 医学营养减重评估指标

医学营养减重评估指标为：人们就诊时身高、体重、腰围、生物电阻抗法检查结果、24 h饮食回顾（食物频度表）、生活方式调查表（运动习惯）、心理测量表、血压、血糖、血脂谱、胰岛素、C肽、C反应蛋白。

（二）监测工具及监测方法

1. 人体测量

身高、体重、腰围、臀围为必测项目，胸围、颈围、上臂围、下臂围、大腿围、小腿围、皮褶厚度为可选项目。测量条件和测量方法见人体测量技术。

2. 人体成分检测

主要检测项目包括体脂率、体脂肪量、内脏脂肪、肌肉量、基础代谢等。测量方法见仪器检查与医学实验室检测。

3. 实验室及仪器检查

血压、血糖(空腹及餐后)、糖化血红蛋白、血脂、肝脏B超及肝功能检查、血肌酐、血尿酸指标等,必要时进行肥胖相关基因、维生素、微量元素、脂肪酸比例及炎性因子、肠道菌群测定。测量方法见仪器检查与医学实验室检查。

(三) 评估方法

1. BMI

采用BMI为依据对成人超重或肥胖进行判定的标准如下:①超重为24.0～28.0 kg/m^2 之间;②肥胖为大于等于28.0 kg/m^2。

2. 腰围

中心型肥胖评估以腰围为标准,具体如下:①中心型肥胖前期:男性大于等于85 cm且小于90 cm;女性大于等于80 cm且小于85 cm;②中心型肥胖男性大于等于90 cm,女性大于等于90 cm。

3. 体力活动

体力活动评估从运动强度和时长两方面进行,具体如下:①体力活动缺乏几乎没有任何体力活动或运动;②体力活动不足,每周中等强度有氧运动时间少于150 min或高强度有氧运动少于75 min,或者等量的中等强度和高强度相结合的有氧运动;③体力活动适宜,每周中等强度有氧运动时间150～300 min或高强度有氧运动75～150 min,或者等量的中等强度和高强度相结合的有氧运动;④体力活动充足,每周中等强度有氧运动时间大于300 min或高强度有氧运动大于150 min,或者等量的中等强度和高强度相结合的有氧运动。

4. 心肺适能

非运动心肺适能评估要根据肥胖者的性别、年龄、体力活动评估结果、体脂率等信息,得出相应的心肺适能评估结果。

心肺适能评估也可以选用台阶试验,受试者通过3 min台阶试验测试,获取运动后的心率变化,根据相应的公式得出心肺适能评估结果。

二、运动与体重管理方案的执行

为防止肥胖而制定的运动计划是一份需要长期纳入生活习惯的方案,需要运动者和专业人士共同努力,在科学的指导下共同完成。执行运动计划还需要解决以下5个问题。

(一) 运动环境的选择

运动者应尽可能选择专业的运动场所和运动地面进行运动锻炼,如田径场或田径馆的塑胶跑道、专业球场,如果条件不允许,也要尽可能选择缓冲性能好一些的地面,可以减少对关节撞击和损伤机会。室内环境相对于公园、公路等户外环境也更为安全。

（二）必要的运动装备

运动装备包括舒适轻便的运动服装和运动鞋、护具等，特别是与运动项目适合的运动鞋，能够吸收地面缓冲，保持蹬地力和合理的作用方向，便于移动，特别对于体重较大者来说是重要的运动防护装备。必要的运动护具也可以在一定程度上帮助缓解运动者关节压力。

（三）正确的运动技术动作

运动者需要在专业人员指导下学习正确的训练动作，获得精确的运动感受，学会自行监控运动强度和运动负荷的方法，以及了解基本的运动损伤防护知识。

（四）团队训练与个人训练模式

根据个人不同情况，运动者训练模式可以分别选择在团队训练或个人指导下训练。团队训练的优势在于运动氛围好，能够互相帮助，有助于运动计划的坚持，特别是初始者运动习惯的养成。如果选择个人训练，只需要在一对一专业人士指导下进行，可减少不当训练造成的损伤或过度训练。

（五）训练计划的进度

训练计划一般以周和月为周期，在身体逐渐适应某一阶段训练负荷后，是否增加训练强度和训练量取决于个体健康状况、身体能力、训练反应及个人目标等因素。关于实施和调整的运动计划，运动计划在开始实施阶段，建议逐渐增加运动的时间。一般运动者给予推荐的合理进度为：在运动计划的最初 4～6 周，每 1～2 周将运动时间延长 5～10 min；当规律运动至少 4 周以后，在后续运动计划中，逐渐增加频率、强度和时间达到指南推荐的标准。运动者再增加训练负荷时，应遵循循序渐进原则，把肌肉反应、损伤、疲劳等可能性风险降到最低。

三、运动监控和科学管理

（一）运动过程中的监控方法和手段

对运动过程实施监控的目的在于保证运动负荷达到预定的水平，使运动者身体保持适应良好，避免运动过度和损伤问题。常用监控手段主要包括心率、能量消耗记录、主观疲劳感觉评分等。心率和脉搏监控训练强度简便易行，可以在运动过程中或训练间歇时使用心率表或通过手数颈部脉搏实现，再配合主观疲劳感觉评分，可监控训练强度是否达到和保持理想水平。运动过程可佩戴和使用能量消耗仪，可以更为准确地记录运动中的能量消耗，判定是否达到预期的运动负荷和能耗目标。另外，运动还需要随时关注运动系统是否适应，关节、韧带有无逐渐累积的不适和疼痛感，肌肉有无拉伤和酸痛。如果在运动的第二天晨起有明显的疲劳感，安静时心率加快或关节不适，则提示存在训练过度或运动损伤前兆，需要调整运动计划，并及时向运动健康指导专业人士咨询。

（二）利用多媒体等手段加强科学运动管理

运动防治肥胖是一个长期的过程，需要参与者持之以恒，根据个人情况和习惯，选择个人指导下训练或团队训练的方式，达到更好的训练效果，提高锻炼的依从性，愉悦的运动体验可以帮助参与者坚持运动计划。随着科学技术的发展，目前市场上出现了很多手机运动 APP、模拟环境训练等多媒体运动指导技术，这些可以帮助在运动者和指导者之间建立紧密的联系，实现更为快捷的实时训练指导、监控和反馈。如运动专家可以通过在线方式获得运动参与者的各种身体数据，实时了解运动计划的执行情况并加以指导，大大扩充了专业指导人士的服务范围和服务人群数量；来自不同地域的运动者也可以通过在线方式营造一种团队训练的氛围，提升运动过程中的竞争性和趣味性，使运动者更容易坚持运动计划；各类室内健身器材，如室内自行车、跑步机等，也可以通过加装辅助虚拟室外自然环境下的运动环境，以及通过游戏、虚拟教练、背景音乐等方式激励运动者完成运动过程。越来越多的多媒体手段正在被开发和应用到家用运动健身场景中，成为帮助运动计划执行和实现运动监控的有效手段。

（三）运动健康效果评价和阶段反馈

阶段性评价和反馈可以帮助运动者将运动计划调整到最优状态，达到更好的体重管理效果。阶段性评价的内容不仅包括体重、体成分、体脂率、内脏脂肪、水分等变化情况，还包括健康改善情况、体质提升情况等。健康改善情况除常规体检指标外，还应包括睡眠、心理疲劳、疲劳程度等一般健康情况以及骨密度、血管等健康改善状况和心肺耐力、肌肉力量、身体协调及运动能力等。通过运动干预获得健康状况的整体改善以及身体能力的整体提升。

阶段性评价可以以周、月或更长时间为周期进行，视评价指标而定。测评结果由运动健康指导人员进行解释，并据此对运动计划进行必要的调整，将评价结果和运动计划的调整情况提供给运动者，指导其下一阶段运动训练。

四、调整运动与体重管理方案

需要注意的是，体重管理在于能量摄入与能量消耗的平衡。减重目标的设计应切合实际，推荐 3～6 个月内减重 5%～10%。为达到降体重效果，应同时做到合理膳食，每日减少 500～1 000 kcal 的能量摄入，每周至少 150 min 中等强度运动，以最大程度获得健康体适能的益处。应逐渐增加至较大量的运动，如每周运动时间大于 250 min，以促进长期控制体重。

当体重下降过快，身体出现疲劳和功能下降时，应适当减少运动负荷，放缓体重管理的速度。体重变化不明显，身体功能显示适应良好时，则应适当增加运动负荷，配合调整饮食方案，加快体重达到理想状态的进度。当体重、身体成分和身体功能都达到较为理想的状态时，则可以进入运动保持阶段，用较少的时间和较低的成本维持运动健身效果。

课程思政案例七

◆案例名称

2008年北京奥运会开幕式。

◆教学目标

引导学生感受祖国的强大，增强学生的中国特色社会主义道路自信、理论自信、制度自信、文化自信，立志肩负起实现中华民族伟大复兴的时代重任。

◆案例简述

2008年8月8日晚8时，中国在世界面前呈现了一场震撼人心、美轮美奂的奥运会开幕盛典。此时国家体育馆烟花绚烂、鼓炮齐鸣，那片夜空，那里的点滴瞬间将被镌刻在历史的画卷上。

自2001年中国申奥成功，对于4年一度的奥运盛会的期待，就在华夏大地迅速蔓延开来。即便如此，当启幕的一刻真正来临，所见所感的惊艳与震撼依然久久停留在中国人心中，难以散去。开幕仪式上，总导演张艺谋及其团队将一片充满中国特色的宏大舞台完美呈现在世人眼前，为第29届夏季奥运会打响“发令枪”。

北京奥运会开幕式焰火“历史足迹”由烟花组成的“大脚印”在夜空绽放，在全世界的注视下“踏”向“鸟巢”。29个“大脚印”代表着现代奥运会的进程，也代表了中国人的等待。奥运的脚步一步一步走向北京，也走进了所有中国人的记忆。

“汶川地震”和“奥运会”都是2008年的关键词，在北京奥运会开幕式上，姚明担任旗手，手举国旗，身边牵着获得“汶川地震小英雄”称号的林浩，苦难之中，更见祖国的伟大。在全场9.1万余名观众的见证下，姚明身后缓缓走出的中国代表团气势浩瀚，接下来的16天时间里，这群奥运健儿代表中国在赛场上大展身手，绽放光彩。

庞大的演员阵容，整齐划一的表演，深刻隽永的内涵……北京奥运会开幕式被英国广播公司评价为“通过一幅巨大的画卷展示了中国五千年辉煌文明历史，展现了中国的自信和力量”。张艺谋团队的艺术审美与众演员的表现张力，在“鸟巢”的舞台内外展露无遗，正是他们，让奥运会自开幕一刻起便震惊了世界。

22 位婀娜多姿的“仙女”在空中交叉飞行，璀璨夺目的奥运五环在空中环游，古典与现代就这样梦幻般地融合了。北京奥运会开幕式开篇，“梦幻五环”飘上天空，为世界呈上了一道空中视觉奇观。设计团队人员透露，他们将奥运五环“镶”在一张由钢丝线编织成的巨型网上，并在上面焊接了 4.5 万多个 LED 灯，当它们同时发光，五环会在瞬间完成“变身”。

空中漫步，穿过历史，踏过祥云……开幕式的点火环节，“体操王子”李宁以钢线悬挂在高空，“空中漫步”绕场 1 周后，方才点燃祥云造型的主火炬。火焰燃向体育场顶端，点亮了体育场上空的夜幕，也点燃中国体育军团奋勇前行的热情。

◆科普知识

第 29 届夏季奥林匹克运动会，又称 2008 年北京奥运会，2008 年 8 月 8 日晚 8 时整在北京举办，8 月 24 日闭幕。

2008 年北京奥运会主办城市是北京，上海、天津、沈阳、秦皇岛、青岛为协办城市，香港承办马术项目。

2008 年北京奥运会共有参赛国家及地区 204 个，参赛运动员 11 438 人，设 28 个大项 302 个小项比赛项目，共有 6 万多名运动员、教练员和官员参加。

2008 年北京奥运会共创造 43 项世界纪录及 132 项奥运会纪录，共有 87 个国家和地区在赛事中取得奖牌，中国以 51 枚金牌居金牌榜首位，是奥运历史上首个登上金牌榜首的亚洲国家。

◆主要观点

北京奥运会开幕式充分展现了中华民族五千多年悠久的历史、古老的文明和灿烂的文化，展示了中华民族以和为贵、天人合一、兼容并蓄、刚柔相济等理念。文化是民族之根、民族之魂，是综合国力的重要组成部分，具有穿越时空、潜移默化的力量，能够凝聚人心、汇聚力量。北京奥运会开幕式作为文化交流的窗口，让世界更好地了解了中国。北京奥运会开幕式不仅体现了我们中华民族五千多年的灿烂文化，也体现了我国改革开放以来取得的巨大成就，体现了中国共产党领导的中国特色社会主义道路是完全正确的。

这是一次东方文化与西方文化的交融。《华盛顿邮报》在题为《第 29 届奥运会的壮观开幕式》的报道中说，经过 7 年的悉心准备，北京奥运会大幕拉开。中国人在展示五千年历史的同时，也为重新成为世界强国而欣喜。美国自行车运动员亚当说：“我们期待大事件，他们无疑做到了。”

《芝加哥论坛报》在题为《北京奥运会开幕式设立了高标准》的报道中说，任何观看了北京奥运会开幕式的人都不得不考虑：之后该怎么办？报道援引2016年奥运会申办城市芝加哥市市长戴利的话说："没有人见过这样的开幕式，中国人发出了声明，这是一个新的开始、新的世纪，他们将继续前进。"

◆思考一下

北京奥运会开幕式的成功对增强中华民族凝聚力的意义有哪些？

复习思考题

1. 体重管理目标的制定原则。
2. 体重管理目标的制定方法。
3. 科学的运动与体重管理方案应从哪几方面进行设计？

第八章　体重管理运动技术指导

第一节　有氧运动技术动作介绍

提高心肺适能最主要的一类运动就是有氧运动。在进行有氧运动时，身体里面的糖类可以充分分解释放出大量的能量，因此可以供给人体长时间的运动。常见的有氧运动有步行、跑步、有氧操、太极拳等。

一、步行

步行是每个人最早学会的运动技能之一，通常情况下这种运动技能会伴随人们终生。步行健身方法简单，最接近日常生活。除了合适的运动鞋和运动服，再也不需要什么特殊的装备，因此非常容易被人们接受；而且步行很少发生运动损伤，所以安全性也是最高的。也许有人认为步行的运动量太小了，实际上可以通过改变步行的速度和距离，灵活地提高运动强度。

步行时要求脚后跟先着地，其后有意识地让脚底脚趾依次着地，再用脚趾蹬离地面。腿部肌肉不要紧张，膝盖最好微弯。上身要保持正直，双目平视前方，注意挺胸收腹。肩膀放松，不要耸肩，双手虚握拳，伴随平稳的节奏轻快地前后摆臂，最好前臂弯曲 90°，后摆到髋，前摆到与肩等高。步行的速度因人而异，从 1 km/h的漫步到 6 km/h 的快走都有可能。步行的健身阈限是每次 10 min，每周 3 次；健身目标区域是每次 30～60 min，每周 5 次。步行健身为了增强健身的效果，可以在手中提 1 kg 左右的重物，比如小哑铃、装满水或沙子的矿泉水瓶、自制的装满米或者黄豆的小沙包等都是很好的选择。这样不仅锻炼了下肢还锻炼了上肢。步行时还可以同时进行其他的上肢练习，比如上肢的上举、伸展等。

二、跑步

跑步是最常见的有氧运动之一，也是人类最早掌握的运动技能之一，通常不需要特殊的装备，方法简单，安全性高，健身效果好，也易于普及。相对于步行而言，跑步会消耗更多的热量，对于控制体重的效果会更好，对下肢力量的锻炼也比步行更好。对于不常健身的人来说，要遵循循序渐进原则，刚开始健身的时候，不要一上来就选择跑步，而要从步行开始，逐步过渡到走跑交替，然后再开始时间较短的比如 10 min 的慢速度跑步（健身阈限），再逐步过渡到时间较长的比如 30 min 的跑步（健身目标区域）。

在健身跑的时候有一些需要注意的技巧。跑步要先用脚跟柔和着地，然后很快地滚动到脚掌和脚尖，再用脚趾推地，而不要直接用全脚掌着地。在跑步的时候要注意抬头挺胸，保持身体直立，微向前倾。要注意摆臂的自然，前后摆臂。跑步时还要控制好呼吸的节奏，尽量加大呼吸的深度，不要呼吸频率过快。在慢跑时，可以用鼻吸气，用嘴呼气，当跑步速度较快时，可以用嘴呼吸，这样可以提高呼吸的效率。但是用嘴呼吸，冬天寒冷干燥的空气有可能直接刺激呼吸道，所以可以通过舌头轻抵上齿龈来缓解冷空气对呼吸道的刺激。

跑步常见的运动损伤有脚踝扭伤、胫骨疼痛以及肌肉痉挛。通过选择合适的运动鞋，避开不平整的路面，做好准备活动和运动后的放松整理活动，可以减少跑步带来的运动损伤。

三、有氧操

除了步行、跑步等周期性较强的有氧运动外，其他诸如有氧健身操、太极拳等运动项目，通常也归于有氧运动。但是和周期性有氧运动不同，这类项目通常技术动作相对复杂，需要专门学习。有氧操的作用除能够提高心肺适能外，对于力量、柔韧、协调、灵敏等体适能也有很好的锻炼效果。

第二节　无氧运动技术动作介绍

在一个完整的健身计划中，除了要通过有氧运动提高心肺适能外，提高肌肉适能同样非常重要。提高肌肉适能的手段就是抗阻训练。所谓抗阻训练也被称为力量训练，是指通过身体肌肉克服负荷阻力来增加肌肉力量和耐力的训练方法。在此过程中肌肉克服的阻力可以来自外来的器械，比如哑铃、杠铃、弹力带，也可来自自身的体重，比如引体向上、俯卧撑等。

一、上肢力量运动技术

（一）上肢徒手力量动作介绍

1. 俯卧撑

俯卧撑动作示意如图 8-1 所示。

锻炼肌肉:胸大肌等胸部肌肉、肱三头肌等上肢肌肉、腰腹肌肉。

动作要领:双手撑地,略宽于肩,双臂垂直于地面,两腿向身体后方伸展,依靠双手和两脚的脚尖保持平衡。注意整个动作过程中头部、颈部、背部、臀部、双腿保持平直在同一直线上,支撑身体的时候双臂放松,上臂要与地平面平行,胸部尽量靠近地面。

2. 侧卧撑

侧卧撑动作示意如图 8-2 所示。

锻炼肌肉部位:腹肌、肱三头肌。

动作要领:侧卧,身体保持 1 条直线,右手放于体侧,左手撑在右肩前方的地面,把上半身撑起,髋关节离开地面。然后慢慢将上半身放下,做完 1 组动作后做对侧运动。

图 8-1　俯卧撑示意图

图 8-2　侧卧撑示意图

3. 墙撑

墙撑动作示意如图 8-3 所示。

图 8-3　墙撑示意图

锻炼肌肉部位：胸大肌等胸部肌肉、肱三头肌等上肢肌肉。

动作要领：手臂伸直放在墙面上，脚尖离开墙面大约 60 cm，离墙越近，难度越小。然后屈肘，将胸部靠墙面，要尽可能接近墙面。

4. 坐撑

坐撑动作示意如图 8-4 所示。

锻炼肌肉部位：肱三头肌、三角肌等上肢肌肉。

动作要领：找 1 个高度适合的台面，椅子、沙发、床边都可以。背对台面，双手撑在其边缘，双腿伸直，然后身体慢慢落下再撑起。注意台面要固定好不能滑动。

图 8-4　坐撑示意图

（二）上肢弹力带力量动作介绍

1. 弹力带侧平举

弹力带侧平举动作示意如图 8-5 所示。

锻炼肌肉部位：三角肌中束。

动作要领：双腿自然站立，腹部收紧，双手两侧平举，肩膀主动发力，抬至与肩膀同高，注意腰不要前顶。

2. 弹力带站姿臂屈伸

弹力带站姿臂屈伸动作示意如图 8-6 所示。

锻炼肌肉部位：肱二头肌、三角肌、腹部肌肉等。

动作要领：站立位，双脚与髋同宽，踩住弹力带，上臂贴紧身体，小臂向上弯举，在做动作时肘部不能晃动。

图 8-5　弹力带侧平举示意图

图 8-6　弹力带站姿臂屈伸示意图

3. 弹力带硬拉

弹力带硬拉动作示意如图 8-7 所示。

锻炼肌肉部位：肱二头肌、肱三头肌。

动作要领：双脚与髋同宽，踩住弹力带，腰背挺直，双手握住弹力带，拳心朝内。下降时肩部下沉向后收紧，下背部绷紧挺直，下至手的高度接近膝盖即可。脚后跟蹬地臀部发力拉起弹力带站直身体，双手贴着大腿小腿两侧运动，拉起弹力带后肩胛骨后缩，夹紧臀部。

图 8-7　弹力带硬拉示意图

（三）哑铃器械练习介绍

1. 站姿哑铃交替前平举

站姿哑铃交替前平举动作示意如图 8-8 所示。

锻炼肌肉部位：三角肌前束等肩部肌肉。

动作要领：直立，手提哑铃，左右手前平举交替至水平位即可。

图 8-8　站姿哑铃交替前平举示意图

2. 站姿哑铃侧平举

站姿哑铃侧平举动作示意如图 8-9 所示。

锻炼肌肉部位:三角肌中束等肩部肌肉。

动作要领:直立,手提哑铃,侧平举至水平即可。

3. 哑铃耸肩

哑铃耸肩动作示意如图 8-10 所示。

锻炼肌肉部位:斜方肌、肩部、背部肌肉。

动作要领:直立两手持哑铃,自然下垂在腿前,两肩同时向上耸起使肩峰尽量触及耳朵。

图 8-9　站姿哑铃侧平举示意图

图 8-10　哑铃耸肩示意图

4. 站姿哑铃弯举

站姿哑铃弯举动作示意如图 8-11 所示。

图 8-11　站姿哑铃弯举示意图

锻炼肌肉部位:肱二头肌等上肢肌肉(左图为锤式哑铃弯举)。

动作要领:直立,双手持哑铃,小臂与地面平行,然后自然向上,做弯举动作时注意身体不能晃动。

5. 站姿哑铃双臂颈后臂屈伸

站姿哑铃双臂颈后臂屈伸动作示意如图 8-12 所示。

锻炼肌肉部位:肱三头肌。

动作要领:两脚平踏在地上,双手共持哑铃,一端置于颈后;吸气,伸直双臂,将哑铃举至头的上方;动作完成时呼气。

图 8-12　站姿哑铃双臂颈后臂屈伸示意图

二、下肢力量运动技术

(一) 下肢徒手力量动作介绍

1. 原地深蹲

原地深蹲动作示意如图 8-13 所示。

锻炼肌肉部位:臀部肌肉、大腿肌肉。

动作要领:两脚分开站立,与肩同宽,双手放于头后方,下蹲到大腿与地面平行,背部挺直,腹部收紧,注意膝盖不要超过脚尖。

图 8-13　原地深蹲示意图

2. 弓步下蹲

弓步下蹲动作示意如图 8-14 所示。

图 8-14　弓步下蹲示意图

锻炼肌肉部位：股四头肌等腿部肌肉、臀部肌肉。

动作要领：立位，双手叉腰，右腿自然向前迈一大步，下蹲，使右大腿与地面基本平行，左脚尖点地，左小腿基本与地面平行，然后将右腿收回，恢复直立位。换对侧重复。在做这个动作过程中身体要保持平直，下蹲时前腿膝关节不要超过脚尖。

3. 开合跳

开合跳动作示意如图 8-15 所示。

图 8-15　开合跳示意图

锻炼肌肉部位：手臂肌肉、腰腹肌肉、腿部肌肉。

动作要领：首先双腿下蹲，然后两脚分开向上跳的同时双臂由两侧伸到头顶拍手，拍手后落下再继续做下一次动作。

（二）哑铃动作介绍

1. 哑铃深蹲

哑铃深蹲动作示意如图 8-16 所示。

锻炼肌肉部位：腿部肌肉。

动作要领：双手持哑铃，将哑铃摆在胸前，两手内收，肩胛下压放松。双脚与髋关节同宽，脚尖朝前（或略微呈外八字形）。

图 8-16　哑铃深蹲示意图

2. 哑铃直腿硬拉

哑铃直腿硬拉动作示意如图 8-17 所示。

锻炼肌肉部位：竖脊肌、股二头肌、臀肌。

动作要领：双手手持哑铃，直立，保持双膝固定，腰部弯曲，臀部向后，背部挺直，将哑铃顺着腿前下降，同时吸气，然后伸展臀部和腰部，回到起始位置，同时呼气。起身的过程同样保持背部挺直，双膝固定。

图 8-17　哑铃直腿硬拉示意图

3. 哑铃向前箭步蹲

哑铃向前箭步蹲动作示意如图 8-18 所示。

锻炼肌肉部位：股四头肌。

动作要领：手持铃，置于体侧，挺胸收腹，向前跨出 1 步，并且下蹲，前腿后腿膝盖均成 90°，然后还原站姿，同时换另一侧腿同样完成。

图 8-18　哑铃向前箭步蹲示意图

三、核心力量运动技术

（一）斜板支撑

斜板支撑动作示意如图 8-19 所示。

锻炼肌肉部位：横腹肌。

动作要领：侧面躺在瑜伽垫上，然后用胳膊肘先把身体撑起来，2 只脚可以交叉支撑于地面，也可以 1 只脚搭在另 1 只脚上然后侧抬起髋部，把身体整个支撑起来。身体要保持笔直，收紧臀部，不要后拱。

图 8-19　斜板支撑示意图

（二）斜板支撑后抬腿

斜板支撑后抬腿动作示意如图 8-20 所示。

锻炼肌肉部位：横腹肌。

动作要领：在瑜伽垫成跪姿，手掌撑在瑜伽垫边缘，脚步后退，脚趾触地，背部和腿部在 1 条直线上。左手离开椅子，左臂向体前伸展，同时右脚从地面抬起右腿伸直后抬。练习完左侧后再练习右侧。

图 8-20　斜板支撑后抬腿示意图

（三）腹桥

“八级腹桥”是公认为最标准的核心力量与核心稳定性评测方法，也是最佳的核心力量训练方法。

腹桥也叫平板支撑，八级腹桥一共有 8 个动作，每个动作都有不同。8 个动作一共用时 150 s。第 1 个动作和最后 1 个动作支撑 30 s。第 2 个动作到第 7 个动作各支撑 15 s。

第 1 个动作(图 8-21):双肘双脚支撑在地面 30 s。

锻炼肌肉部位:腹肌、三角肌、胸大肌等。

动作要领:颈部、肩胛、腰、臀部在 1 条线上。常出现的错误动作是塌腰、撅臀、肩胛骨突出。

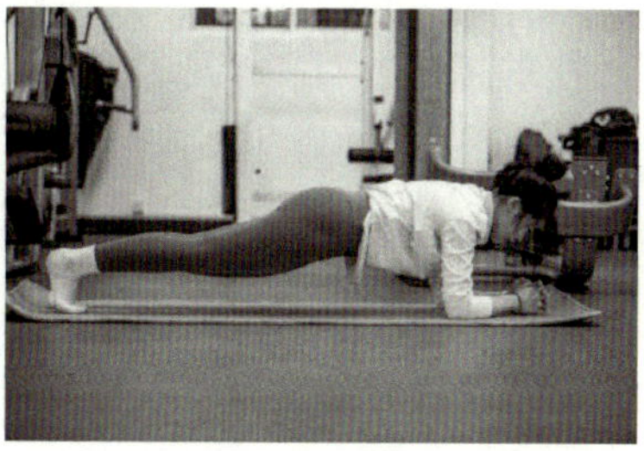

图 8-21　双肘双脚支撑示意图

第 2 个动作:左肘双脚支撑 15 s。

动作要领:举起右手的同时身体不能向左侧倾斜,颈部、肩胛、腰、臀部仍然在 1 条线上。

第 3 个动作:右肘双脚支撑 15 s。

动作要领:(与第 1 个动作相反)举起左手的同时身体不能向右侧倾斜,颈部、肩胛、腰、臀部仍然在 1 条线上。

第 4 个动作(图 8-22):双肘左脚支撑 15 s。

动作要领:左腿不要举过高,最高不要超过头的高度,颈部、肩胛、腰、臀部仍然在 1 条线上。

第 5 个动作(图 8-23):双肘右脚支撑 15 s。

动作要领:右腿不要举过高,最高不要超过头的高度,颈部、肩胛、腰、臀部仍然在 1 条线上。

第 6 个动作:左肘右脚支撑 15 s。

第 7 个动作:右肘左脚支撑 15 s。

第 8 个动作:双肘双脚支撑在地面 30 s。

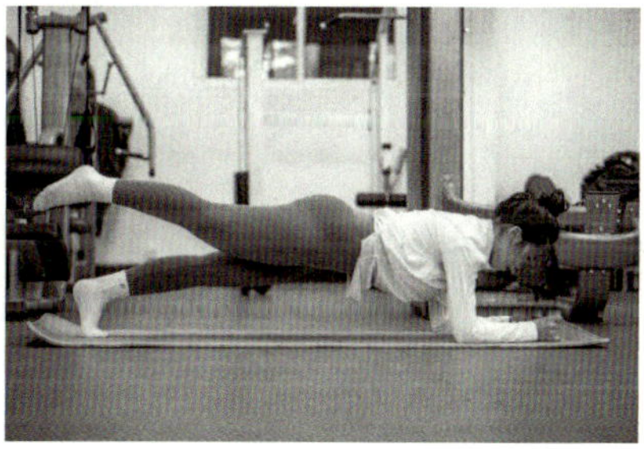

图 8-22　双肘左脚支撑示意图

图 8-23　双肘右脚支撑示意图

第三节　高强度间歇性训练技术动作介绍

高强度间歇性训练是一种在短时间内进行全力、快速、爆发式锻炼技术。这种技术能在短期内使心率提高并且燃烧更多热量，对氧气的需求增加，并且制造缺氧状态，导致身体在恢复期间需要更多氧气。这种锻炼导致运动后过量耗氧，也就是为什么相对于普通有氧训练和稳定状态锻炼来说，高强度间歇性训练会帮助身体燃烧更多脂肪和热量，以及提高代谢速率。一整套高强度间歇性训练后代谢率可以在 48 h 内获得提升，这表示人们即使已经离开健身房，依然在燃烧脂肪。

一、随时随地简易式训练

这一类型训练的设计没有器材要求，并且在很小的空间内就能完成，卧室、娱乐室、酒店房间……例如 30 min 简易式高强度间歇性训练方法介绍如下。

(一) 第 1 个 10 min

3 min 动态热身，1 min 休息，6 min 做下列 3 个动作，每个动作做 1 min，循环做 2 组。

单腿触脚：左腿站立，右腿抬离地面向前伸出。双臂展开与肩平齐。左腿膝盖弯曲，下蹲以右手触摸左脚尖，站起。然后以右腿站立，继续，在限定时间内左右侧交替进行。

登山式：同俯卧撑的起始位置。身体从头到脚形成 1 条直线。腰背部姿态不改变，抬起右脚离开地面，将右膝移向胸部。回到起始位置，左腿重复做动作。左右腿交替，快速移动。

俄罗斯墙蹲：面对一堵墙，双脚分开，与肩同宽站立，使脚尖接触到墙壁。手臂置于身体两侧，下蹲直至大腿与地面平行。停顿，然后回到起始位置。

(二) 第 2 个 10 min

1 min 休息，9 min 做下列 3 个动作，每个动作做 1 min，循环做 3 组。

单腿提臀：平躺，左腿膝盖弯曲，脚平放在地面上。抬起右腿使其与左腿大腿在同 1 条直线上。提臀，右腿始终保持抬高。停顿，然后缓慢地回到起始位置。重复至限定时间的一半，换腿继续。

后弓步背部拉伸：双脚分开，与胯部同宽站立。右腿后退一步，同时下降身体重心直至左腿膝盖弯曲至少 90°，在此位置上，举起双臂转向左肩拉伸背部。恢复至起始站立姿势，左腿后退 1 步，向右转身拉伸另一侧。

凳上反屈伸：坐在平长凳上，双手扶在身体两侧的凳子上(或抓紧椅子的 2

个把手)。掌心始终不要离开凳子表面,手指朝前,手心向下。双脚向前走直到双腿伸开,接着在凳子前(不要走得太远)降低身体重心直到手肘弯曲 90°。然后手掌发力,撑起身体。

(三) 第 3 个 10 min

1 min 休息,9 min 做下列 3 个动作,每个动作做 1 min,循环做 3 组。

单腿单臂平板支撑:同俯卧撑的起始位置,但以小臂支撑体重。腹肌发力,臀部收紧,身体从头到脚成 1 条直线。向后抬起左腿,并向前伸出右臂,保持 5 s 后放回。然后抬起右腿伸出左臂,保持 5 s。在限定时间内左右侧交替进行。

踏跳:双手放在胯部,双脚分开,与肩同宽站立。脚后跟放平,下蹲,并用手掌触摸地面。随后有力地跳起,手掌向内将双臂挥过头顶以为身体增加动力。落地后立即开始下一跳。

变换俯卧撑:同俯卧撑的起始位置,但双手放在一起,做 1 个俯卧撑。接下来双手打开与肩同宽,再做 1 个俯卧撑。然后再把双手打开 2 倍肩宽的距离,做 1 个俯卧撑。循环做上述 3 种俯卧撑,至限定时间结束。

二、全身基础训练

全身基础高强度间歇性训练设计目的是以最简单的方式锻炼最多部位的肌肉,其中许多训练都基于功能性动作,涉及多个肌群。

30 min 全身基础高强度间歇性训练方法介绍如下:

(一) 第 1 个 10 min

3 min 动态热身,1 min 休息,6 min 做下列 3 个动作,每个动作做 1 min,循环做 2 组。

自重蹲起:双脚分开,与肩同宽站立,双手放在脑后。下蹲,下降身体重心,直至大腿与地面平行。停顿,然后回到起始位置。重复至限定时间结束。

俯卧撑:四肢着地,双手分开,距离稍宽于肩膀,手臂和双腿伸直。弯曲双臂并下降身体重心,直至胸部几乎接触地面。停顿,然后将身体推回。重复至限定时间结束。

平板支撑:同俯卧撑的起始位置,但以小臂来支撑体重。腹肌发力,臀部收紧,身体从头到脚形成 1 条直线。

(二) 第 2 个 10 min

1 min 休息,9 min 做下列 3 个动作,每个动作做 1 min,循环做 3 组。

高抬腿(注意:如果有足够的空间,比如在户外,应以普通加速跑替代高抬腿):原地快跑,把膝盖抬向胸部。随着摆臂,双手应在臀部与腿间及时摆动,注意保持背部挺直,一直做到限定时间结束。

3点核心触地:同俯卧撑的起始位置。快速向前移动右腿,使右脚的脚后跟落在右手外侧的地面上。停顿一会回到起始位置,然后快速向前移动右腿,使右脚的脚后跟落在左手外侧的地面上,再次回到起始位置。至此,完成1次动作。重复至限定时间的一半,然后换左腿重复做。

变换俯卧撑:同俯卧撑的起始位置,但双手放在一起,做1个俯卧撑。接下来双手打开与肩同宽,再做1个俯卧撑。接着再把双手打开2倍肩宽的距离,做1个俯卧撑。循环做上述3种俯卧撑,至限定时间结束。

(三) 第3个10 min

1 min休息,9 min做下列3个动作,每个动作做1 min,循环做3组。

跳蹲:双脚分开,与肩同宽站立,双手放在脑后,下蹲,下降身体重心直至大腿与地面平行,然后尽力跳起。落地时立即下蹲,再次跳起,重复。

鸟狗式:同俯卧撑的起始位置,脚向前跨一小步,使两膝弯曲90°左右且略高于地面。抬起右臂和右腿使它们形成1条直线。回到起始位置,左臂和左腿重复做动作,左右侧交替。

登山式:同俯卧撑的起始位置。身体从头到脚形成1条直线。腰背部姿态不改变,抬起右脚离开地面,将右膝移向胸部。回到起始位置,左腿重复做动作。左右腿交替快速移动。

三、核心力量训练

核心力量高强度间歇性训练的核心内涵为1个动作的中央动力源。核心肌肉(不仅指腹肌,还有躯干的每个肌纤维)几乎参与所有的身体动作,特别是体育运动性质。强大的核心力量训练是健康运动链的基础,并帮助预防常见的损伤,如腰背部疼痛。从自身的感受那就是:强大的核心力量训练等于良好的身体感受。

(一) 第1个10 min

3 min动态热身,1 min休息,6 min做下列3个动作,每个动作做1 min,循环做2组。

侧平板支撑:以身体的左侧躺在地面上,用左小臂支撑身体,抬起臀部,使身体从头到脚成1条直线。保持到限定时间的一半,然后换另一侧重复。

蟹式翻身:坐下,膝盖弯曲,手掌和脚都放在地面上。抬起臀部,使身体从膝盖到肩部成1条直线,此为起始位置。抬起右脚和左手,向右翻身使左手放回到地面上,右腿向后踢出(并抬高)。将动作倒置,回到起始位置。至此,完成1次动作。

俯卧眼镜蛇式:面朝下趴在地面上,双腿伸直,手臂放在身体两侧,掌心向下。收缩臀大肌,使头部、胸部和手臂抬离地面,同时转动手臂使大拇指指向上方。此时,胯部应为与地面接触的身体唯一部位,保持 5 s,然后回到起始位置。在限定时间内,尽可能重复多做。

(二) 第 2 个 10 min

1 min 休息,9 min 做下列 3 个动作,每个动作做 1 min,循环做 3 组。

3 点核心触地:同俯卧撑的起始位置。快速向前移动右腿,使右脚的脚后跟落在右手外侧的地面上。停顿一会回到起始位置。然后快速向前移动右腿,使右脚的脚后跟落在左手外侧的地面上,再次回到起始位置。至此,完成 1 次动作。重复做至限定时间的一半,然后换左腿做。

哑铃俄罗斯转体:坐在地面上,双手持 1 只哑铃置于胸前。躯干稍微后倾,使双脚抬离地面。躯干不动,将哑铃转向身体右侧,再转向左侧。在限定时间内快速来回重复。

鸟狗式:同俯卧撑的起始位置,脚向前跨一小步,使两膝弯曲 90°左右且略高于地面。抬起右臂和右腿使它们形成 1 条直线。回到起始位置,左臂和左腿重复做动作,左右交替。

(三) 第 3 个 10 min

1 min 休息,9 min 做下列 3 个动作,每个动作做 1 min,循环做 3 组。

单腿单臂平板支撑:同俯卧撑的起始位置,但以小臂支撑体重。腹肌发力,臀部收紧,身体从头到脚成 1 条直线。向后抬起左腿,并向前伸出右臂,保持 5 s 后放回。然后抬起右腿伸出左臂,保持 5 s。在限定时间内左右侧交替进行。

侧抬臀:以身体左侧躺在地面上,伸出右臂使其垂直于地面。用左小臂支撑身体,臀部离地,使身体从头到脚成 1 条直线。降低左髋部,然后再次抬起使身体成直线。一直做到限定时间的一半,换另一侧重复做动作。

仰卧举腿:平躺,双腿并拢。保持腿伸直,一直向上抬起伸向上方,直到臀部离开地面。缓慢地放下双腿,快接触到地面时再次抬起。整个过程中都要发力对动作进行控制。

课程思政案例八

◆案例名称

“强身健体”刻不容缓。

◆教学目标

引导学生树立健康的生活观念,养成良好的锻炼习惯,提升体育素养,营造良好的体育氛围。

◆**案例简述**

学生的身体素质评价标准中有体重指数、立定跳远、引体向上、仰卧起坐、50 m跑、800 m跑和1000 m跑等指标和项目，根据《国家学生体质健康标准》，上述指标和项目都是高校学生体育“必答题”。

近年来，大学生身体素质普遍不佳，已成为高校学生的“老大难”问题，也是刻不容缓需要解决的问题。《2014年国民体质监测公报》结果显示，中小学生身体素质向好，但大学生身体素质继续呈现下降趋势；2017年《中国学生体质监测发展历程》同样显示，我国大学生体质依然呈下降趋势，肥胖率持续上升，每5年提高2%～3%。

2014年，现行的《国家学生体质健康标准》颁布时明确规定，普通高等学校学生毕业时，身体素质测试成绩达不到50分者，将按结业或肄业处理。近年来，不少高校也开始探索和明确将体测达标作为学生毕业的门槛。

规定既然早已存在，为何并未引起高校和学生应有的重视？不少高校体育工作者和学生表示，虽然这几年开始组织学生进行体测，但即便划定了标准，也存在形式主义的问题，而且体育没有受到足够的重视。全国各普通高校应加强学校体育评价体系的完善机制。在体育成绩的评定中，日常体育课出勤、早操签到以及代表班级和院系参与体育竞赛等体育相关活动也占据一定权重，注重过程性考核。

◆**背景介绍**

大学生身体素质逐年下滑原因很多。一方面，一些大学生生活作息不规律，沉迷游戏，未养成科学的健身习惯，渐渐透支了身体健康；另一方面，大多数高校在大三、大四后不再开设体育课，难以强制性地把学生“逼”到运动场上，再加上论文、就业等压力，学生的体育锻炼时间不断压缩。除了自律和他律之外，更多高校学子持之以恒地参与体育运动，也需要政策引导。

◆**科普知识**

高等教育是国民教育体系的塔尖，2019年，我国高等教育毛入学率已经达到51.6%，进入普及化阶段。但不可否认的是，中国高等教育中的优质资源仍显不足，社会需求与优质资源“不充分”“不平衡”的矛盾依然突出。

◆**主要观点**

教育的终极目的除了赋予受教育者知识和能力，更重要的是通过健全人格，塑造社会主义事业的建设者和接班人，培养出有幸福人生的人。体育之“育”，育在内观己身、反求诸己，育在坚持不懈、坚忍不拔，育在“养乎吾生、乐乎吾心”。

◆思考一下

今天你锻炼了吗?

复习思考题

1. 高强度间歇性训练的概念与意义是什么?
2. 针对自己的健身目的,为自己设计 1 组高强度间歇性训练组合。

附录

附录表1　热能系数、实际体重和体力活动的关系表　[kcal/(kg · d)]

体　形	体力活动强度				备　注
	卧　床	轻体力	中等体力	重体力	
正　常	20～30	30	35	40	
消　瘦	30	35	40	45～50	小于标准体重为消瘦。
肥　胖	15～20	20～25	30	35	大于标准体重为肥胖。

附录表2　不同热量食物份数分配表

热量(kcal)	总交换份数	各类食物交换份数					
		谷类	蔬菜	肉类	奶类	水果	油脂
1 000	11	4.5	1	2	1.5	0.5	1.5
1 100	12	5.5	1	2	1.5	0.5	1.5
1 200	13.5	6	1	2	1.5	1	2
1 300	14.5	7	1	2	1.5	1	2
1 400	15.5	8	1	2	1.5	1	2
1 500	16.5	8.5	1	2.5	1.5	1	2
1 600	18	9	1	3	1.5	1	2.5
1 700	19	10	1	3	1.5	1	2.5
1 800	20	11	1	3	1.5	1	2.5
1 900	21	12	1	3	1.5	1	2.5
2 000	22.5	13	1	3.5	1.5	1	2.5
2 100	23.5	14	1	3.5	1.5	1	2.5
2 200	24.5	15	1	3.5	1.5	1	2.5
2 300	25.5	16	1	3.5	1.5	1	2.5
2 400	27	17	1	4	1.5	1	2.5

附录表3　各类食物的每单位食物交换代量表

类　别	食　品　种　类	重量(g)	备　注
谷类	稻米、小米、糯米、面粉、米粉、干玉米、玉米面、玉米渣、薏米、混合面、挂面、燕麦片、莜麦片、荞麦片、绿豆、赤豆、芸豆、干豌豆、通心粉、银耳、高粱米	25	富含淀粉的食品。每1交换单位谷类含有能量90 kcal,蛋白质2 g,碳水化合物19 g,脂肪0.5 g。
	咸面包	37.5	
	干粉条	23	
	馒头、烧饼、烙饼、窝窝头	35	
	生面条	30	
	荸荠、湿米粉	150	
	土豆、山药	125	
	慈姑	75	
	凉粉	400	
蔬菜类	大白菜、圆白菜、菠菜、油菜、韭菜、芹菜、茼蒿、油菜薹、龙须菜、芥蓝菜、菜花、莴笋、西红柿、绿豆芽、黄豆芽、鲜蘑菇、黄瓜、丝瓜、苦瓜、冬瓜、茄子、茴香	500	富含矿物质、维生素和膳食纤维。每1交换份含能量80 kcal,碳水化合物15 g,蛋白质5 g。
	西兰花、白萝卜、南瓜、茄瓜、甜椒	350	
	鲜豌豆、芋头、百合	100	
	莲藕、凉薯	150	
	胡萝卜、蒜苗、洋葱	200	
	鲜豇豆、扁豆、四季豆	250	
	毛豆	70	
水果类	柿子、柚子、猕猴桃、李子、苹果、荔枝	200	富含矿物质、维生素和果糖。每1交换份含能量90 kcal,碳水化合物21 g,蛋白质1 g。
	鸭梨、黄岩蜜橘	250	
	桃子	175	
	葡萄	220	
	甜橙	350	
	枣、香蕉	100	
	橘子、汕头蜜橘	275	
	西瓜	750	
肉蛋鱼类	瘦猪肉、牛、羊、鸡、鸭、鹅、大排骨	50	包括瘦肉类、水产品、鱼类富含蛋白质。每1交换份含能量80 kcal,蛋白质9 g,脂肪5 g。
	鸡蛋、鸭蛋、松花蛋	55	
	鱿鱼、兔肉	100	
	香肠、熟火腿、黄豆	20	
	午餐肉、熟叉烧肉	35	

续表

类　别	食　品　种　类	重量(g)	备　注
肉蛋鱼类	鲫鱼、鲤鱼、甲鱼、草鱼、鳝鱼、带鱼、虾、鲜贝	80	包括瘦肉类、水产品、鱼类富含蛋白质。每1交换份含能量80 kcal,蛋白质9 g,脂肪5 g。
	鲳鱼、青鱼、鲢鱼、比目鱼	75	
	猪心、猪肝	70	
	肉松、酱肉	25	
豆乳类	牛奶、酸牛奶、羊奶	125	包括牛奶和豆制品,富含蛋白质、脂肪和碳水化合物。每1交换份含能量80 kcal,蛋白质4 g,脂肪5 g,碳水化合物6 g。
	奶粉	15	
	豆汁	500	
	豆浆粉、豆腐粉	20	
	豆浆、豆腐脑	200	
	豆腐	50	
油脂类	花生油、豆油、菜籽油、葵花籽油、红花油、麻油、玉米油、调和油、猪油、牛油、羊油、黄油	9	包括烹调用油和含脂肪丰富的硬果类。每1交换份含能量80 kcal,脂肪9 g。
	花生米、芝麻酱、杏仁	15	
	核桃仁	12.5	
	南瓜子、葵花子	30	

附录表4　不同活动或运动类型的能量消耗表　[kcal/(kg·min)]

活动类型	活动项目	每kg体重每活动1 min的能量消耗	活动类型	活动项目	每kg体重每活动1 min的能量消耗
静态	睡眠、静卧位看电视、看书、写字	0.018	文娱体育	越野(200 m/min)	0.150
	坐位谈话、玩牌、吃饭、学习、编织、修鞋	0.025		爬山	0.121
	立位绘画、电动打字、组装收音机	0.034		划船	0.060
文娱体育	太极剑	0.086		高尔夫球	0.058
	少林拳	0.121		羽毛球	0.075～0.091
	跑步(跑走结合,时间<10 min)	0.098		台球	0.042
	慢跑	0.115		乒乓球	0.068

续表

活动类型	活动项目	每 kg 体重每活动 1 min 的能量消耗	活动类型	活动项目	每 kg 体重每活动 1 min 的能量消耗
文娱体育	棒球	0.069～0.083	家务活动	立位	0.060
	排球	0.052～0.076		走、跑	0.088
	篮球	0.098～0.138	跳舞	中等强度运动	0.061
	网球	0.109		剧烈运动	0.083
	足球	0.132		有氧舞蹈(低碰撞)	0.088
	滑冰	0.084～0.115		有氧舞蹈(高碰撞)	0.115
	滑旱冰	0.115		步行	
	滑雪	0.158		步速缓慢	0.048
	体操	0.053～0.066		步速(50～55 m/min)	0.052
	钓鱼	0.062		步速(80～100 m/min)	0.076
	跳绳	0.130		步速(120 m/min)	0.097
骑自行车	慢骑	0.058～0.101		上下楼梯	0.057
	快骑	0.101～0.142	庭院活动	盖土、播种、编篱笆	0.054～0.071
家务活动	购物、擦地、擦玻璃、熨衣服	0.062		剪枝、挖沟、割草	0.226～0.322
	穿衣、办公室工作	0.045	游泳	游速(10 m/min)	0.050
	烹饪、扫地	0.048		游速(20 m/min)	0.070
	铺床、清扫房间	0.056		游速(30 m/min)	0.170
	跟孩子玩坐位	0.040			

参考文献

[1] 张蕴琨，金其贯. 运动营养学[M]. 北京:高等教育出版社,2020.

[2] 吴为群. 体重管理师职业水平评价教材[M]. 北京:中国医药科技出版社,2020.

[3] 高修鹏. 健康管理之体重管理[M]. 北京:中国农业出版社,2020.

[4] 王琳，方子龙. 运动膳食与营养[M]. 北京:北京体育大学出版社,2016.

[5] 中国营养协会. 中国居民膳食指南(2022)[M]. 北京:人民卫生出版社,2022.

[6] 吴坤. 营养与食品卫生学[M]. 5 版. 北京:人民卫生出版社,2003.

[7] 中国营养学会. 中国居民膳食营养素参考摄入量[M]. 简要本. 北京:中国轻工业出版社,2001.

[8] 中国营养学会. 中国居民膳食营养素参考摄入量(2013 版)[M]. 北京:科学出版社,2014.

[9] 陈吉棣. 运动营养学[M]. 北京:北京医科大学出版社,2002.

[10] 相国庆,杨慧君,杨萍. 体重管理师职业技能[M]. 西安:陕西科学技术出版社,2021.

[11] 程蜀琳. 运动与体重管理[M]. 上海:上海交通大学出版社,2019.

[12] 周岭. 认知觉醒:开启自我改变的原动力[M]. 北京:人民邮电出版社,2020.

[13] 北京医师跑团. 你真的会跑步吗[M]. 北京:现代出版社,2018.

[14] 顾渊彦,吴昊. 大学新体育[M]. 北京:北京体育大学出版社,2012.

[15] 向剑锋,彭小华,石金亮. 大学体育与健康教程[M]. 北京:高等教育出版社,2021.

[16] 任杰. 运动技能学习与控制[M]. 北京:高等教育出版社,2020.